职业教育·铁道运输类专业教材

Tielu Keyun Anquan yu Yingji

铁路客运安全与应急

苏 培 周 阳 黄艺娜 主 编
杜卫芳 李培锁 旷利平 副主编
赵小红 李 娜 主 审

人民交通出版社股份有限公司
北 京

内 容 提 要

本书为职业教育铁道运输类专业教材。全书依据《中华人民共和国铁路法》、《中华人民共和国安全生产法》、《铁路旅客人身伤害及携带品损失事故处理办法》、《客运专业安全管理规则》、《关于做好旅客列车红十字药箱配备和管理工作的通知》、《铁路客运服务质量规范相关条款摘录》、《铁路交通事故调查处理规则》、路局现场应急预案以及铁路相关法规和文件，全面介绍客运安全基础知识、铁路劳动安全基本知识、铁路安全管理制度和相关预防措施、旅客常见突发事件处置、列车常见突发事件处置、车站常见突发事件处置、红十字救援基本知识等。

本书既可以作为高等职业院校高速铁路客运服务、铁道交通运营管理等专业的教材，亦可作为铁路相关专业职工的培训教材以及相关人员工作的参考资料。

本书配多媒体课件，任课教师可加入"职业教育铁路教学研讨群"（教师专用 QQ 群号：211163250）。

图书在版编目（CIP）数据

铁路客运安全与应急 / 苏培，周阳，黄艺娜主编
. — 北京 ：人民交通出版社股份有限公司，2020.8
ISBN 978-7-114-16623-5

Ⅰ.①铁… Ⅱ.①苏… ②周… ③黄… Ⅲ.①铁路运输—旅客运输—安全管理—教材②铁路运输—旅客运输—突发事件—交通运输管理—教材 Ⅳ.①U298

中国版本图书馆 CIP 数据核字(2020)第 097777 号

职业教育 · 铁道运输类专业教材
书　　名：铁路客运安全与应急
著 作 者：苏　培　周　阳　黄艺娜
责任编辑：司昌静
责任校对：孙国靖　龙　雪
责任印制：刘高彤
出版发行：人民交通出版社股份有限公司
地　　址：(100011)北京市朝阳区安定门外外馆斜街 3 号
网　　址：http://www.ccpcl.com.cn
销售电话：(010)59757973
总 经 销：人民交通出版社股份有限公司发行部
经　　销：各地新华书店
印　　刷：北京印匠彩色印刷有限公司
开　　本：787 × 1092　1/16
印　　张：16.25
字　　数：385 千
版　　次：2020 年 8 月　第 1 版
印　　次：2022 年 12 月　第 3 次印刷
书　　号：ISBN 978-7-114-16623-5
定　　价：48.00 元

前·言

Preface

铁路运输安全直接关系着人民群众的生命财产安全,铁路运输行业中的每个人都肩负着重大的使命和责任。铁路运输的每个部位、每个环节、每个岗位稍有疏忽,都极有可能导致惨痛的事故发生,甚至付出血的代价、生命的代价,这些在无数历史教训中已经得到充分的证明。安全生产是铁路旅客运输的头等大事。因此,针对我国铁路客运工作中存在的安全问题以及突发事件,如何最大限度地保障旅客的生命安全、减少损失,如何维护社会稳定和提高铁路经济效益具有重要的意义。

本书依据《中华人民共和国铁路法》《中华人民共和国安全生产法》《铁路旅客人身伤害及携带品损失事故处理办法》《客运专业安全管理规则》《关于做好旅客列车红十字药箱配备和管理工作的通知》《铁路客运服务质量规范相关条款摘录》《铁路交通事故调查处理规则》,以及路局现场应急预案、铁路相关法规和文件,全面介绍客运安全基础知识、铁路劳动安全基本知识、铁路安全管理制度和相关预防措施、旅客常见突发事件处置、列车常见突发事件处置、车站常见突发事件处置、红十字救援基本知识等。

本书既可以作为高等职业院校高速铁路客运乘务、铁道交通运营管理等专业的教材,也可作为铁路相关专业职工的培训教材,亦可作为相关从业人员工作的参考资料。

本书由武汉铁路职业技术学院苏培,湖南高速铁路职业技术学院周阳、黄艺娜担任主编,由武汉铁路职业技术学院杜卫芳、湖南高速铁路职业技术学院李培锁、旷利平担任副主编。湖南高速铁路职业技术学院赵小红、武汉交通职业技术学院谢曼丽、中国铁路武汉局集团有限公司武汉客运段南线动车组车间孙婷婷、中国铁路武汉局集团有限公司武汉客运段北线动车组车间副主任李娜承担主审工作。

主要参与编写的有:武汉铁路职业技术学院苏培担任第一主编,负责全书统稿并编写学习情境一、学习情境五、学习情境六;湖南高速铁路职业技术学院周阳编写学习情境二、学习情境三,武汉铁路职业技术学院杜卫芳负责编写学习情境四、学习情境七。

本书编写中参考并吸收了国内外大量的文献资料,在此对文献著作者表示衷心的感谢。

由于时间有限,虽然编者对书中所述内容进行了多次审校,但可能仍存在疏漏和不足之处,敬请读者批评指正。

作　者

2021 年 3 月

目·录

Contents

学习情境一　铁路客运安全基础知识

学习项目一　铁路客运安全概述

项目说明

本项目主要学习铁路客运安全相关基础知识，加深学生对铁路客运安全相关概念和基础知识的理解，培养学生在铁路旅客运输安全生产方面的基本素质和安全责任意识。

适用岗位

铁路列车员、列车值班员、列车长、餐服员、保洁员、随车机械师、乘警等。

教学目标

1. 知识目标

熟悉客运安全的重要意义及其要求，了解造成铁路客运事故的原因，掌握责任事故的分类及判定原则，掌握旅客安全运输的基本措施及铁路旅客运输安全检查管理办法。

2. 能力目标

理解铁路旅客运输安全生产的重要性和特殊性；了解铁路旅客运输事故的基本原因及相关责任事故的分类和责任判定，初步掌握铁路旅客运输安全工作的基本措施。

3. 素质目标

树立“安全第一”的客运安全生产理念；具有良好的职业道德认识、情感、意志、行为和修养，有铁的组织纪律观念。

案例导学

T70 次旅客列车严重晚点事故

【案例情况】2006 年 4 月 9 日 19 时许，乌鲁木齐—北京的 T70 次列车运行至小草湖至红层段时，遭遇特大沙尘暴袭击，沙尘暴卷起的沙石将车体运行方向左侧窗户玻璃全部损坏。该次列车被拖至哈密站后，因为没有足够的备用车窗玻璃，只能先在车窗外面用棉毯遮住车窗，再用铁钉钉上一层木板来保证列车运行。该次列车晚点近 33 小时后，才驶入了北京西站。列车受损情况如图 1-1、图 1-2 所示。

图 1-1　受损列车内部情况

图 1-2　受损列车外部情况

[案例思考]

分析上述案例,阐述承运人在处置过程中存在哪些值得借鉴的地方,哪些地方存在不足。

相关知识

课前回顾

1. 旅客运输过程中,旅客的基本权利和义务有哪些?

2. 旅客运输过程中,承运人的基本权利和义务有哪些?

一、安全基础知识

1. 安全概述

安全是指人类生产过程中,将对人类的生命、财产、环境可能产生的损害控制在人们能接受的水平以下的状态。对铁路旅客运输而言,客运安全主要是指在旅客运输过程中,确保旅客及客运职工人身、财产不受损害。安全具有以下基本特性。

(1)系统性

安全一般涉及生产活动的各个方面,包括人员、设备、环境、制度等多个因素,特别是铁路客运这样的开放系统,安全既受到铁路运输企业内部因素的影响,也受到旅客、环境等外部因素的干扰。因此,分析和解决安全问题必须从系统论角度出发,运用科学方法综合治理。

(2)依附性

安全依附于生产而存在。只要存在生产活动,就可能出现安全问题,只有在保障安全的前提下,生产才能顺利进行。

(3)持续性

安全工作是一个长期的过程,必须坚持不懈、始终如一地贯彻执行。

(4)相对性

世界上没有绝对安全的状态,只存在相对的安全。安全性是指相对于危险程度而言,不超过允许限度的危险状态。

2. 安全管理

安全管理是企业管理的重要组成部分,是企业为实现安全生产目标而进行的有关决策、计划、组织和控制等方面的活动。它主要运用现代安全管理理论、方法和手段,分析和研究企业生产经营活动中的不安全因素,并从技术上、组织和管理上采取有力措施解决这些不安全因素,从而防止安全事故的发生,使企业生产经营活动处于安全状态。

二、旅客安全运输的重要意义及要求

保证旅客和行李、包裹运输的安全是铁路客运职工的首要职责,是关系到旅客生命财产及国家与铁路企业声誉的头等大事。安全运输是我国铁路运输组织的基本原则之一,也是衡量运输工作质量的重要标志。铁路企业必须坚决贯彻安全生产的方针,牢固树立"安全运输,人人有责"的思想,严格实行逐级安全责任制,不断提高客运职工素质,狠抓技术练功,确保运输安全。

铁路旅客运输安全工作涉及作业安全,工作人员人身安全,火灾、爆炸,电器安全、旅客人身伤害,设备安全,行车事故,食物中毒,自然灾害及其他,如图 1-3 所示。

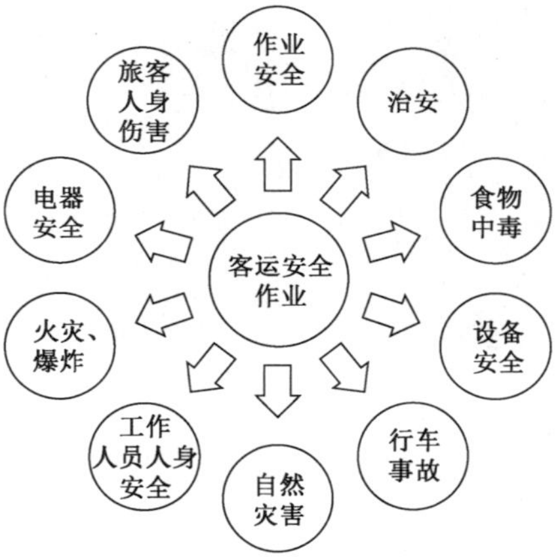

图 1-3　铁路旅客运输安全影响因素

三、铁路客运事故的原因

纵观铁路客运事故发生的原因,大致分为三类:第一类是自然灾害,如洪水、地震、雪灾等天灾;第二类是人为因素,如恐怖袭击等人祸;第三类是责任事故,如由于铁路企业管理不善,设备设施故障、损坏或者作业人员违章违规等造成的事故等。

1. 自然灾害

(1)自然灾害的概念

以非正常自然现象为主因的灾害称为自然灾害,如洪水、滑坡、泥石流、台风、沙尘暴、雪灾、地震、雷暴等,如图 1-4 所示。自然灾害形成的过程有长有短、有缓有急。有些自然灾害,当致灾因素的变化超过一定强度时,就会在几天、几小时甚至几分钟、几秒钟内表现为灾害行为,如地震、洪水、台风、沙尘暴、龙卷风、冰雹等,这类灾害称为突发性自然灾害。

(2)自然灾害的基本特性

自然灾害的基本特性是不可抗力。不可抗力是指不能预见、不能避免并不能克服的客观情况。

小提示:《中华人民共和国民法通则》第一百零七条规定:因不可抗力不能履行合同或者造成他人损害的,不承担民事责任。

(3)对铁路旅客运输安全有直接影响的几种自然灾害

危及铁路旅客运输安全的自然灾害类型主要有风、雨、雪、水灾、地震等造成的线路边坡崩塌,线路下沉,落石落物,火灾等。

①风灾。风灾有强风、大风、沙尘暴等灾害性天气。强风的主要危害包括吹翻车辆、引起接触网断线等,危及运输安全。危险翻车风速和临界翻车风速决定列车速度,因此,铁路应在强风区铁道旁建挡风墙(图1-5),制定各级风速下的各列车运行速度、改进车型,保证运输安全。

图1-4　滑坡带来的影响

图1-5　铁路沿线挡风墙

②水灾。水灾主要指洪水泛滥、暴雨积水和土壤水分过多造成的各种危害,如线路积水塌方、泥石流、滑坡、洪水冲垮桥梁及路基等。水灾包括渍涝和洪水。渍涝对铁路旅客运输的危害主要表现为使地势较低处的路基浸泡在水中,时间一长路基变软,列车将被迫限速通过,严重情况下甚至会造成线路中断。

与渍涝相比,洪水对铁路旅客运输的危害更为严重。

根据洪水形成的原因可把洪水分为山洪和溃坝两种。我国的地形地貌被称为"七山二水一分田",山洪在我国的自然灾害中不仅经常发生,而且造成的损害也非常严重,铁路旅客运输几乎每年都会因为山洪造成线路中断,如图1-6所示。

图1-6　洪水造成旅客运输事故

③地震。地震破坏线路结构、各种房屋及桥梁，对正在行驶的列车运行安全危害最大，如图 1-7 所示。

地震破坏力的大小取决于震级、震中位置的深浅，以及地震是如何震动的。经历过 2008 年汶川地震后，铁路有关部门加强了震后在震区铁路沿线对铁路桥梁、隧道以及危险地段的山体进行检查的力度，以确保铁路运输安全；放行时也本着先空车后重车，先货车后客车的原则，以保证旅客运输的安全。

④崩塌、落石。破碎和裂隙发育的岩石，变质程度较深，一旦遇到外界震动因素就会崩塌下落，造成危害。

2. 人为因素

人为因素主要是指人的主观过错对铁路运输安全的影响。常见的人为因素有铁路职工违章行为、路外人员的违规行为，如图 1-8 所示。

图 1-7 地震导致列车受损

图 1-8 危害列车运行的行为

3. 责任事故

责任事故是由于企业管理不善、设备设施失管失修和职工及旅客违章、违纪等造成的。按照事故中责任者主体的不同，责任事故可以分为铁路运输企业责任、旅客自身责任和第三人责任三种情况。但无论从发生事故的数量占比来看，还是从事故造成的损失来看，铁路运输企业责任在责任事故中都占据了较大的部分。每一位铁路职工都应充分认识到运输企业责任大。

铁路是一个庞大的系统，内部有着严格的分工，除了客运站、客运段外，还有机务段、车辆段、工务段、电务段、调度所等，其中任何一个环节违章、失职，都会影响铁路这部“联动机”的运行，严重的甚至会造成事故。

(1)铁路运输企业责任

铁路运输企业责任按照责任部门分为客运部门责任和行车等其他部门责任，按照责任轻重分为一般责任事故和重大责任事故，根据事故造成的人员伤亡、直接经济损失、列车脱轨辆数、中断行车时间等情形，事故等级分为特别重大事故、重大事故、较大事故和一般事故。其中，客运部门责任可以分为车站责任和列车责任。

①车站责任。车站负责旅客乘车前办理各种旅行手续和下车后至出站的安全服务工

作。在此期间,容易导致旅客伤害的原因主要有车站设施设备损坏或故障、客流组织引导标志存在问题或客流作业组织不当、站台旅客乘降组织不力等。

遇下列情形之一的,车站应当承担相关责任:

a. 旅客持票进站后或下车后出站前,因车站组织不当造成人身伤害的。

b. 车站引导标志缺失或不准确,误导旅客造成其人身伤害的。

c. 车站设施设备不良造成旅客人身伤害的。

d. 车站在停止检票后继续检票放行或检票放行时间不足,致使旅客抢上列车造成人身伤害的。

e. 车站组织不当造成旅客上车时发生人身伤害的。

f. 因车站客运工作人员违章作业、过失造成旅客人身伤害的。

g. 有理由认定属于车站责任的。

②列车责任。列车的首要职责是保证旅客的人身安全和随身携带物品的安全。在列车运行途中容易导致旅客伤害的原因主要有车门管理不善、列车设备管理不善或出现故障、列车工作人员简化作业程序或违章作业等。

遇下列情形之一的,列车应当承担相关责任:

a. 车门漏锁致旅客坠车造成人身伤害的。

b. 列车工作人员过错致旅客误下车、背门下车、在不办理乘降的车站(包括区间停车)下车、列车运行中开启车门造成人身伤害的。

c. 列车组织不当或列车工作人员违反作业标准,致旅客乘降时造成人身伤害的。

d. 列车客运工作人员对设备管理不善造成旅客人身伤害的。

e. 列车客运工作人员违章作业、过失造成旅客人身伤害的。

f. 有理由认定属于列车责任的。

(2)旅客自身责任事故

旅客自身责任事故是由旅客自身健康原因或者旅客自身过错造成的。由于责任在旅客自身,所以事故后果要由旅客自己来承担。常见的旅客责任事故主要有旅客自身患病或者旅客严重违章。

①旅客自身疾病造成的事故。

图 1-9　旅客在列车上突发疾病

铁路每天承运几百万旅客已是常态,一到双休日或假期,客流甚至可以达到相当于一个大城市人口的数量。铁路一天运送几百万旅客,遇到有些旅客在路途中患病的情况是非常常见的,并且有些旅客乘坐火车的目的就是到外地医院就医,如果途中过于劳累、紧张,就会使病情加重,如果得不到及时救治,就可能发生危险,如图 1-9 所示。

②旅客自身过错造成的事故。

旅客自身过错造成事故从而使自身受到伤害的,铁路不承担责任。旅客自身过错造成的事故主要有自杀(自残)、严重违章(跳车等)、攀爬列车、吸毒过量致死等。

(3)第三人责任

第三人是一个法律概念,一般是指与诉讼双方当事人有直接利害关系的人。第三人可以是自然人,也可以是法人。民事诉讼的第三人是指对他人争议的诉讼标的有独立请求权,或者虽无独立的请求权,但案件的处理结果与其有法律上的利害关系,而参加到原告、被告已经开始的诉讼中进行诉讼的人。

铁路责任事故中所指的第三人则有所不同,是指在责任事故中除铁路运输企业和旅客以外的第三方当事人,典型的第三人事故是石击列车。石击列车可能造成列车设备设施受损,影响铁路运输正常秩序,严重的甚至造成旅客伤亡。据铁路历年来发生的石击列车案例,石击列车的责任人以未成年人居多,居住在铁路沿线的中小学生是石击列车事件的高发群体。加强对铁路沿线未成年法律意识和道德素质的培养,是预防石击列车案件的有效措施。

四、旅客安全运输的基本措施

铁路企业应全面树立"安全生产,人人有责"的生产思想,长期坚持不懈地抓事故苗头,挖掘事故根源,分析事故危害,制订防止事故的措施,保证旅客运输安全。

客运工作人员必须经常向旅客宣传铁路安全旅行常识,认真履行岗位责任,有秩序地组织旅客进出站、上下车,随时清理站内闲杂人等,严禁旅客钻爬车底和横跨股道,除指定车站作业的小型机动车(限速10km/h)外,其他车辆严禁进入站内。列车乘务员要认真执行车门管理等安全制度,加强车门管理,严禁旅客背面下车。

1.保持设备状态良好

车站建筑物和站、车一切为旅客服务的设备,应经常保持良好状态。

①站台、车辆乘降台应及时清除积水、积冰,昼间应有良好的照明。

②消防设备必须定期检查,节假日运输之前要普遍检查设备。

③站台严禁堆放路料、杂物,严禁停放车辆。

2.加强禁带危险品的宣传和查堵

(1)危险品的基础知识

《铁路旅客运输安全检查管理办法》中所称的"危险品",是指具有易燃、易爆、毒害、腐蚀、放射性的物品和传染病病原体及枪支、管制器具等可能危害公共安全的物品(图1-10)。具体品名以国家有关法规和《危险货物品名表》《铁路旅客运输规程》等规定的品名为准。

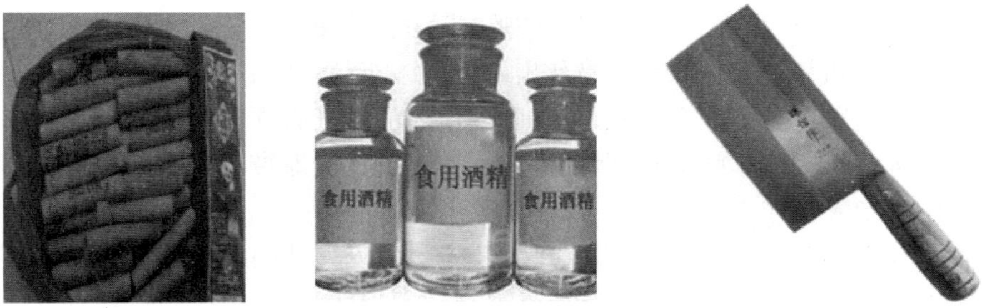

图1-10　旅客运输常见危险品

(2)具体措施

①站、车应加强禁带危险品的宣传。

铁路部门应当在车站和旅客列车,以广播、图形标志、电子显示、文字提示等各种方式,向铁路旅客、货主宣传运输安全方面的法律法规,对危险品的品名和限量携带物品的品名、数量进行公布。

②在实施运输安全检查时,要严格落实铁路旅客运输安全检查管理办法的有关规定。

车站要成立由公安部门牵头负责组织客运、车务、工务、房建等部门和车站周围及驻站铁路内部单位参加的安检工作,建立工作机制,定期召开联席会议,随时通报和研究解决安检工作中的问题。同时要组建由公安部门领导,以公安民警、铁路职工为骨干,以铁路保安人员为辅助力量的专职安检队伍。每支安检队伍由公安民警领导,每班安检人员由公安民警带班。行李房的管理单位要组建以职工为主的专职安检队伍,并接受所在车站公安机关的监督检查。各安检队伍人员数量应保证实际工作需要。

列车上要成立由列车长负责,列车乘警和客运乘务、检车乘务人员参加的安检工作小组,负责对旅客列车上危险品的安检工作,如图 1-11 所示。

图 1-11　列车安全检查

③加强铁路客运部门内部安全管理。

车站区域内任何单位不得擅自设置安检仪让旅客进站。便民利民的服务措施应当坚持安全第一,未经过进站口安检接送旅客、行李进站的“小红帽”和站内茶座等项目不准经营,宾馆、旅店、酒楼等直接进入站内的通道应予关闭。

机动车出入证按照“谁发证、谁负责”的原则,由公安处审核备案,严格控制进站数量。严禁持站台票人员和其他人员未经安检从出站口进入车站;铁路职工应凭工作证进入车站,携带行李物品必须通过安全检查;进入车站区域作业的职工必须佩戴明显标志;严禁非工作人员通过行李房或随客车车底进站;严禁列车工作人员从车库带人进站;车站内部职工通道应由相关单位派专人值守。

由产权单位对客运站实行封闭式管理,严禁旅客从车站两端及专用线通道进入车站区域;对车站区域两端和因铁路运输生产需要无法封闭的专用线通道,应由车站设岗值守。

任务工作单

学习情境一　铁路客运安全基础知识	班级			
学习项目一　铁路客运安全概论	姓名		学号	
	日期		评分	

1. 列举客运安全事故中属于列车责任的情况。

2. 列举客运安全事故中属于车站责任的情况。

3. 简述禁带危险品的宣传和查堵的具体措施。

4. 实战演练

【情境描述】　某日，旅客张某从大连周水子站乘坐 5809 次旅客列车，到站为刘家村(乘降所)。当日 17 时 47 分，该次列车到达刘家村乘降所。停车后，列车员打开面向站台的车厢正向车门让旅客下车，刘家村铁路通勤职工王某在未经列车工作人员同意的情况下打开反向车门下车。张某认为从反向车门下车距家较近，也从拥挤的车厢内向反向车门挤去欲下车。此时开车时间已到，列车运转车长按规定在正向车门一方瞭望，见无旅客上下车，即发出开车信号。因列车已驶出站台，车速较快，张某强行跳车导致摔倒在地受伤，经送往医院诊断为“右肩锁骨摔伤骨折”。

【任务目标】　请就这起旅客人身伤害事故分析原因，判定责任及制订相应的预防措施。

【任务实施】　分小组模拟该场景，进行角色扮演，根据所学知识完成相应的任务项点。

【考核方式】　教师点评、小组互评、自我反思(见下表)

演练评分标准参考表

序号	评 分 项 目	满　　分	得　　分
1	原因分析的完整性	20	
2	责任判定及划分的客观性	30	
3	预防措施的针对性	30	
4	事后反思	20	
总分			

学习项目二　铁路客运人员作业安全规章

项目说明

本项目主要学习客运人员作业安全规章,加深学生对铁路客运人员作业安全规章基础知识的理解,提升学生在作业安全方面的基本素质。

适用岗位

铁路列车员、列车值班员、列车长、餐服员、保洁员、随车机械师、乘警以及车站客运员、客运值班员等。

教学目标

1. 知识目标

熟悉铁路安全通用标准规定、普高速铁路客运安全作业标准、电气化区段作业的安全规定。

2. 能力目标

能自觉利用所学安全作业标准规范指导现场实习作业及今后岗位作业。

3. 素质目标

培养学生自觉按标作业的安全意识,严格落实岗位安全作业标准。

案例导学

某旅客列车职工伤亡事故

【案例情况】某日,西宁—北京西的某次旅客列车,终到北京西站。车底入库后,列车员吕某、范某等五人在客技站门口用餐后返回车库。当走到本务车底 13、14 车之间时,车底启动,吕某、范某等五人相继扒车,车底运行到客运整备线高站台时,吕某、范某相继跳车。事故造成吕某头部摔伤,经抢救无效死亡,构成责任职工死亡事故。

[案例思考]

请就上述案例谈谈列车班组和当事职工本人存在哪些不足。

相关知识

课前回顾

1.《铁路旅客运输规程》关于旅客限量携带品有哪些规定？

2. 实名制购票规定的常见有效身份证明包括哪些？

一、铁路安全通用标准

(1)职工在接班前,必须充分休息,保持精力充沛,严禁在接班前或工作中饮酒。

职工工作中严禁脱岗、串岗、私自替班或换班。对视听不良、行动不便的人员,严禁单人作业和使用重点工机具及担任防护员等工作。从业人员上岗前必须按规定穿戴劳动防护服装和携带必要的人身安全防护用品。禁止穿凉鞋、高跟鞋、塑料底鞋和带钉子的鞋上岗作业,未穿戴劳动防护服装和携带人身安全防护用品的不准上岗作业。

新上岗、转岗、调岗和提改职人员必须进行单位、车间、班组三级安全教育培训,并经逐级考试鉴定合格后,方准上岗。学徒工、实习人员参加作业前,必须签订师徒合同,严格落实人身安全互控措施,严禁师徒分离,不得单独顶岗作业。

(2)接班点名时,开展劳动安全预想预防活动。

(3)职工沿线路行走时,严禁走道心、轨枕木头和侵入限界。横越线路时不准脚踏钢轨面、道岔连接杆、尖轨、可动心辙岔等处所。遇到特殊情况必须在线路上行走时,应设专人防护。

(4)职工通过线路时,应走天桥、地道、平交道。通过平交道时,应一站、二看、三通过,注意左右来往机车、车辆动态及脚下障碍物。

(5)职工在线路股道中作业时,应随时注意线路列车通过情况。需注意穿越停有机车、车辆的无障碍物及邻线机车、车辆动态,严禁在运行的机车、车辆前面抢越线路和平交道。

(6)职工严禁钻爬车底,跨越车钩。严禁扒乘机车、车辆和行包、邮政拖车(行包装卸人员按规定执行),以车代步。

(7)从业人员上线作业时必须精力集中、严守两纪,认真执行安全检查确认制度和呼应答制度,不准打闹、玩笑、阅读书报、接打手机和做与本岗工作无关的事情。

(8)职工进行线路作业时,应从站台两端(或中部)平交道进入线路,不得从站台上直接跨入线路。

(9)车站线路保洁人员在线路中作业时,应按规定落实专人防护措施,未落实防护措施不得作业。防护人员必须经培训合格方可担任。

二、普速铁路客运安全作业标准

1. 普速车站客运安全作业标准

(1)严禁职工及其他人员在站台、平交道骑行自行车、电动自行车、三轮车、摩托车等车辆。

(2)行包、邮政牵引车、行李搬运电瓶车和其他作业车辆在站内通过平交道时必须派人引导,随车人员应下车步行,车辆行驶中不超速、不抢越。

站台一侧线路有列车通过时,该站台各种机动车辆严禁掉头或转向。

(3)行包装卸人员装卸作业,必须严格执行车停开始、铃响停止的作业规定,严禁车动时抢装、抢卸、抓车、跳车和随车奔跑。

(4)线路保洁人员、上水人员作业必须按规定穿防护服(上水人员还应穿防护鞋和戴安全帽)。接车时,面向列车进站方向,站在安全位置。作业过程中,相邻线路有列车通过时,应提前在安全位置避车。

(5)站、车应加强禁带危险品的宣传,铁路公安人员和客运人员要密切配合,共同做好检查危险品工作。实施运输安全检查时,应佩戴规定的标志。站、车对查出的危险品应予以没收,数量较大的交由铁路公安部门处理。

(6)车站发现无人护送的精神异常旅客,应严禁乘车。对有人护送的,应通知列车长,协助护送人员,防止发生意外。

2. 普通列车客运安全作业标准

(1)坚持"安全第一,预防为主,综合治理"的原则。

(2)客运乘务员在上下车时要紧提扶手,注意安全,不得从车窗上下列车。严禁随车奔跑,飞乘飞降。

(3)列车乘务员需从反面下车作业或在区间停车需下车作业时,必须有专人进行防护,严禁在无安全防护或防护措施未到位的情况下下车进行作业。

(4)在高站台作业时,必须确保翻板卡牢(图1-12),防止因翻板弹起造成伤害。上下车时,注意车门与站台缝隙,防止坠落。停站车门立岗时,不得站于两车厢连接处。组织旅客有序上车,防止旅客因拥挤而坠落站台。

图1-12 列车翻板卡牢

(5)列车运行中餐车炊事人员油炸食物使用前进方向第一个灶眼,用油量不超过容器的三分之一,正确控制油温,规范操作,防止烫伤。炉灶烧煮、油炸食物时,不得离人。

(6)在折返站看车时,看车人员必须坚守岗位,不得喝酒、打牌,不得在禁烟区或躺在铺位上吸烟。

(7)客运乘务人员在折返站停留需外出时,必须严格执行请销假制度。列车长应掌握外出人员的人数、去向和时间，外出人员严禁喝酒、打牌。

（8）列车一切为旅客服务的设备、备品应齐全并保持良好的运用状态，夜间应有良好照明。对于消防设施，必须定期检查，在暑运、春运、五一、十一等节假日之前要普遍检查设备，冬季列车应及时清除乘降梯积冰、积水，要有防滑措施。

（9）经常向旅客宣传安全知识，劝阻旅客不要站在车辆连接处，不要手扶门框、风挡，不要将头、手伸出窗外，不要向车外抛物。列车通过大桥、隧道时，应动员旅客关闭车窗并巡视车厢。加强禁止吸烟宣传、儿童等重点旅客旅行安全、行李架调整安全、财产保管安全等（图1-13）。

（10）取送开水时，水桶（壶）应有相应的防烫、防溢措施，暖水瓶应有防倒圈（架），倒开水时应接杯，不倒过满（图1-14）。

图1-13　列车员向旅客做安全宣传

图1-14　倒开水时应接杯

（11）行李架上的物品应摆放平稳、牢固，较重的物品、锐器、杆状物品、玻璃制品应放在座位下面（图1-15）。

图1-15　普速列车行李摆放标准

（12）执行车门管理制度，停站锁闭卧车端门，车动锁闭侧门，无物品堵塞通道；临时停车时，未经列车长统一组织不准开启车门；列车首节车辆前部、尾节车辆后部端门锁闭，并设安全防护栏和安全提示。

乘务作业做到“三早”“三无”“一畅通”。“三早”：早报站、早组织旅客、早出场；“三无”：风挡处无长途旅客，无重点旅客，无大件携带品；“一畅通”：保持车厢通道畅通。

三、高速铁路客运安全作业标准

1. 高铁车站客运安全作业标准

(1)按规定执行实名制车票验证,引导旅客有序候车。提醒旅客妥善处理超重、超大等物品,发现铁路禁止携带物品及时制止。验证与检票分离的车站,在检票口对热门车次进行二次验证。

(2)巡视候车室,做好卫生、禁烟宣传(图1-16),保持候车区域环境卫生。检查设备设施使用、饮用水供应、保洁质量等情况,发现问题及时处理。

图1-16　对旅客进行禁烟宣传

(3)做好候车区旅客服务,保障重点旅客服务。解答旅客问询,听取旅客意见,接受旅客监督。对旅客提出的问题不能解决时,指引到相应岗位,并做好耐心解释。

(4)检票前应检查确认自动检票机、广播和导向揭示系统联动状态良好,候车室通往站台电梯使用正常。通告检票车次、开车时间、列车停靠站台、车厢地标颜色,做好安全宣传。根据客流情况调整自动检票通道和人工检票通道数量。按规定时间检票,组织持磁介质车票和软纸票旅客分别通过自动检票机和人工检票口有序检票进站。

(5)做好天桥(地道)和站台的呼唤应答,加强沿途防护。

(6)按车站规定时间停止检票,关闭检票口。对未赶上车的旅客做好宣传解释工作。

(7)妥善处理责任区内的突发情况。

(8)携带安全宣传防护用具,按规定时间上岗,检查站台电梯使用正常,检查站台、股道有无障碍物,清理闲杂人员;检查站台引导信息显示情况。

(9)做好天桥、地道、电梯口旅客引导,组织旅客按车厢位置在站台安全线内排队等候,在规定位置立岗接车,关注列车运行状况,做好安全防护,发现问题及时处置并汇报。

(10)在规定地点办理站车交接,办理交接时行举手礼。组织旅客有序乘降和换乘指引,做好安全宣传和防护,重点旅客重点照顾。确认客运作业、高铁快件作业完毕,在指定位置与列车长签认"站车交接簿"(有上水、吸污作业时,还须用电台与列车长呼唤应答)。

动车组以外的列车办理客运业务时,站台客运人员确认客运作业完毕后,通过电台行车频道通知司机发车。列车在折返站停留时间超过1h时,站台客运员在放行旅客前,应通知列车长做好开车准备。

(11)开车铃响后,在规定位置立岗送车,关注列车运行状况,防护站台安全。

(12)列车出站,清理站台闲杂人员,查看站台引导信息消除情况,督促卫生保洁。

2. 高铁列车客运安全作业标准

(1)防火防爆、人身安全、食品安全、现金票据、结合部等安全管理制度健全有效。

(2)列车始发前及途中,客运、车辆、公安等人员按照职责分工分别对列车上的设备设施进行检查,发现问题各自填入“三乘检查记录”并通知车辆人员处置,涉及行车、人身安全的及时采取临时处置措施。列车终到前,已经修复的在“三乘检查记录”上标记并由“三乘”签字确认后(若丢失或人为造成的客服设施损坏,列车长填写“客统-36”),交车辆乘务员。

(3)各车厢灭火器、紧急制动阀、人力制动机、紧急破窗锤、灭火毯、防毒面具、应急手电筒、扩音器等安全设备设施配套齐全,作用良好,定位放置。乘务人员知位置、知性能、会使用。

①各车厢紧急制动阀有包封,印有“危险勿动”警示标志;紧急制动阀手柄施封良好,压力表指示正常。

②人力制动机施封良好,制动、缓解方向指示标志清晰,无遮挡。

③灭火器安放牢固,便于取用,不搭挂物品;检修不过期,压力符合规定,标牌齐全清晰,施封完好。

④紧急破窗锤标注“消防专用”标志,安放牢固,便于取用。

⑤餐车厨房配备2条灭火毯,灭火毯装袋、定位存放于靠近炉灶第一个储藏柜内并保持干燥。

⑥行李车、邮政车和发电车配备2具有效防烟毒面具,包装完好,配件齐全。

⑦封闭式洗脸间、厕所防护栏安装牢固,防护栏栏杆之间及栏杆与窗框之间间隙不大于150mm。

(4)正确使用电器设备,安全用电。电器元件安装牢固,接线及插座无松动,紧急断电按钮护盖施封良好,按钮开关、指示灯作用良好;不乱接电源和增加电器设备,不超过允许负载。配电室(箱)人离锁闭,门锁良好,配电箱、控制箱内及上部不得放置物品;可燃物品不得贴靠电采暖装置。不用水冲刷地板、墙板、电器设备及带电伴热塞拉门乘降梯。

(5)定期对餐车炉灶(台面)、器具进行油垢清理。餐车炉灶台面一餐一清;炉灶墙壁、抽油烟机、排烟罩和烟道的表面可见部位一趟一清。

(6)电气化厨房设备在明显位置粘贴操作说明和安全操作规程,使用前确认电源控制柜技术状态良好,操作时按规定使用电磁炉、电炸炉、电烤箱、微波炉、电冰箱、蒸饭箱等电器设备,无人操作设备时关闭电源。灶台上保持干燥、清洁,不放导磁体。不使用电磁炉油炸食品。不带电清洁和用水冲刷,不自行拆卸电气设备。电气化餐车电炸锅内油面高于1/4油锅深度,最高油面高度不超过油位警告标志,油温设定值严禁超过200℃。

非电气化餐车按规定检查蒸饭锅炉水位(压)表、水温表、验水阀状况,不漏水,不缺水。煤箱盖安装牢固,无松动、脱落、变形。炉灰先用水浸灭后再装袋处置。终到因故甩下的餐车彻底排净锅炉内的积水。燃煤炉灶运行中,油炸食物使用前进方向第一个炉灶,用油量不超过容器的1/3。

(7)执行车门管理制度。

①车门管理做到停开、动关、锁,出站台四门检查瞭望。车站开车铃声结束、旅客乘降完

毕后上车放下脚踏板,在车门口值守,做好关门准备,车动关闭车门;进站提前到岗,确认站台,试开车门(塞拉门除外),停稳开门,卡牢翻板,确认无旅客从背面车门下车。试开车门时开启车门缝隙不超过10cm,确认车门状态良好后立即关闭。始发、终到客流较大时双开车门组织乘降,一人值乘多个车厢时,由车站负责值守增开的车门。

②列车运行中,载客车厢连接端门不锁闭,车门及餐车厨房边门、走廊边门、厨房后门锁闭;行李车、发电车、邮政车端门锁闭,但与车厢连接端门锁闭后可用列车通用钥匙打开。到站前、开车后疏通通道。列车站停期间,按照值乘范围锁闭相应卧车车厢端门。

③列车首节车辆前部、尾节车辆后部设有外端门、防护栏和"禁止通行"标志,外端门运行中锁闭。餐车后厨边门窗户不是内翻可开启式的,边门外加装防护栏并加锁固定牢固。列车首尾载客车厢侧门和端门运行中锁闭,在内端门设置"旅客止步"标志。有运转车长作业的,侧门和内端门由其负责管理,无旅客通行。

④临时停车时做好宣传,加强巡视,确保车门锁闭,严禁旅客上下车,未经列车长统一组织不准开启车门。列车启动后四门检查瞭望。

⑤停站立岗时,面向旅客放行方向立岗(高站台时不背对车厢连接处立岗),做好安全宣传,验票上车,重点帮扶,安全乘降。

⑥高站台乘降作业时,站停时间超过4min时,车门口与站台间使用安全踏板,组织乘降的车门与相邻车厢间空当处设置警示带。安全踏板制作轻巧牢固,安放平稳,定位放置。警示带印有反光材料制作的"当心坠落、注意安全"字样,设置方式、位置统一。临时双开车门组织乘降时,增开的车门可不设置安全踏板和警示带。

(8)安全标志和揭示揭挂设置齐全,有铁路旅客乘车安全、旅行须知、客运服务质量标准摘要;车门有"禁止携带危险品"标志,塞拉门还应有"禁止倚靠"标志;客室相应位置有"禁止吸烟""请勿向窗外扔东西""当心烫伤""当心夹手""请勿触摸""禁止通行""旅客止步"等安全标志。设置位置合理,内容准确,规格统一,符合标准。

(9)运行中做好安全宣传和防范,车内秩序、环境良好,无闲杂人员随车叫卖、拣拾、讨要。发现可能损坏车辆设施和影响安全、文明的行为及时制止。

(10)车厢内禁止吸烟,加强禁烟宣传,发现禁烟区吸烟行为及时劝阻,并由公安机关依法查处。允许吸烟的处所有"吸烟处"标志和安全注意事项告知揭示,配备烟灰盒。

(11)行李架物品摆放平稳、牢固、整齐。大件行李妥善放置,不占用席(铺)位,不堵塞通道。锐器、易碎品、杆状物品及重物等放在座(铺)位下面。衣帽钩限挂衣帽、服饰等轻质物品。

(12)发现旅客携带品可疑及无人认领的物品时,配备乘警的列车通知乘警到场处理;未配备乘警的列车由列车长处理,对危险品做好登记、保管及现场处置,并交前方停车站(公安部门)处理。

(13)发现行为、神情异常旅客时,重点关注,配备乘警的列车通知乘警到场处理;未配备乘警的列车由列车长处理,情形严重时交列车运行前方停车站处理。

(14)发生旅客伤病时,提供协助,通过广播寻求医护人员帮助;情形严重的,报告客调。

(15)乘务人员进出车站和客技站时走指定通道,通过线路时走天桥、人行地道,走平交道时做到"一停二看三通过",不横越线路,不钻爬车底,不跨越车钩,不与运行中的机车车辆抢行。进出车站时集体列队。

(16)乘务人员在接班前充分休息,保持精力充沛,不在班前、班中、折返站饮酒。

四、电气化区段作业安全规定

(1)电气化区段作业的单位每年必须认真组织从业人员进行电气化安全措施的专门学习培训和考试,考试合格后方准在电气化区段作业。非电气化区段调入电气化区段的人员必须进行安全培训,并经考试合格后方准上岗。

(2)高速铁路接触网额定工作电压为25kV,最高工作电压为27.5kV,最低工作电压为19kV。所有接触网设备,自第一次受电开始,在未办理停电接地手续之前,均按有电对待。

(3)为保证人身安全,除牵引供电专业人员按规定作业外,任何人员及所携带的物件、作业工器具等须与牵引供电设备高压带电部分保持2m以上的距离。

(4)机车、动车及各种车辆上方的接触网设备未停电并办理安全防护措施前,禁止任何人员攀登到车顶或车辆装载的货物上。

(5)电气化区段上水、保洁、施工等作业,不得将水管向供电线路方向喷射,站车保洁不得采用向车体上部喷水的方式洗刷车体。

(6)发现牵引供电设备断线及其部件损坏,或发现牵引供电设备上挂有线头、绳索、塑料布或脱落搭接等异物,均不得与之接触,应立即通知附近车站,在牵引供电设备检修人员到达未采取措施以前,任何人员均应距已断线、索或异物处所10m以外。

(7)站内和行人较多的地段,牵引供电设备支柱在距轨面2.5m高处均要设白底黑字"高压危险"并有红色闪电符号的警示标志。禁止借助接触网支柱搭脚手架,必须借助接触网支柱登高时,必须有供电专业人员现场监护。

(8)在由气化区段运行的机车、动车、车辆及自轮运转设备可以攀登到车顶或作业平台的梯子、天窗等处所,均应有"电气化区段严禁攀登"的警告标志。

(9)各种车辆和行人通过电气化铁路平交道口必须遵守下列规定:

①通过道口车辆限界及货物装载高度(从地面算起)不得超过4.5m,超过时,应绕行立交道口或进行货物倒装。

②通过道口车辆上部或其货物装载高度(从地面算起)超过2m通过平交道口时,车辆上部及装载货物上严禁坐人。

③行人持有长大、飘动等物件通过道口时,不得高举挥动,应与牵引供电设备带电部分保持2m以上的距离。

(10)客运人员在电气化区段要做到:

①严禁登上机车车辆的车顶或翻越车顶通过线路。

②严禁登上车顶击打餐车、茶炉、燃煤锅炉的烟筒,也不能用长杆去接触车顶任何部位。

③在接触网带电的情况下,严禁用水冲刷车皮。

④上水时注意先插胶管后开水阀。客车上水完毕,拔掉水管时,严禁水管朝接触网带电部分的方向喷射。

⑤在接触网带电情况下,严禁用棒条等物处理车辆顶部的扒车人员或物体。

任务工作单

<table>
<tr><td>学习情境一　铁路客运安全基础知识</td><td>班级</td><td colspan="3"></td></tr>
<tr><td rowspan="2">学习项目二　铁路客运人员作业安全规章</td><td>姓名</td><td></td><td>学号</td><td></td></tr>
<tr><td>日期</td><td></td><td>评分</td><td></td></tr>
</table>

1. 乘务作业做到“三早”“三无”“一畅通”。请分别答出“三早”“三无”“一畅通”的内容。

三早 ______________、______________、______________；三无 ______________、______________、______________；一畅通______________。

2. 写出铁路职工沿线路行走时的安全要求。

3. 简述车门管理规定。

4. 客运人员在电气化区段作业的安全规定有哪些？

学习情境二　铁路劳动安全基本知识

学习项目一　防暑降温安全认知

项目说明

本项目主要学习防暑降温安全认知的基础内容，加深学生对防暑降温安全基础内容相关概念和基础知识的理解，培养塑造学生在安全生产方面的基本素质和安全防护意识，在工作中主动做好防暑降温安全防护。

适用岗位

铁路运输一线客货运及行车岗位。

教学目标

1. 知识目标

掌握防暑降温安全认知的基础，掌握防暑降温的常见措施。

2. 能力目标

能够利用所掌握的知识自觉有效开展防暑降温安全防护。

3. 素质目标

培养学生在今后工作中自觉遵守单位安全生产各项规定，严格落实岗位安全责任制，牢固树立安全第一的思想观念。

案例导学

环卫工人烈日下工作中暑

【案例分析】派出所接报警，某地铁站附近有人晕倒，急需帮助。民警赶到现场发现，一名身着环卫制服的男子蜷缩在地，处于昏迷状态。民警初步判定，晕倒男子应是高温下持续作业导致中暑，如不及时救治恐有生命危险。民警及时拨打120急救电话，并找来矿泉水为该男子清洗口中的呕吐物，防止窒息，随后为其解开衣服和鞋子，帮助其降温。经现场处置，晕倒男子的生命体征趋于平稳，后民警协助医护人员将其抬上救护车。

[案例思考]

假如你是一名铁路站务员,遇旅客中暑应如何处理?

相关知识

课前回顾

高温天气如何预防中暑?

高温天气可能导致从事户外作业人员中暑甚至死亡事件的发生,给作业人员身体健康和生命安全造成严重损害,成为社会各界共同关注的重要问题。为加强高温作业和高温天气作业的劳动保护工作,防止因高温作业和高温天气作业引发的作业人员中暑和各类生产安全事故,维护劳动者健康及其相关权益,国家安全生产监督管理总局(现中华人民共和国应急管理部)于2012年6月29日颁布了《防暑降温措施管理办法》。

一、中暑基础知识

中暑是指在高温和热辐射的长时间作用下,机体体温调节障碍、水电解质代谢紊乱及神经系统功能损害的症状的总称。

1. 中暑诱因

有人认为中暑一定是在阳光下、室外环境中发生,在室内是不会中暑的,实际上,在不通风也没有空调的室内也会中暑。老年人、孕妇、儿童、心血管系统疾病患者、糖尿病患者、感染性疾病患者或体质较差的人容易中暑。中暑是一个与气温、室温相关的季节病,是可以预防的。

2. 中暑症状及处理办法

中暑按发病程度的轻重可分为先兆中暑、轻症中暑与重症中暑三种情况。

(1)先兆中暑

先兆中暑一般表现为:疲乏、头昏、眼花、耳鸣、口渴、恶心、注意力不集中、动作不协调等症状。

[**处理方法**]此时如能让病人立即离开闷热环境,到阴凉通风处,并松开衣服,让其喝点含盐饮料或冷开水,一般即可很快复原。如果病人不便转动,应立即打开窗户通风,或用电风扇吹风,并给予清凉饮料或人丹、风油精等解暑药物,也可终止中暑的发展。

(2)轻症中暑

轻症中暑除有先兆中暑的一般表现外,还可出现以下症状:面色潮红、皮肤灼热、心悸胸闷、体温升高(38.5℃以上)、大量出汗、脉搏加快等。

[**处理方法**]除需将病人立即搬离闷热环境外,还要脱去衣服,让其平卧,用冷水毛巾湿敷头部或包裹四肢和躯干,并用电风扇吹风,让病人体温尽快下降。对面色苍白、伴有呕吐和大量出汗者,应及时喂以淡盐水(1L水中加入2~3g食盐)或清凉含盐饮料。

(3)重症中暑

重症中暑按症状可分为四种类型:热痉挛、热衰竭、日射病和热射病。

①热痉挛症状特点:多发生于大量出汗及口渴,饮水多而盐分补充不足导致血液中氯化钠浓度急速明显降低时。这类中暑发生时肌肉会突然出现阵发性的痉挛的疼痛。

②热衰竭症状特点:常常发生于老年人及一时未能适应高温的人中。主要症状为头晕、头痛、心慌、口渴、恶心、呕吐、皮肤湿冷、血压下降、晕厥或神志模糊,此时患者的体温正常或稍微偏高。

③日射病症状特点:这类中暑的原因正像它的名字一样,是直接在烈日的暴晒下,强烈的日光穿透头部皮肤及颅骨引起脑细胞受损,进而造成脑组织的充血、水肿。由于受到伤害的主要是头部,所以,最开始出现的不适就是剧烈头痛、恶心呕吐、烦躁不安,继而可出现昏迷及抽搐。

④热射病症状特点:这类中暑的原因是人在高温环境中从事体力劳动的时间较长,身体产生热量过多,而散热不足,导致体温急剧升高。发病早期有大量冷汗,继而无汗、呼吸浅快、脉搏细速、躁动不安、神志模糊、血压下降,逐渐向昏迷伴四肢抽搐发展;严重者可产生脑水肿、肺水肿、心力衰竭等。

[**处理方法**]昏迷、抽筋、高烧、休克等症状,属于重症中暑,是中暑中情况最严重的一种,需要立即送医院急救。

二、中暑危险辨识

1. 生产性热源

生产性热源是指在生产过程中能够产生和散发热量的生产设备、产品或工件。铁路企业主要产生生产性热源的设备如内燃机车柴油机、锅炉,处所如内燃机车驾驶室和机房、空调发电车机房等,接触生产性热源的作业人员如内燃机车乘务员、地勤检修人员、空调发电车司机等,如图 2-1 所示。

图 2-1　生产性热源

2. 高温天气露天作业

(1)高温天气露天作业存在高温、高辐射。高温天气下进行露天作业时,人体会出现一系列生理功能变化，这些变化在一定限度范围内是适应性反应，但如超过限定范围，则会产生不良影响，甚至引起病变。

（2）铁路企业高温露天作业包括线路施工、维修作业，接触网施工、维修作业，电务施工、维修作业，调车作业、列检作业、房建施工作业等，如图2-2所示。

图2-2　烈日下作业

（3）从事铁路企业高温作业的人员包括线路工、巡道工、探伤工、信号工、接触网工、调车作业人员、列检作业人员、房建施工作业人员、客运一线工作人员等。

3. 防暑降温缺陷

（1）高温天气露天作业，作业人员患有高血压、心脏病等禁忌疾病。

（2）高温天气露天作业，防暑降温措施不到位，如未佩戴防护用品。

（3）作业环境不良，如高温、高辐射、高湿度、通风不良、气压不适等。

（4）安全管理不完善，如未建立防暑降温措施、高温中暑应急预案不完善、未进行防暑降温检查，职业安全卫生责任制未落实、作业现场未配备清凉饮料和防暑药品，对患有职业禁忌证的人员未调整岗位、高温天气作业人员连续作业时间超过国家规定等。

（5）防暑降温设施缺乏，如未合理设置电风扇、空调、通风机等。

三、防暑降温的基本知识和预防中暑措施

为了加强高温天气作业劳动保护工作，预防中暑事件的发生，铁路企业作业人员应掌握防暑降温基本常识和预防中暑措施，养成良好的生活习惯。

1. 防暑降温的常识

（1）作业人员作业时要按规定佩戴个人防护用品。

（2）各单位应当对作业人员进行上岗前职业卫生培训和在岗期间的定期职业卫生培训，普及防暑降温、中暑急救等职业卫生知识。

（3）各单位应当在高温工作环境设立休息场所。休息场所应当设有座椅，保持通风良好或者配有空调等防暑降温设施；要合理调整工休时间，注意劳逸结合，避免过度疲劳。

（4）高温天气要保证作业现场饮水或清凉饮料供应充足。现场应供给足够的合乎卫生要求的饮用茶水或清凉饮料等，有效地防暑降温；高温天现场作业人员要随身携带防暑药物，避免发生中暑事件。

（5）作业人员出现中暑症状时，应当立即采取救助措施，使其迅速脱离高温环境，到通风阴凉处休息，供给防暑降温饮料，并采取必要的对症处理措施；病情严重者，应当及时送医疗卫生机构治疗。

（6）合理饮食，及时补充水分。饮食以清淡为好，多食用富含蛋白质和维生素B、维生素

C 的食物。每日补充足够的水分，特别是出汗多时，要喝些盐汽水。

(7)保持充足的睡眠。夏天日长夜短，气温高，人体新陈代谢旺盛，消耗也大，容易感到疲劳。充足的睡眠，可使大脑和身体各系统都得到放松，既利于工作和学习，也是预防中暑的措施。

(8)空调不宜过冷。医疗气象学家通过试验发现，应该不断调节居室温度，从而逐渐适应温度的较大变化。正确的做法是：居室的温度在 26 ~ 29℃范围内不断变换，才对身体健康有利。睡眠时注意不要躺在空调的出风口和电风扇下，以免患上空调病。

(9)降温不宜过快。大汗淋漓时，到电风扇前揭开衣服猛吹，或拧开水龙头让冷水直冲而下，实现“快速降温”是好多人认为爽心的做法。殊不知，这种“快速冷却”的方式常常会“快活一时，难受几天”发甚至引起各种疾病。

(10)衣服不宜过露。保健专家指出，赤膊只能在皮肤温度高于环境温度时，才能通过增加皮肤的辐射、传导散热起到降温的作用。而酷暑之日，最高气温一般都接近或超过 37℃，皮肤不但不能散热，反而会从外界环境中吸收热量，因而夏季赤膊会感觉更热。

2. 防暑降温相关规定和措施

(1)防暑降温相关规定

①认真贯彻落实国家颁布的《防暑降温措施管理办法》(安监总安健〔2012〕89 号)要求，切实加强对防暑降温工作的组织领导，完善、落实领导责任制，狠抓防范措施落实，防止因高温天气引发的作业人员中暑和各类生产安全事故。

②在高温天气期间，应当根据地市级以上气象主管部门所属气象台当日发布的预报气温，调整作业时间(因人身财产安全和公众利益需要紧急处理的除外)，适当增加高温工作环境下劳动者的休息时间和减轻劳动强度、减少高温时段室外作业等。

a. 日最高气温达到 40℃以上，应当停止当日室外露天作业。

b. 日最高气温达到 37℃以上 40℃以下时，用人单位全天安排劳动者室外露天作业时间累计不得超过 6 小时，连续作业时间不得超过国家规定，且在气温最高时段 3 小时内不得安排室外露天作业。

c. 日最高气温达到 35℃以上 37℃以下时，用人单位应当采取换班轮休等方式，缩短劳动者连续作业时间，并且不得安排室外露天作业劳动者加班。

③制定高温中暑应急预案，定期进行应急救援的演习，并根据从事高温作业和高温天气作业的劳动者数量及作业条件等情况，配备应急救援人员和足量的急救药品。

④做好职业健康检查和职业病危害因素监测工作，对患有心肺、脑血管性疾病、肺结核、中枢神经系统疾病及其他身体状况不适合高温作业的员工，应调离高温作业岗位或对其加强预防中暑保护措施。

⑤加强作业中的轮换休息。在夏季，根据施工及作业的工艺过程，尽可能调整劳动组织，采取倒班的方式，缩短一次连续作业时间，加强工作中的轮换休息，加强现场巡查，加大防暑降温知识和中暑急救知识宣传，提高全员安全防范意识。

(2)铁路企业室外作业人员防暑降温措施

①铁路企业所有工种室外作业人员必须按规定穿戴防护用品；作业现场必须配足生活用水、清凉饮料、防暑药品(藿香正气水、十滴水、祛风油等)、灭蚊物品等，野外作业要携带蛇

药。有条件的组织人员将西瓜、绿豆汤、防暑汤等防暑降温物资送到作业现场。

②根据国家有关职业卫生标准,入暑前组织完成“双高”作业人员的体检,防止员工因患有职业禁忌证而在生产过程发生人身伤亡事故。

③在连续高温期间,根据生产特点和具体条件,及时调整作息时间,避开和减少高温时段作业,严格控制加班加点,保证生产人员休息,适当减轻劳动强度。

④调车作业人员:确保休息室、备班室等防暑降温设施设备正常使用;严格落实备班制度,重点抓好班前休息;野外作业时要携带蛇药。

⑤严禁员工私自下河塘游泳或洗澡,防止淹溺事故的发生。

⑥各单位要加强对防暑设备设施和防暑降温工作措施落实情况的专项检查。

⑦积极改善施工或作业地点生产生活环境。要认真落实施工或作业地点现场管理规定,积极采取措施,加强通风降温,确保施工及作业人员宿舍、食堂、厕所、淋浴间等临时设施满足防暑降温需要,并为施工及作业人员提供清凉饮料和常用防暑药品。尤其是施工现场的宿舍和食堂必须安装电扇,有条件的单位,应在宿舍安装空调。

⑧切实做好卫生防疫工作。要切实做好施工及作业现场及生活区的卫生防疫工作,加强对饮用水、食品的卫生管理,严格执行食品卫生制度,避免食品变质引发中毒事件;加强对夏季易发疾病的监控,现场作业人员发生法定传染病、食物中毒时,应及时向有关主管部门报告。

(3)预防中暑相关措施

容易中暑人群包括:肥胖人群、儿童、老人、患病者;在高温、通风不良的环境下进行大运动量活动或剧烈运动的人群。

预防中暑的措施如下:

①经常留意气象台发出的天气警告,在炎热天气下应采取措施,以防中暑。

②在室内尽量打开窗户,利用风扇和空气调节以保持通风凉快。

③避免在湿热的环境下做剧烈运动,应选择室内通风的场所进行。

④如果外出,可穿着浅色宽松、通气凉爽的衣物,戴上宽边帽子或使用遮阳伞以阻挡阳光直射及帮助散热。

⑤在酷热的天气下,不应做长程的登山或远足等活动。

⑥户外活动最好安排早上或黄昏后。

⑦应补充足够的水分,以防脱水现象。

⑧避免喝含咖啡因和酒类等利尿饮品。

⑨不应长时间留在未开动车内。

⑩若有任何不适,应立即向医生求诊。

知识拓展

《防暑降温措施管理办法》摘录

第一条　为了加强高温作业、高温天气作业劳动保护工作,维护劳动者健康及其相关权益,根据《中华人民共和国职业病防治法》、《中华人民共和国安全生产法》、《中华人民共和国劳动法》、《中华人民共和国工会法》等有关法律、行政法规的规定,制定本办法。

第二条　本办法适用于存在高温作业及在高温天气期间安排劳动者作业的企业、事业单位和个体经济组织等用人单位。

第三条　高温作业是指有高气温、或有强烈的热辐射、或伴有高湿（相对湿度≥80% RH）相结合的异常作业条件、湿球黑球温度指数（WBGT 指数）超过规定限值的作业。

高温天气是指地市级以上气象主管部门所属气象台站向公众发布的日最高气温35℃以上的天气。

高温天气作业是指用人单位在高温天气期间安排劳动者在高温自然气象环境下进行的作业。

工作场所高温作业 WBGT 指数测量依照《工作场所物理因素测量　第7部分：高温》（GB Z/T 189.7）执行；高温作业职业接触限值依照《工作场所有害因素职业接触限值　第2部分：物理因素》（GB Z2.2）执行；高温作业分级依照《工作场所职业病危害作业分级　第3部分：高温》（GB Z/T 229.3）执行。

第四条　国务院安全生产监督管理部门、卫生行政部门、人力资源社会保障行政部门依照相关法律、行政法规和国务院确定的职责，负责全国高温作业、高温天气作业劳动保护的监督管理工作。

县级以上地方人民政府安全生产监督管理部门、卫生行政部门、人力资源社会保障行政部门依据法律、行政法规和各自职责，负责本行政区域内高温作业、高温天气作业劳动保护的监督管理工作。

第五条　用人单位应当建立、健全防暑降温工作制度，采取有效措施，加强高温作业、高温天气作业劳动保护工作，确保劳动者身体健康和生命安全。

用人单位的主要负责人对本单位的防暑降温工作全面负责。

第六条　用人单位应当根据国家有关规定，合理布局生产现场，改进生产工艺和操作流程，采用良好的隔热、通风、降温措施，保证工作场所符合国家职业卫生标准要求。

任务工作单

<table>
<tr><td colspan="2">学习情境二　铁路劳动安全基本知识</td><td>班级</td><td colspan="3"></td></tr>
<tr><td colspan="2" rowspan="2">学习项目一　防暑降温安全认知</td><td>姓名</td><td></td><td>学号</td><td></td></tr>
<tr><td>日期</td><td></td><td>评分</td><td></td></tr>
<tr><td colspan="6">1. 写出先兆中暑的一般表现。

2. 如何进行中暑危险辨识？

3. 总结预防中暑的措施。

</td></tr>
</table>

学习项目二　防寒保暖安全认知

项目说明

本项目主要学习防寒保暖安全认知的基础内容,加深学生对防寒保暖安全基础内容相关概念和基础知识的理解,培养学生在安全生产方面的基本素质和安全防护意识,使其在工作中主动做好防寒保暖安全防护。

适用岗位

铁路运输一线客货运及行车主要岗位。

教学目标

1. 知识目标

掌握防寒保暖安全认知的基础,掌握防寒保暖的常见措施。

2. 能力目标

能够利用所掌握知识自觉有效开展防寒保暖安全防护。

3. 素质目标

培养学生自觉遵守单位安全生产各项规定,严格落实岗位安全责任制,牢固树立“安全第一”的思想观念。

案例导学

见习列车员因天气寒冷感冒

【案例情况】某年某月某日,南方某局客运段值乘进京列车,因该列车从始发站始发时该地区天气较暖,列车出乘时仍按夏季出乘着装标准着装,车上有见习列车员 18 人,上述 18 人缺乏对列车经过地区天气状况的了解,未携带保暖衣物,列车在某站停车时,当地气温较低,室外温度接近零度,当班值乘站台立岗的 9 名见习列车员仍穿夏装值乘立岗,恰遇列车运行图临时调整,该车在该站临时停车 46 分钟,上述 9 人在低温环境下长时间立岗作业,导致列车自该站开车后不久均患重感冒,其中 2 人情况较为严重,后列车长汇报上级部门,列车到站后将上述人员送往医院治疗,由此给车班乘务工作人员安排带来困难,经联系相关铁路局,某客运段临时抽调 18 人支援该趟列车值乘。

(资料来源:http://www.esafety.cn/health/116905.html)

[案例思考]

结合上述案例思考,假如你是一名列车员,冬季值乘过程中应如何做好防寒保暖工作?

相关知识

课前回顾

冬季铁路运输对一线人员着装要求有哪些?

铁路防寒工作的对象,主要是铁路作业人员在冬季作业的人身安全和设备设施的防寒检查与整备。我国北方地区冬季时间较长,环境多变,气候条件恶劣,造成职工伤害的危险因素增多,保证作业人员防寒过冬是铁路冬季运输生产必须提前做好的一项工作。

一、冬季防寒常识

1. 冬季防寒应注意的问题

俗话说,"三分饥寒,七分温饱",这是非常有道理的。冬季防寒保暖固然重要,但保暖过度也容易使机体的调节和适应能力下降、耐寒能力降低,反倒容易引发一些疾病。所以冬季防寒应尽量避免以下几方面。

(1)被褥太厚

睡觉时被褥太厚会压迫身体,不能使身体彻底放松,而且太厚的被褥也会压迫心脏等脏器,影响健康。

(2)蒙头睡觉

如果蒙头大睡,会因被子内二氧化碳等废气逐渐增加,影响正常的呼吸甚至造成窒息,也可能因被子内缺氧而诱发心脑血管病。

(3)紧闭门窗

冬季很多人紧闭门窗,足不出户。由于紧闭门窗,室内空气流通不佳,导致空气污浊,容易引发头昏、出汗、咽喉干痛、胸闷不适等症状。

(4)运动减少

冬季由于气候寒冷,人们多不愿出外运动。其实,越是寒冷越应多运动,因为运动是驱除寒冷的最好方法,而且可以增强抗病能力,减少疾病的发生。

(5)戴口罩防冷

鼻黏膜里有丰富的血管和海绵状血管网,血液循环十分旺盛,当冷空气经鼻腔吸入肺部时,一般已接近体温。人体的耐寒能力应通过锻炼来增强,若依赖戴口罩防冷反而会使人体变得娇气,更容易患感冒。

(6)饮酒御寒

饮酒后有浑身发热的感觉,这是酒精促使人体散发原有热能的结果。酒劲过后,因大量热能散出体外,会导致酒后受寒着凉。

2. 冬季防寒要点

(1)注意保暖

俗语说:头戴帽,不易寒。头部由于裸露在外面,很容易受风寒。头部一旦受寒,就容易引起感冒。要想头部保暖，戴帽子很重要，最好能捂住耳朵。另外，头上有很多重要穴位，经常按摩头皮，加快血液循环，也能保持头部暖和。

①保暖先暖脚。寒从脚下起，脚部一旦受寒，很容易引起感冒或腰腿痛等病症，因此，冬季脚部保暖尤为重要。脚部保暖首先要有合适的鞋子和袜子，鞋子的尺码应稍大些，最好垫一双棉鞋垫，脚放在里面要有点空间。其次，鞋底应稍高些，这样可以起到与冰冷地面隔寒的作用。冬季最好每天用温热水泡脚，步行半小时以上，并坚持早晚搓揉脚心。

②衣服不能太紧。衣服太紧太厚，不但会限制身体活动，还会影响血液循环。所以冬季穿衣感觉温暖就可以了。

③戴围巾别捂嘴。围巾不能当口罩用，但很多人戴围巾时，却习惯把脖子、嘴巴一起捂着，这种做法对健康很不利。因为围巾大都以羊毛、兔毛、混纺毛线织成，纤维极易脱落，又容易吸附灰尘、病菌，而且不是每天都清洗，脱落的纤维、灰尘、病菌就很容易随着呼吸进入体内，引发疾病。

④室温不要太高。冬天天气干燥，室内外温差较大，一出一进很容易受凉。冬天室温应该稍低些，保持在 18 ~20℃为宜。如果能在室内放一盆水，增加一下室内湿度就更好了。

⑤门窗不应太封闭。冬季室内要多通风换气，以保证空气清新、氧气充足。在冬天应该每天开窗通风 2 ~4 次，每次 10min 左右。

(2)抗寒防病的方法

冬天气候寒冷，人们很容易遭受外邪、风寒，引起感冒、鼻炎等上呼吸道感染疾病。应从以下几个方面做好抗寒防病：

①常喝白开水。冬天气候干燥，人体极易缺水，常喝白开水，不但能保证机体的需要，还有利尿排毒、消除废物的功效。

②常喝枣姜汤。用大枣 10 枚、生姜 5 片煎茶，每晚服用一次，能起到增强人体抗寒能力，减少感冒及其他疾病的作用。

③坚持冷水洗脸。坚持冷水洗脸可增强人体耐寒、抗病能力，达到预防伤风、感冒的目的。

④床头常放柑橘或薄荷油。柑橘性温，散发出来的强烈气味可祛除病毒。床头摆柑橘，可预防上呼吸道疾病；睡前吃几瓣橘子，能化痰止咳。将薄荷油一小瓶置于枕头边，用漏气的瓶塞盖好，让薄荷气体慢慢散发，有治头痛、鼻塞的功效。

⑤夜卧桑菊枕。冬桑叶和秋菊可清目醒脑，治感冒。用其做枕芯，使人头脑清醒，入睡适意，也能防治感冒。

二、冬季作业安全的特点

冬季作业安全的特点实际上是季节变换给铁路运输生产带来的不利因素。只有充分做好冬季作业的思想准备，在实际工作中应采取针对性的有效措施，克服这些不利条件，才能确保安全生产，高质量地完成冬季运输生产任务。

1. 气候特点

冬季天气寒冷、气温低，风、雪、雾、霜频繁发生，昼短夜长、温差大，这些自然现象，对铁路运输生产的设备、作业场所、作业人员及运输组织工作等多方面增加了很大的难度，给人员作业带来了极大的不便，可概括为冷、长、滑、凝、笨、畏、忙。

①冷：冬季气温低，天气寒冷，人的视觉、听觉、行动都会受到一定影响，对外界反应敏感度降低，容易发生冻伤、跌滑等人身伤害事故。另外也给人们的生活带来诸多不良影响，使人们对严寒易产生畏惧心理，精力不集中，工作中易出现简化作业、违章作业等行为。

②长：昼短夜长，车场内照明不好，会产生死角，给现场作业人员带来极大不便，特别是夜间作业难度大，作业人员体力消耗大，精力往往不够充沛。

③滑：冰天雪地是北方冬季的真实写照，冬季经常有冰、雪覆盖现场，特别是有时午间阳光融化了冰雪表面，到了夜间又结成光滑的冰面，地面、轨面、台阶、梯凳湿滑，易发生滑跌、摔伤等人身事故，给现场作业人员带来极大的不便，增加了作业的难度。

④凝：由于冬季雾多，能见度低，而且信号、玻璃、眼镜都容易凝霜、凝雾，影响视线，增加瞭望的难度，现场作业防护瞭望视线距离短，尤其巡道、巡桥等单独作业人员作业困难更大，给人身、作业带来影响。

⑤笨：冬季天气寒冷，露天作业人员穿戴较多，衣着笨重，行动不便，反应相对迟缓，作业场所溜滑，易碰伤或摔伤。因此，作业人员要相互关照，搞好互控，注意人身安全。

⑥畏：冬季气候严寒，铁路运输作业人员几乎天天在寒风凛冽、零下几十度的冰天雪地里作业，易产生畏寒怕冷思想而缩手缩脚，反应迟钝，导致简化作业程序，违章蛮干，给运输和人身安全带来隐患。

⑦忙：冬季是铁路运输的繁忙时段，车流、客流密度较大，再加上春节等传统节日，职工家务忙、事情多，思想比较活跃，容易休息不好，造成工作精力分散，劳动纪律松弛，思想抛锚，诱发各类事故，对人身安全构成威胁。另外，年末阶段生产任务紧张，容易产生"抢任务、轻安全"的思想倾向。

2. 冬季作业特点

(1)机车、车辆部门的作业特点

铁路机车、车辆的制造材料绝大多数是金属，其中主要是钢铁，在寒冷的冬季，由于气温低，钢铁变脆，极易发生折损和断裂。铁路机车、车辆的梁、栓、托架等部件比较单薄，在冬季更易损坏。针对这一特点，在冬季作业时，必须正确掌握机车、车辆的连挂速度和走行速度，做到连挂速度适当，走行速度均匀，以防止因大力冲撞而造成机车、车辆部件断裂折损，确保安全。

设备受气温影响，容易发生故障失灵、产生误操作；机车、车辆制动效能减弱，滑行距离延长，操作困难，金属结构件容易产生变形、破裂，导致气体介质泄漏，所以，冬季机务部门要做好机车防寒、停留机车防寒保温及保温前的防寒解冻工作。

(2)铁路通信、信号部门的作业特点

在冬季，霜、雪、雾多，高空架设的电线路可能结冰以致坠断，产生停电或通信、信号中断，车站的通信、信号线也容易混线、短路，造成故障，对运输工作产生影响。注意了这方面的特点，冬季组织运输工作时，要密切注意电力、信号、闭塞、联锁及通信设备的状态，一旦发现故障，要及时向列车调度员及值班干部报告，立即通知有关部门组织抢修；在接发列车和调车作业时，按非正常情况处理，绝不能手忙脚乱、揣测行事，影响安全。

(3)工务部门的作业特点

冬季一些设备状态会发生变化，因而其作业也有别于夏季。冬季气候寒冷，气温较低，含水率大的路基易发生冻害，由此而产生轨道几何尺寸变化，工务垫板、改道整修任务加重；

受冰雪覆盖影响,各种故障不易被及时发现,不利于铁路维修和巡道工作,导致线路隐患不能及时消除,处理临时设备故障任务加重。

(4)冬季室外作业场所的作业特点

铁路运输一线工作有很大部分是在室外进行的。冬季经常有冰雪覆盖车站的站场,特别是有时午间阳光融化了冰雪表面,到了夜间又结冰打滑,给车站的接发列车人员、调车人员带来极大的不便。尤其是牵出线、调车线两旁作业人员经常行走的地方,非常容易结冰打滑,调车人员行走和上下车时容易滑倒受伤。

因此,在冬季,一是要及时清除积雪,特别是作业人员经常行走的线路边的积雪要清扫彻底,避免其结冰;二是凡室外作业人员都要穿防滑鞋,不要穿塑料底、硬底和带钉子的鞋;三是调车人员在上下车前要选好地点,不要超速上下车,以免发生危险。

(5)冬季夜间作业的特点

冬季昼短夜长,尤其是区间作业,照明不好,给夜间运输作业带来了极大不便;站场内照明不好,存在照明死角,给作业人员检查、核对现车等作业带来极大不便。造成作业人员体力消耗大,精力往往不够充沛。根据这些特点,作业人员在冬季运输工作中,要特别注意班前休息好,保证班中体力充沛、精力旺盛。在作业中,要认真细致,不要盲目求快。

(6)冬季作业人员特点

①畏寒情绪。怕冷、畏寒是人的共同特点。因此,简化作业过程、晚出勤或出勤不全的现象时有发生。

②行动不灵敏。冬季运输作业人员要穿上棉衣、棉裤、棉鞋,戴上棉帽、棉手套等,这样行动必然要比其他季节缓慢。

③瞭望困难。冬季夜长,风、雪、雾多,都给作业人员瞭望带来诸多不便。

根据冬季生产人员的变化特点,在工作前要专门进行教育,做好职工的思想工作,采取措施解决好职工的具体生活困难。每次接班前,也要进行思想动员,使职工树立克服困难的信心。在实际工作中,要掌握规律,抓住特点,做好准备,相互配合,互控联防,仔细观察,认真检查,正确及时地显示信号,确保行车、调车作业及作业人员的人身安全。

三、冬季作业对人身安全的基本要求

1. 冬季预防人身伤害应准备的工作

(1)防寒过冬物资准备

①提前准备好防寒、防护用品,做到备足备齐,及时发放到每个职工手中,如防寒服、棉鞋、手套等。

②对所有的生产厂房和乘务员公寓、候班室、单身宿舍等工作休息的场所要提前做好整修,做到门窗玻璃防寒材料齐全合格,按规定揭挂保温门帘(被)等,达到保暖保温良好达标。

③对露天作业的吊车、登高作业扶梯、作业场照明灯桥、调车机车的脚踏板、机务整备场内的擦车台等登高作业处所要提前做好包扎防滑措施。

④对检车、调车、机车、客车等作业整备场所要保持场地平整,道路通畅,无积水结冰,照明良好充足,并按规定设置安全警示标志。

⑤对下雪后积雪和场地的积冰要及时组织采取清除措施,防止滑倒摔伤,如图 2-3 所示。

(2)防寒设备过冬前检查、整修要求

①批准使用煤火炉取暖处所(包括分室使用火炉取暖)要正确安装炉具和风斗,经有关部门验收合格,张贴合格证后方可点火使用。

②对新安装、改造的常压锅炉土暖气,必须由有资质的专业人员设计安装,设计图纸(对于燃油燃气锅炉还需有公安消防部门的相关审批鉴证资料)上报有关部门审核备案后方可安装。在用的土暖气每年必须由单位的安全、技术设备部门组织整修合格,并在锅炉房内按规定揭挂设计图纸、安全操作规程、防冻防爆等安全管理制度,验收合格后,方可点火使用。

③对常压热水、茶浴锅炉,在入冬前由单位的技术设备和安全部门组织进行全面的整修和验收。需安装、修理和改造时,有关安全技术资料和安装、修理施工方案必须经有关部门审核备案后方可施工。安装、修理和改造完毕后,必须经有关部门验收合格,特种设备检测中心检验合格,出具检验合格证书,并在锅炉房内揭挂检验合格证、安全操作规程、安全卡控措施与应急处理预案、安全管理制度后,方准点火使用,如图 2-4 所示。

图 2-3 铁路冬季除雪除冰

图 2-4 检修锅炉

④对新装和大修的承压钢炉,必须按规定经有关部门验收合格,取得锅炉使用证并在锅炉房内揭挂安全操作规程、安全管理制度、安全卡控措施、非正常情况应急处理程序与预案和检验合格证后,方准点火使用。

⑤对在用承压锅炉,各单位要提前做好检修,并经铁路局(集团)公司特种设备检测中心检验合格,各种安全附件齐全有效,校验合格,作用良好,安全措施健全完善后方准使用。

⑥对室外安装的各种压力容器、压力管道要做好防寒保温和排水工作。

⑦对各工作场地、地沟、水井、风井坑、池等,添设坚固的防寒盖板。

2. 冬季作业对人身安全的基本要求

根据冬季作业特点和作业规律,必须认真贯彻落实“安全第一、预防为主、综合治理”的方针,全体干部、职工冬季必须做到以下要求:

(1)冬季上班前有关要求

①上班前严禁饮酒,充分休息,保证工作时精力充沛、思想集中。

②工作前必须按规定穿戴好防护用品,防寒帽必须有耳孔且孔径不小于 20mm,禁止穿高跟鞋、塑料底鞋及带钉子鞋作业。

③作业前认真检查确认使用的工具、交接的设备状态良好，严禁使用不良机具，严格执行岗位责任制和交接班制度，认真听取工班长班前对生产计划的安排以及对安全生产注意事项的布置要求，作业中要认真执行各种规章命令，团结协作，密切联系，不得臆测行事，不准玩笑打逗。

(2)冬季在站场上作业及行走时的安全要求

在站场上作业和行走时，禁止戴妨碍视觉、听觉的色镜、帽子或其他遮盖物，有冰冻时在鞋上绑扎草绳或穿其他防滑鞋具，以防滑倒摔伤；要随时注意来往的列车和机车车辆的移动，遇风、雪、雾天气更应特别注意邻线有无来往机车、车辆，要站在适当位置，防止被车上坠落物品、篷布、绳索等击伤，严禁走枕木、道心、轨面，严禁在车底下、车端部和站台边坐立、闲谈休息、避风雪。

(3)取暖时防止煤气中毒

①安装炉具烟筒时，炉灶周围要设炉挡，烟筒安装要顺向，不可逆向安装。

②取暖用炉具及安装必须合格，并须有检查合格证，方准使用。

③夜间值班有人住宿的房屋使用炉火取暖者，必须安有风斗，无风斗的房屋不准人员住宿。

④必须按期清理烟筒、烟道，防止倒烟，严禁敞口取暖。

3. 冬季除冰雪作业

(1)准备工作

除雪、除冰工作是一项非正常工作，由于天气恶劣、作业时间不固定，给人身安全带来严重隐患。作业前，作业人员要根据除雪位置制订详细的安全措施，制定行走路线图、待避列车位置图。遇到易于溜滑的地段，应注意提高警惕，踏稳、踩牢，防止滑倒摔伤。除雪、除冰负责人负责除雪前的安全教育。

(2)作业要求

①遇有雪情预告，必须提前做好人员、用具、通信设备、防护用品等各项除雪准备工作。

②线路上除雪作业必须设置安全防护，现场设防护员、车站设驻站防护员，缺一不可。

③线路上除雪作业必须有组织、有防护，严禁单人除雪，现场除雪必须保证3人以上，必须设一名专职防护人员。特别是清除雪后道岔内残雪时，也必须严格按规定设置安全防护。

④除雪作业前，每一个小组必须明确负责人，必须指定专人担任安全防护工作；在站场道岔咽喉区多个作业组同时作业时，可在作业群体两端分别设置现场防护员，负责全体作业人员的安全防护。

⑤同小组的作业人员必须同出同回，并严格按照规定的路线图行走，作业期间不得单人离开作业小组。

⑥驻站防护员要先于现场作业人员到达车站行车室，在驻站防护期间要认真掌握列车通过和调车作业情况，并及时通知现场防护员。

⑦现场防护员要按规定携带防护用具，与作业人员一同到达现场，并及时向驻站防护员报告作业位置，确认无车方可进行除雪作业；在防护期间要认真监听电台，接到来车报告后及时通知作业人员按规定距离下道避车。

⑧使用风力、内燃除雪机的作业小组，要绝对听从小组负责人或现场防护员的指挥，不

得擅自上道作业。上道作业时,必须执行一人一机牵绳防护的规定,确保安全防护措施的有效落实。

⑨除雪作业人员必须按照规定着装,确保听觉、视觉不受影响。严禁穿戴连体帽或无听声孔防寒帽,防寒帽听声孔尺寸要符合标准并开放。禁止穿大帽钉鞋、塑料底鞋、高跟鞋及易滑鞋,防止发生人身伤害。

⑩除雪人员上下道,必须清点人数,必须向驻站防护员进行登记。

四、冻伤处置和预防煤气中毒措施

冬季户外作业如果防护不当,人体受低温寒冷侵袭极易伤损,形成冻伤。另外,冬季用煤炉取暖如用法不当,易发生煤气中毒,因此,克服麻痹思想,掌握预防冻伤、煤气中毒的基本知识十分重要。

1. 冻伤处置

(1)冻伤的基本知识

①冻伤的概念。

冻伤是在寒冷、潮湿和有风的地带工作或劳动时,由于低温寒冷或肌体长时间暴露在寒冷环境下,引起全身或局部温度下降而发生的损伤。多发生于四肢和皮肤外露部位,如手、足、面颊、耳、鼻等,如图2-5所示。

②冻伤的分类。

冻伤在临床上分为非冻结性损伤和冻结性损伤两种。根据受伤的程度,把冻伤分为Ⅰ~Ⅲ度。

Ⅰ度(红斑性冻伤):皮肤浅层冻伤。局部皮肤发白,继后红肿,可有局部发痒、刺痛,感觉异常。

Ⅱ度(小泡性冻伤):皮肤全层冻伤。损伤达皮肤深层,局部红肿明显,可有水泡出现,内有血清样或血性液体,疼痛剧烈,数日内水泡干枯,2~3周内形成黑色干痂,脱落后创面愈合。

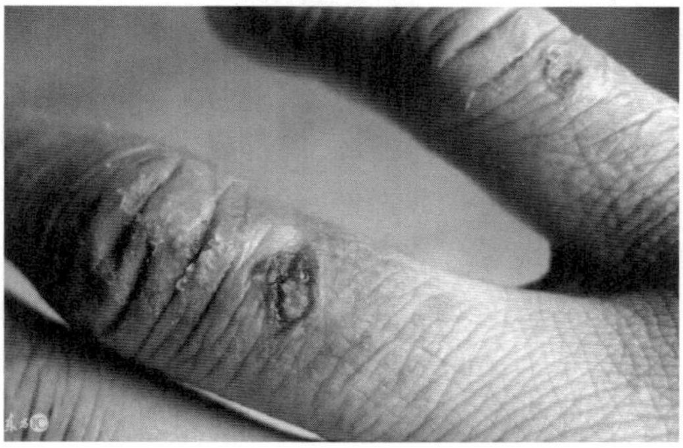

图2-5　手指冻伤

Ⅲ度(坏性冻伤):皮肤和皮下组织冻伤。其损伤达皮肤深层、皮下组织或肌肉、骨骼,损伤部位呈紫黑色,感觉消失,周围组织水肿,疼痛剧烈,创面愈合慢,常留下瘢痕与功能障碍。

在冻伤的患者中,最严重的为冻僵者。所谓冻僵,是指由于低温寒冷或肌体长时间暴露在寒冷环境下引起的全身性的损伤。全身冻伤初期表现为寒战、皮肤苍白、冰冷、呼吸、心跳加快、反应迟钝、神志不清、全身肌肉关节僵硬,直至呼吸和循环衰竭,如不及时抢救,会危及生命。不过,冻僵患者在临床上较少见,家庭中以冻疮、冻伤Ⅰ~Ⅱ度最为常见。

(2)冻伤处置

①急救和治疗原则。

a. 迅速脱离寒冷环境,防止继续受冻。

b. 抓紧时间尽早快速复温。

c. 局部涂敷冻伤膏。

d. 改善局部微循环。

e. 抗休克、抗感染和保暖。

f. 应用内服活血化瘀等类药物。

g. Ⅱ、Ⅲ度冻伤未能分清者按Ⅲ度冻伤治疗。

h. 冻伤的手术处理,应尽量减少伤残,最大限度地保留尚有存活能力的肢体功能。

②快速复温。

尽快使伤员脱离寒冷环境后,如有条件应立即进行温水快速复温,复温后在充分保暖的条件下护送。如无快速复温条件,应尽早护送,护送途中应注意保暖,防止外伤。到达医疗单位后应立即进行温水快速复温。特别对于救治仍处于冻结状态的Ⅱ、Ⅲ度冻伤,快速复温是效果显著而关键的措施。

具体方法:将冻肢浸泡于42℃(不宜过高)的温水中,至冻区皮肤转红,尤其是甲床潮红、组织变软为止,时间不宜过长。对于颜面冻伤,可用42℃的温水浸湿毛巾,进行局部热敷。在无温水的条件下,可将冻肢立即置于自身或救护者的温暖体部,如腋下、腹部或胸部,以达复温的目的。救治时严禁火烤、雪搓,冷水浸泡或猛力捶打患部。

③改善局部微循环。

Ⅲ度冻伤初期可应用低分子右旋糖酐,静脉点滴,逐日给药500~1000ml,维持7~10天,以降低血液黏稠度,改善微循环。必要时也可采用抗凝剂(如肝素)或血管扩张剂(罂粟碱、酚妥拉明等)。

④局部处理。

a. 局部用药:复温后局部立即涂敷冻伤外用药膏,可适当涂厚些,指(趾)间均需涂敷,并以无菌敷料包扎,每日换药1~2次,面积小的Ⅰ、Ⅱ度冻伤可不包扎,但要注意保暖。可供使用的冻伤膏有呋喃西林霜剂、呋喃西林、考地松霜剂、右旋糖苷霜剂等。

b. 水泡的处理应在无菌条件下抽出水泡液,如果水泡较大,也可低位切口引流。

c. 感染创面和坏死痂皮的处理,感染创面应及时引流,防止痂下积脓,对坏死痂皮应及时蚕食脱痂。

d. 及时清除坏死痂皮的处理,肉芽创面新鲜后尽早植皮,消灭创面。早期皮肤坏死形成干痂后,对于深部组织生活能力情况,往往不易判断,有时看来肢端已经坏死,但脱痂后露出肉芽创面(表明深部组织未坏死),经植皮后痊愈。因此,对冻伤后截肢应采取慎重态度,一般认其自行分离脱落,尽量保留有活力的组织,必要时可进行动脉造影,以了解肢端血液循环情况。

⑤预防感染严重冻伤应口服或注射抗生素,常规进行破伤风预防注射。

2. 预防煤气中毒措施

(1)煤气中毒定义

无色无味的煤气被称为“沉默的杀手”,煤气中毒,其实就是一氧化碳中毒。

(2)煤气中毒机理

一氧化碳中毒是含碳物质燃烧不完全时的产物经呼吸道吸入引起的中毒。中毒机理是一氧化碳与血红蛋白的亲和力比氧与血红蛋白的亲和力高200~300倍,所以一氧化碳极易与血红蛋白结合,形成碳氧血红蛋白,使血红蛋白丧失携氧的能力和作用,造成组织窒息。对全身的组织细胞均有毒性作用,尤其对大脑皮质的影响最为严重。当人们意识到已发生一氧化碳中毒时,往往为时已晚。因为支配人体运动的大脑皮质最先受到麻痹损害,使人无法实现有目的地自主运动。所以,一氧化碳中毒者往往无法进行有效的自救。

(3)一氧化碳中毒症状

①轻度:头痛、头晕、心慌、恶心、呕吐。

②中度:面色潮红、口唇樱桃红色,多汗、烦躁,逐渐昏迷。

③重度:神志不清、呼之不应、大小便失禁、四肢发凉、瞳孔散大、血压下降、呼吸微弱或停止、肢体僵硬或瘫软、心肌损害或心律失常。

④发现时间过晚,吸入煤气过多,或在短时间内吸入高浓度的一氧化碳,血液碳氧血红蛋白浓度常在50%以上,病人呈现深度昏迷,各种反射消失,大小便失禁,四肢厥冷,血压下降,呼吸急促,会很快死亡。一般昏迷时间越长,愈后越严重,常有痴呆、记忆力和理解力减退、肢体瘫痪等后遗症。

(4)现场急救

当发现有人一氧化碳中毒后,救助者必须迅速按下列程序实施救助:

①因一氧化碳的相对密度比空气略小,故浮于上层,救助者进入和撤离现场时,如能匍匐行动会更安全。进入室内时严禁携带明火,尤其是开放煤气自杀的情况,室内煤气浓度过高,按响门铃、打开室内电灯产生的电火花均可引起爆炸。

②进入室内后,应迅速打开所有通风的门窗,如能发现煤气来源并能迅速排出则应同时控制,如关闭煤气开关等,但绝不可为此耽误时间,因为救人更重要。

③迅速将中毒者背出充满一氧化碳的房间,转移到通风保暖处平卧,解开衣领及腰带以利其呼吸及顺畅。同时呼叫救护车,随时准备送往有高压氧舱的医院抢救。

④在等待运送车辆的过程中,对于昏迷不醒的患者可将其头部偏向一侧,以防呕吐物误吸入肺内导致窒息。为促其清醒可用针刺或用指甲掐其人中穴。若其仍无呼吸则需立即对口人工呼吸。必须注意,对一氧化碳中毒的患者,人工呼吸的效果远不如医院高压氧舱的治疗,因而对昏迷较深的患者不应立足于就地抢救,而应尽快送往医院,但在送往医院的途中,人工呼吸绝不可停止,以保证大脑的供氧,防止因缺氧造成的精神不可逆性坏死。

(5)预防一氧化碳中毒

①合理使用煤炉,装上烟囱并使其完整,伸向窗外的部分要加上防风帽,煤炉、烟筒一定要密封。白天用煤炉时要打开窗户,让空气流通,晚上要熄灭炉火,否则不可把窗关严。2~3个月要清扫1次烟筒,以防烟灰堵塞烟筒,影响煤气出路,有条件的要安装换气扇。

②选择符合国家有关标准的用气设备(燃气燃烧器具),不要使用直排式热水器等已淘汰的产品以及超过使用年限的用气设备、燃气燃烧器具。在使用用气设备、燃气燃烧器具前应仔细阅读产品说明书,使用时严格按产品说明书的要求操作,切忌长时间连续使用。做好冬季室内的通风,冬季较为寒冷,保暖密封条件较好的用户,尤应注意在使用燃气时先将厨房门窗、排风扇打开,使空气得到流通。如果通风不足,燃气燃烧不完全,会产生一氧化碳,使人窒息,危及人的生命。

③用完燃气设备后必须检查灶具和管道阀门是否关闭。定期检查胶管是否牢固,并及

时更换老化胶管，最好做到每年更换一次。不要在有煤气设施的房间睡觉，如装修时将厨房改成卧室。烧水要有专人看护，水不要装得太满，以免水溢出将炉火浇灭。使用电子灶具时要在听到点火的声音后检查是否打着了火。不能私自改变煤气设施的用途，需要改变煤气管线的，须向煤气管理处申请，由专人负责安装，并对改装后的设施进行科学压力测试。

知识拓展

《中华人民共和国劳动法》摘录

第五十二条　用人单位必须建立、健全劳动安全卫生制度，严格执行国家劳动安全卫生规程和标准，对劳动者进行劳动安全卫生教育，防止劳动过程中的事故，减少职业危害。

第五十三条　劳动安全卫生设施必须符合国家规定的标准。

新建、改建、扩建工程的劳动安全卫生设施必须与主体工程同时设计、同时施工、同时投入生产和使用。

第五十四条　用人单位必须为劳动者提供符合国家规定的劳动安全卫生条件和必要的劳动防护用品，对从事有职业危害作业的劳动者应当定期进行健康检查。

第五十五条　从事特种作业的劳动者必须经过专门培训并取得特种作业资格。

第五十六条　劳动者在劳动过程中必须严格遵守安全操作规程。

劳动者对用人单位管理人员违章指挥、强令冒险作业，有权拒绝执行；对危害生命安全和身体健康的行为，有权提出批评、检举和控告。

第五十七条　国家建立伤亡事故和职业病统计报告和处理制度。县级以上各级人民政府劳动行政部门、有关部门和用人单位应当依法对劳动者在劳动过程中发生的伤亡事故和劳动者的职业病状况，进行统计、报告和处理。

任务工作单

学习情境二　铁路劳动安全基本知识	班级			
学习项目二　防寒保暖安全认知	姓名		学号	
	日期		评分	

1. 写出冻伤的分类。

2. 写出取暖时防止煤气中毒的具体措施。

3. 写出冬季除冰雪作业的具体要求。

学习项目三 职业健康知识认知

项目说明

本项目主要学习职业健康知识认知的基础内容。加深学生对职业健康知识基础内容相关概念和基础知识的理解,培养塑造学生在职业病防护方面的基本素质和防护意识,在工作中主动做好职业病的防护。

适用岗位

铁路运输一线客、货运及行车主要岗位。

教学目标

1. 知识目标

掌握职业健康基础知识,掌握职业病的常见措施。

2. 能力目标

能够利用所掌握知识自觉有效开展职业病防护。

3. 素质目标

培养学生自觉遵守单位职业病各项规定,严格落实岗位责任制意识。

案例导学

国内首例因"铟"中毒引发的职业病

【案例分析】28 岁的小伙子小吴在一家知名的电子制造企业打工,他负责喷涂一种金属材料,每天在车间工作十几个小时。小吴说,有的工友干了两三个月就感到"不舒服"辞工了,他也是频频咳嗽。但是小吴以为自己只是患上了感冒,仗着年轻身体好,硬是"撑"了一年半。之后,小吴出现了严重的咳嗽、气喘,并伴有持续性的发烧,随即在当地住院进行治疗。

小吴被转到了南京市某医院。CT 检查发现,小吴的肺部全是白色的粉尘颗粒。而医生取小吴肺部组织活检寻找病因,发现在小吴的肺泡里有像牛奶一样的乳白色液体。医生将从小吴肺部找到的白色粉尘颗粒送到南京大学的实验室进行分析检测,检测报告显示,主要成分除了氧化硅和氧化铝外,还有一种重金属元素,那就是"铟"。"铟"是一种稀有金属,是制作液晶显示器和发光二极管的原料,铟的毒性比铅还强。后经法律介入,小吴被认定为职业病并获得原单位相应的经济补偿。

(资料来源:http://baike.so.com/doc/1182781-1251179.html)

[案例思考]

思考铁路货物装卸作业有哪些影响身体健康的因素?如何预防?

相关知识

课前回顾

铁路运输一线涉及哪些职业病?

一、职业病基础知识

1. 职业病概念

《中华人民共和国职业病防治法》明确规定,职业病是指企业、事业单位和个体经济组织等用人单位的劳动者在职业活动中,因接触粉尘、放射性物质和其他有毒、有害因素而引起的疾病。

2. 职业病的分类

我国《职业病分类和目录》包括10大类132种职业病,其中职业性尘肺病及其他呼吸系统疾病19种,职业性皮肤病9种,职业性眼病3种,职业性耳鼻喉口腔疾病4种,职业性化学中毒60种,物理因素所致职业病7种,职业性放射性疾病11种,职业性传染病5种,职业性肿瘤11种,其他职业病3种。

(1)职业性尘肺病及其他呼吸系统疾病,包括硅肺、煤工尘肺、石墨尘肺、炭黑尘肺、石棉肺、滑石尘肺、水泥尘肺、云母尘肺、陶工尘肺、铝尘肺、电焊工尘肺、铸工尘肺、根据《尘肺病诊断标准》和《尘肺病理诊断标准》可以诊断的其他尘肺病、过敏性肺炎、棉尘病、哮喘、金属及其化合物粉尘肺沉着病(锡、铁、锑、钡及其他合物等)、刺激性化学物所致慢性阻塞性肺疾病、硬金属肺病。

(2)职业性皮肤病,包括接触性皮炎、光接触性皮炎、电光性皮炎、黑变病、痤疮、溃疡、化学性皮肤灼伤、白斑、根据《职业性皮肤病的诊断总则》可以诊断的其他职业性皮肤病。

(3)职业性眼病,包括化学性眼部灼伤、电光性眼炎、白内障(含放射性白内障、三硝基甲苯白内障)。

(4)职业性耳鼻喉口腔疾病,包括噪声聋、铬鼻病、牙酸蚀病、爆震聋。

(5)职业性化学中毒,包括铅及其化合物中毒、汞及其化合物中毒等60种。

(6)物理因素所致职业病,包括中暑、减压病、高原病、航空病、手臂振动病、激光所致眼(角膜、晶状体、视网膜)损伤、冻伤。

(7)职业性放射性疾病,包括外照射急性放射病、外照射亚急性放射病、外照射慢性放射病、内照射放射病、放射性皮肤疾病、放射性肿瘤(含矿工高氡暴露所致肺癌)、放射性骨损伤、放射性甲状腺疾病、放射性性腺疾病、放射复合伤、根据《职业性放射性疾病诊断标准(总则)》可以诊断的其他放射性损伤。

(8)职业性传染病,包括炭疽、森林脑炎、布鲁氏菌病、艾滋病(限于医疗卫生人员及人民警察)、莱姆病。

(9)职业性肿瘤,包括石棉所致肺癌、间皮瘤,联苯胺所致膀胱癌、苯所致白血病,氯甲醚、双氯甲醚所致肺癌,砷及其化合物所致肺癌、皮肤癌,氯乙烯所致肝血管肉瘤,焦炉逸散物所致肺癌,六价铬化合物所致肺癌,毛沸石所致肺癌、胸膜间皮瘤,煤焦油、煤焦油沥青、石油沥青所致皮肤癌,β萘胺所致膀胱癌。

(10)其他职业病,包括金属烟热、滑囊炎(限于井下工人)、股静脉血栓综合征、股动脉闭塞症或淋巴管闭塞症(限于刮研作业人员)。

3. 铁路常见职业病类型

铁路技术工种分工详细,其中约80个特有工种。

部分铁路特有工种由于工作中使用的原辅材料、作业环境或生产工艺等各方面因素和特点导致可能存在各种类型的职业病危害,举例见表2-1。

铁路常见职业病示例　　表2-1

系统	工　种	主要职业病危害因素	可能导致的职业病
通用	熔接工	电焊烟尘、高温、紫外辐射等	电焊尘肺、中暑等
	机床工、车工、磨工、刨工、铣工、钳工等	噪声	噪声聋
	电焊工	电焊烟尘、高温、紫外辐射等	电焊尘肺、中暑等
	锻工	高温、噪声	噪声聋、中暑
	木工	木粉尘、噪声	尘肺、噪声聋
机务	机车司机	噪声	噪声聋
	机车机械机修工	噪声、电焊烟尘、高温、紫外辐射、苯系物等	噪声聋、电焊尘肺、中暑等
	机车电气装修工、电机车装配工等	噪声	噪声聋
供电	电气试验员等	工频电场	—
工务	线路工	高温	中暑
	桥隧工	高温、苯系物等	中暑等
	钢轨焊接工	电焊烟尘、高温、紫外辐射等	电焊尘肺、中暑等
电务	信号工、驼峰信号工等	微波	—
车务	装卸工	装卸中接触的各种化学物质	视装卸中接触的各种化学物质而定
车辆	车辆钳工	噪声	噪声聋
	铁路车辆机械制修工	噪声、电焊烟尘、高温、紫外辐射、苯系物等	噪声聋、电焊尘肺、中暑等
	罐车清洁工	高温	中暑

二、职业病危害因素辨识

1. 职业病危害因素的概念

职业病危害因素是指在职业活动中产生或存在的，可能对职业人群健康、安全和作业能力造成不良影响的因素或条件，包括化学、物理、生物等因素。

2. 职业病危害因素的分类

工作场所中的职业病危害因素按其来源可分为下列三类。

(1)生产工艺过程中产生的有害因素

①化学因素。

生产性毒物：如电焊作业中存在的锰烟及铜烟，检修时刷漆、补漆作业中存在的苯系物等。

生产性粉尘：如电焊作业中存在的电焊烟尘，造型、浇铸作业中存在的矽尘，打磨及抛光作业中存在的砂轮磨尘等，如图 2-6 所示。

②物理因素。

物理因素包括噪声、振动、电离辐射(如 X 射线、Y 射线)、非电离辐射(如紫外线、微波辐射)、异常气象条件(如高温、高湿、低温)和异常气压(如高气压、低气压)等，如图 2-7 所示。

图 2-6　生产性粉尘

图 2-7　电离辐射

③生物因素。

生物因素如炭疽杆菌、真菌、生物传染性病原体等。

(2)劳动过程中的有害因素

①劳动组织和制度不合理、劳动作息制度不合理等。

②职业性精神(心理)紧张。

③劳动强度过大或生产定额不当，不能合理地安排与劳动者身体状况相适应的作业。

④个别器官或系统过度紧张，如视力紧张等。

⑤长时间处于不良体位或姿势,或使用不合理的工具劳动等。

(3)生产环境中的有害因素

①自然环境因素的作用,如炎热季节高温辐射。

②厂房建筑或布局不合理,如采光照明不足,通风不良,有毒与无毒、高毒与低毒作业安排在同一车间内。

③作业环境空气污染。

3.职业病危害因素的识别

职业病危害因素识别的方法很多,常用的有类比法,对照、经验法,系统工程分析法和检测、检验法等。

(1)类比法

类比法是利用与拟建项目类型相同的现有项目的职业病危害因素资料进行类推的识别方法。

①工程一般特征的相似性,包括工艺路线、生产方法、原辅材料、产品结构、生产规模等。

②职业卫生防护设施的相似性,包括有害因素产生途径、浓度(强度)与防护措施等。

③环境特征的相似性,主要包括气象条件、地理条件等。

(2)对照、经验法

对照、经验法是依据掌握的相关专业知识和实际工作经验,对照职业卫生有关法律、法规、标准等,借助自身经验和判断能力对生产过程中存在的职业病危害因素进行识别、分析。

(3)系统工程分析法

系统工程分析法是采用工程分析的思路和方法全面、系统地分析生产过程中产生的职业病危害因素。通过分析用人单位的概况、选址、建筑物、总平面图、生产原辅材料、中间品、产品、主要生产工艺、生产设备和其布局及所采取的职业病危害防护设施等,对可能产生的职业病危害因素进行系统、全面的分析和判断。

(4)检测、检验法

检测、检验法是采用仪器对工作场所可能存在的职业病危害因素进行采样分析的方法。

三、相关职业病预防措施

我国职业病防治工作坚持“预防为主、防治结合”的方针,建立用人单位负责、行政机关监管、行业自律、职工参与和社会监督的机制,实行分类管理、综合治理。

1.分级预防

职业病的预防遵循“三级”预防原则,即病因预防(群体)、临床前期预防(群体)和临床预防(个体)。

(1)一级预防:病因预防(群体)

从根本上着手,使劳动者尽可能不接触职业性有害因素,或将作业场所有害因素水平控制在卫生标准允许限度内。

具体措施如下:

①进行技术革新,改革生产工艺。例如,以无毒或低毒的物质代替有毒或剧毒的物质,

以低噪声设备代替高噪声设备等。生产过程实现机械化、自动化，从而减少工人与职业病危害因素接触的机会。

②采取通风、排毒、降噪、隔离等技术性措施来降低或消除职业病危害因素。

③对新建、改建、扩建和技术改造、技术引进项目进行“三同时”审查，确保这些项目完成后有害因素的浓度或强度符合国家相关标准。

④加强生产设备的管理，防止毒物的跑、冒、滴、漏污染环境。

⑤制订和严格遵守安全操作规程，防止发生意外事故。

⑥合理安排休息制度，注意营养，增强机体对有害物质的抵抗能力。

⑦对接触生产性有害作业的工人，进行岗前职业健康检查，及早发现职业禁忌证及职业病患者，及早进行处理。

⑧为作业人员提供配套的个体防护设施，监督其佩戴个体防护用品。

(2)二级预防：临床前期预防(群体)

通过早期发现、早期诊断、早期治疗防止病损的发展。具体措施如下：

①对接触生产性有害作业的工人，定期进行在岗职业健康检查，明确诊断，及时治疗。

②根据国家制定的一系列卫生标准，定期检测作业环境中生产性有害因素的浓度或强度，及时发现问题，及时解决。

③根据国家相关部门制定的标准，定期进行作业场所职业病危害现状评价，对作业场所进行总体评估。

(3)三级预防：临床预防(个体)

使患者在明确诊断后，得到及时、合理的处理，防止疾病恶化及复发，防止劳动能力丧失。对慢性职业病患者，通过医学监护、预防并发症和伤残，通过功能性和心理康复治疗，做到病而不残，残而不废，达到延长寿命的目的。

2. 铁路职业病预防措施

铁路职业病预防措施举例如表2-2所示。

铁路职业病预防措施举例

表2-2

部门	工　种	一级预防措施	二级预防措施
通用	熔接工	1. 使用低锰焊条取代高锰焊条； 2. 作业时注意通风排毒； 3. 制定有效的操作规程和个人防护制度； 4. 对职工定期进行职业健康检查； 5. 配备合格的个人防护用品	1. 定期进行在岗职业健康检查； 2. 定期检查岗位通风排毒设施的运行情况，确保有效运转； 3. 定期对岗位产生的危害因素浓度进行检测及评价
	机床工、车工、磨工、刨工、铣工、钳工等	1. 制定有效的操作规程和个人防护制度； 2. 对职工定期进行噪声体检； 3. 配备合格的护耳器	1. 定期进行在岗噪声体检； 2. 定期对岗位产生的噪声强度进行检测与评价
	电焊工	1. 使用低锰焊条取代高锰焊条； 2. 作业时注意通风排毒； 3. 制定有效的操作规程和个人防护制度； 4. 对职工定期进行职业健康检查； 5. 配备合格的个人防护用品	1. 定期进行在岗职业健康检查； 2. 定期检查岗位通风排毒设施的运行情况，确保有效运转； 3. 定期对岗位产生的危害因素浓度进行检测及评价

续上表

部门	工　种	一级预防措施	二级预防措施
通用	锻工	1. 制定有效的操作规程和个人防护制度； 2. 对职工定期进行噪声及高温体检； 3. 配备合格的护耳器； 4. 合理安排作息时间； 5. 高温季节提供清凉饮料	1. 定期进行在岗噪声及高温体检； 2. 定期对岗位产生的噪声及高温强度进行检测与评价
	木工	1. 作业时注意除尘； 2. 制定有效的操作规程和个人防护制度； 3. 对职工定期进行职业健康检查； 4. 配备合格的防尘口罩及护耳器	1. 定期进行在岗职业健康检查； 2. 定期检查岗位除尘设施的运行情况，确保有效运转； 3. 定期对岗位产生的危害因素浓度进行检测及评价
机务段	机车司机	1. 制定有效的操作规程和个人防护制度； 2. 对职工定期进行噪声体检； 3. 配备合格的护耳器	定期进行在岗噪声体检
	机车机械机修工	1 使用低锰焊条取代高锰焊条； 2. 使用低毒油漆取代高毒油漆； 3. 作业时注意通风排毒； 4. 制定有效的操作规程和个人防护制度； 5. 对职工定期进行职业健康检查； 6. 配备合格的个人防护用品	1. 定期进行在岗职业健康检查； 2. 定期检查岗位通风排毒设施的运行情况，确保有效运转； 3. 定期对岗位产生的危害因素浓度进行检测及评价
	机车电气装修工、电机车装配工等	1. 制定有效的操作规程和个人防护制度； 2. 对职工定期进行噪声体检； 3. 配备合格的护耳器	1. 定期进行在岗噪声体检； 2. 定期对岗位产生的噪声强度进行检测与评价
供电段	电气试验员等	制定有效的操作规程和个人防护制度	定期对岗位产生的工频强度进行检测与评价
工务段	线路工	1. 制定有效的操作规程和个人防护制度； 2. 对职工定期进行高温体检； 3. 合理安排作息时间； 4. 高温季节提供清凉饮料	1. 定期进行在岗高温体检； 2. 定期对岗位产生的高温强度进行检测与评价
	桥隧工	1. 制定有效的操作规程和个人防护制度； 2. 使用低毒油漆取代高毒油漆； 3. 作业时注意通风排毒； 4. 对职工定期进行高温及油漆中有害物质的体检； 5. 合理安排作息时间； 6. 高温季节提供清凉饮料	1. 定期进行在岗高温及油漆中有害物质的体检； 2. 定期对岗位产生的有害物质浓强度进行检测与评价； 3. 定期检查岗位通风排毒设施的运行情况，确保有效运转
	钢轨焊接工	1. 使用低锰焊条取代高锰焊条； 2. 作业时注意通风排毒； 3. 制定有效的操作规程和个人防护制度； 4. 对职工定期进行职业健康检查； 5. 配备合格的个人防护用品	1. 定期进行在岗职业健康检查； 2. 定期检查岗位通风排毒设施的运行情况，确保有效运转； 3. 定期对岗位产生的危害因素浓度进行检测及评价

续上表

部门	工　　种	一级预防措施	二级预防措施
车务段	装卸工	装卸中接触的各种化学物质	视装卸中接触的各种化学物质而定
车辆段	车辆钳工	1. 制定有效的操作规程和个防护制度； 2. 对职工定期进行噪声体检； 3. 配备合格的护耳器	1. 定期进行在岗噪声体检； 2. 定期对岗位产生的噪声强度进行检测与评价
	铁路车辆机械制修工	1. 使用低锰焊条取代高锰焊条； 2 使用低毒油漆取代高毒油漆； 3. 作业时注意通风排毒； 4. 制定有效的操作规程和个人防护制度； 5. 对职工定期进行职业健康检查； 6. 配备合格的个人防护用品	1. 定期进行在岗职业健康检查； 2. 定期检查岗位通风排毒设施的运行情况，确保有效运转； 3. 定期对岗位产生的危害因素浓度进行检测及评价
	罐车清洗工	1. 严格按照密闭空间作业标准，制定有效的操作规程和个人防护制度； 2. 作业时注意通风排毒； 3. 对职工定期进行高温及其他有害物质进行检测与评价； 4. 合理安排作息时间； 5. 高温季节提供清凉饮料	1. 定期进行在岗高温及其他有害物质的体检； 2. 定期对岗位产生的有害物质浓强度进行检测与评价； 3. 定期检查岗位通风排毒设施的运行情况，确保有效运转

四、心理卫生健康基本知识

在社会里，成年人总是在某一工作单位从事某种劳动。某些有害因素接触时间虽然短，时间作用不很明显，但却具有慢性刺激的不良影响。

1. 产生心理异常的原因

（1）劳动自身的因素

①简单、重复操作容易引起抑郁和疲劳，因为它违背了人追求新颖、寻求刺激的基本需要。

②变动频繁、无章可循的工作，造成生活节律紊乱，容易引起睡眠障碍、精神不安、食欲不振等症状。昼、夜倒班者要经过较长时间的调节适应。

③工作无计划、没有心理准备，全凭上级的临时指挥，难以发挥主动精神，容易引起疲劳和厌倦。

④紧张、危险的工作，注意力持续高度集中，心理过度紧张，责任感压力过重，易罹患神经症、哮喘、指震颤和痉挛、消化不良、消化性溃疡和慢性皮肤病。

⑤隔离和孤独的环境（高山、单仪表观察等）生活寂寞、单调，容易导致疲劳和厌倦。

⑥环境污染（如超量的噪声、振动、粉尘、气味、高温、冷冻、潮湿等理化刺激的延续），会影响人的生理和心理状态，改变人的情绪和行动。例如，噪声会影响人对信息的感知和情绪，改变一个人的智能和操作反应能力，导致失误。而且，那些突然来临的噪声对人的干扰更为严重。

(2)生理疲劳与心理疲劳

生理因素和心理因素是交互作用的,心理上的疲劳往往能加重生理上的疲劳。强体力劳动,如高温环境的工种,如果业余生活只用于恢复生理疲劳,而没有足够的文体活动,便会加重心理疲劳。某些药物对消除疲劳和调节厌倦情绪有积极效应,但不能解决根本问题,甚至会产生对药物的依赖性。心理上的不满、烦恼,可增加易疲劳感,并使厌倦情绪加重。

(3)人与工作的相互适应

这一点有两方面问题,一方面是工作特点对进行这种工作的人员的要求。一个人如果长期不能满足和适应工作的要求,不能胜任某一岗位职务,就会产生强烈的、持久的心理应激,严重时亦可与其他因素共同作用,使人患病。另一方面是作为具有某种个性心理特征的人对工作是否满意。人的需要是多方面的、多层次的,不单是为了谋求物质资料而工作,还有更多、更高的社会和精神的需要。

2. 职业性疲劳的阶段划分

职业性疲劳划分为三个阶段。

在第一阶段上,疲劳表现为精神不振、困倦、打盹等。这时仍能够在提高工作兴趣的情况下,用意志力控制自己以保持原有的工作水平。当然,如果硬性地在这种疲劳状态下长时间坚持工作,将会引起"疲劳暴发"。

第二阶段的疲劳表现为准确性下降,工作中错误率提高,但工作速度仍然可以维持原有的水平。这时的准确性下降无法用意志力和加强外部刺激的办法得以改善。

第三阶段的疲劳是一种极度的疲劳体验。如果说前两种疲劳只是一种保护性反应,那么第三种疲劳就已经告诉我们身心已经受到伤害。在这种过度疲劳的情况下,工作能力急速下降,人们会感到无法继续工作下去,对工作毫无兴趣,甚至厌倦、憎恨,有的人甚至会进入歇斯底里状态。

3. 避免心理异常发生的方法

(1)倾诉倾倒心理垃圾

心理垃圾在心里积存太久会毒化你的心灵,而牢骚、苦闷、悔恨、怨气、委屈或者愤怒的时候,倾诉就是倒垃圾。因此,要学着不沉溺于自己的苦难,做自己的心灵清洁师,勇敢敞开心扉,并选择安全的听友倾诉,如你的亲友或者心理专家,会使你受益良多。

(2)转移注意力

过分紧张焦虑会削弱行为能力,而缺乏有效的行为,又会加重紧张焦虑。因此,在紧张不安的时候,可以列一张表:在目前的情势之下可以做些什么?然后按轻重缓急将它们排一个顺序,立足一个最主要的目标,着手实施,使自己的全部注意力转移到目标上去。

(3)学会宽容

不要苛求别人,也不为难自己。一般而言,一个人对别人的好不会超过对他自己,这就是人性,超越它是伟大的,遵从它也不该受到责难。较低的期待几乎总是能得到较多的快乐。

(4)常怀感恩之心

感恩父母给予我们生命,感谢家庭给我们幸福,感恩老师教授我们知识,感谢朋友给我

们友谊,感谢企业给我们发展平台,感谢陌生人给我们的帮助。常怀感恩之心才能看到社会美好的一面,才能更加积极乐观地工作和生活。

(5)互相帮助

社会支持系统是生活的缓冲垫,人活在社会中,要学着去帮助他人。因为帮助他人可能使你忘却痛苦、增进友谊。同时,要给他人帮助自己的机会,使自己渡过难关。

(6)学会等待

伤心、痛苦都是暂时的,在走厄运时,要耐心等待转机出现,让时间把伤痛愈合;在冲动时,要等待理性恢复,避免在冲动时做出决策;也要在等待中积累、充实资源,做到厚积而薄发。

(7)懂得妥协

人要懂得妥协,妥协后会发现,人生并不是只有这一条路可以走。

(8)抛开心理包袱

人要有所为有所不为,有所舍才能有所得,所以要专注于最重要且紧迫的事务。掌握三种智慧:懂得什么时候应坚守,什么时候应放弃,什么时候应撤离战场。

(9)拓展心理空间

过分专注于繁杂的事务会使内心过于拥挤,健康的心灵需要有自由的空间。不妨培养点自己的爱好:运动、音乐、书法、旅行等,用心地体验亲情、友情与爱情;左右事情而不要被事情所左右。

知识拓展

《中华人民共和国工伤保险条例》摘录

第一章　总　　则

第一条　为了保障因工作遭受事故伤害或者患职业病的职工获得医疗救治和经济补偿,促进工伤预防和职业康复,分散用人单位的工伤风险,制定本条例。

第二条　中华人民共和国境内的各类企业、有雇工的个体工商户(以下称用人单位)应当依照本条例规定参加工伤保险,为本单位全部职工或者雇工(以下称职工)缴纳工伤保险费。

中华人民共和国境内的各类企业的职工和个体工商户的雇工,均有依照本条例的规定享受工伤保险待遇的权利。

有雇工的个体工商户参加工伤保险的具体步骤和实施办法，由省、自治区、直辖市人民政府规定。

第三条 工伤保险费的征缴按照《社会保险费征缴暂行条例》关于基本养老保险费、基本医疗保险费、失业保险费的征缴规定执行。

第四条 用人单位应当将参加工伤保险的有关情况在本单位内公示。用人单位和职工应当遵守有关安全生产和职业病防治的法律法规，执行安全卫生规程和标准，预防工伤事故发生，避免和减少职业病危害。

职工发生工伤时，用人单位应当采取措施使工伤职工得到及时救治。

第五条 国务院劳动保障行政部门负责全国的工伤保险工作。

县级以上地方各级人民政府劳动保障行政部门负责本行政区域内的工伤保险工作。

劳动保障行政部门按照国务院有关规定设立的社会保险经办机构(以下称经办机构)具体承办工伤保险事务。

第六条 劳动保障行政部门等部门制定工伤保险的政策、标准，应当征求工会组织、用人单位代表的意见。

第二章 工伤保险基金

第七条 工伤保险基金由用人单位缴纳的工伤保险费、工伤保险基金的利息和依法纳入工伤保险基金的其他资金构成。

第八条 工伤保险费根据以支定收、收支平衡的原则，确定费率。

国家根据不同行业的工伤风险程度确定行业的差别费率，并根据工伤保险费使用、工伤发生率等情况在每个行业内确定若干费率档次。行业差别费率及行业内费率档次由国务院劳动保障行政部门会同国务院财政部门、卫生行政部门、安全生产监督管理部门制定，报国务院批准后公布施行。

统筹地区经办机构根据用人单位工伤保险费使用、工伤发生率等情况，适用所属行业内相应的费率档次确定单位缴费费率。

第九条 国务院劳动保障行政部门应当定期了解全国各统筹地区工伤保险基金收支情况，及时会同国务院财政部门、卫生行政部门、安全生产监督管理部门提出调整行业差别费率及行业内费率档次的方案，报国务院批准后公布施行。

第十条 用人单位应当按时缴纳工伤保险费。职工个人不缴纳工伤保险费。

用人单位缴纳工伤保险费的数额为本单位职工工资总额乘以单位缴费费率之积。

第十一条 工伤保险基金在直辖市和设区的市实行全市统筹，其他地区的统筹层次由省、自治区人民政府确定。

跨地区、生产流动性较大的行业，可以采取相对集中的方式异地参加统筹地区的工伤保险。具体办法由国务院劳动保障行政部门会同有关行业的主管部门制定。

第十二条 工伤保险基金存入社会保障基金财政专户，用于本条例规定的工伤保险待遇、劳动能力鉴定以及法律、法规规定的用于工伤保险的其他费用的支付。任何单位或者个人不得将工伤保险基金用于投资运营、兴建或者改建办公场所、发放奖金，或者挪作其他用途。

第十三条 工伤保险基金应当留有一定比例的储备金，用于统筹地区重大事故的工伤保险待遇支付;储备金不足支付的,由统筹地区的人民政府垫付。储备金占基金总额的具体比例和储备金的使用办法,由省、自治区、直辖市人民政府规定。

任务工作单

学习情境二　铁路劳动安全基本知识	班级			
学习项目三　职业健康知识认知	姓名		学号	
	日期		评分	

1. 简述职业病概念。

2. 职业病危害因素有哪些?

3. 职业病预防措施有哪些?

学习情境三　铁路安全管理制度和相关预防措施

学习项目一　现有铁路安全管理制度

项目说明

本项目主要学习铁路客运现有安全管理制度，加深学生对铁路客运安全相关概念和基础知识的理解，培养塑造学生在安全生产方面的基本素质和安全责任意识。

适用岗位

铁路列车员、列车值班员、列车长、餐服员、保洁员、随车机械师、乘警及客运车站客运员、客运值班员、值班站长等。

教学目标

1. 知识目标

掌握高铁车站客运安全管理制度及普速铁路车站客运安全管理制度。

2. 能力目标

通过学习相关内容，提高学生在客运岗位的安全卡控和安全作业能力。

3. 素质目标

培养学生在安全生产方面的基本素质和树立安全责任意识。

案例导学

列车员违反作业标准导致工伤

【案例分析】某年12月3日10时30分，东莞—南京西的某次旅客列车，终到南京西站车底入库后，列车员李某自行外出买东西。在返回车库时，李某横越线路未进行瞭望，被入库的客车车底轧伤双腿，造成高位截肢，构成责任职工重伤事故。

[案例思考]

综合上述案例思考，造成李某工伤事故的原因是什么？

相关知识

课前回顾

1. 普速旅客列车的定义是什么？
2. 动车组列车的定义是什么？

一、高铁车站客运安全管理制度

铁路客运服务质量规范相关条款

(1)安全制度健全有效,安全管理职责明确,能满足安全生产需要。

①有安全生产责任制、安全检查和安全质量考核、劳动安全、消防管理、食品安全、设施设备、安检查危、实名验证、结合部、现金票据安全、站台作业车辆安全、旅客人身伤害处理等管理制度和办法。

②有旅客候车、乘降、进出站、高铁快件保管和装卸等安全防范措施。

③与保洁、商业、物业、广告、安检、高铁快件等结合部有安全协议。

④有恶劣天气、列车停运、大面积晚点、启动热备车底、突发大客流、设备故障、客票(服)系统故障、火灾爆炸、重大疫情、食物中毒、作业车辆(设备)坠入站台、旅客人身伤害等非正常情况下的应急预案。

(2)安全设备设施配备齐全到位,作用良好。

①按规定配备危险品检查仪、安全门、危险品处置台、手持金属探测器、防爆罐等安全检查设施设备,正常启用,显示器满足查验不同危险品的需求。危险品检查仪、安全门、危险品处置台、防爆罐设在进站口旅客进站流线、高铁快件营业场所适当位置,不影响旅客通行。危险品检查仪延长端适当。

②按规定配备消防设备、器材,定期检测维护,合格有效。

③应急照明系统覆盖进出站、候车、售票、站台、天桥、地道等处所,状态良好。

④备有喇叭、手持应急照明灯具、应急车次牌、隔离设施等应急物品,定点存放。有应急食品储备或定点食品供应商联系供应机制。

⑤安全标志使用正确,位置恰当,便于辨识。电梯、天桥、地道口、楼梯踏步、站台有引导、安全标志。落地玻璃前有防撞装置和警示图形标志。

⑥电梯、天桥、楼梯悬空侧按规定设置防护装置,高度不低于1.7m。

(3)执行安全检查规定。

①配备安检人员,有引导、值机、手检、处置。开启的危险品检查仪数量满足旅客进站需求。

②旅客人人通过安全门和手持金属探测器检查,携带品件件过机。安检口外开设的车站小件寄存处对寄存物品进行安全检查。

③安检人员持证上岗,佩戴标志。

④对检查发现和列车移交的危险物品、违禁品按规定处理。

(4)站区实行封闭式管理,旅客进出站乘降有序,站内无闲杂人员。进出站通道流线清晰,有管理措施。站台两端设置防护栅栏并有“禁止通行”标志。夜间不办理客运业务时,可关闭站区相应服务处所,但应对外公告。疏散通道、紧急出口、消防车通道等有专人管理,无堵塞。

(5)进入站台的作业车辆及移动小机具、小推车不影响旅客乘降,不堵塞通道;停放时在指定位置,与列车平行,有制动措施;行驶或移动时,不与本站台的列车同时移动,不侵入安全线,速度不超过10km/h。无非作业车辆进入站台。

(6)安全使用电源,无违规使用电源、电器。工作人员人人通过生产作业、消防、电器、电气化、卫生防疫、劳动人身等安全培训,特定岗位工作人员按规定通过相应岗位安全培训。安全培训有计划,有记载,有考核。

(7)发生旅客人身伤害、突发疾病或接受列车移交的伤、病人员时,及时联系医疗机构;造成旅客死亡或涉及违法犯罪的,及时报告(通知)公安机关。

二、普速铁路车站客运安全管理制度

(1)安全制度健全有效,安全管理职责明确,能满足安全生产需要。

①有安全生产责任制、安全检查和安全质量考核、劳动安全、消防管理、食品安全、设施设备、安检查危、实名验证、结合部、现金票据安全、站台作业车辆安全、旅客人身伤害处理等管理制度和办法。

②有旅客候车、乘降、进出站、行包保管和装卸等安全防范措施。

③与保洁、商业、物业、广告、安检、行包、邮政等结合部有安全协议。

④有恶劣天气、列车停运、大面积晚点、突发大客流、设备故障、客票(服)系统故障、火灾爆炸、重大疫情、食物中毒、作业车辆(设备)坠入站台、旅客人身伤害等非正常情况下的应急预案。

(2)安全设备设施配备齐全到位,作用良好。

①按规定配备危险品检查仪、安全门、危险品处置台、手持金属探测器、防爆罐等安全检查设施设备,正常启用,显示器满足查验不同危险品的需求。危险品检查仪、安全门、危险品处置台、防爆罐设在进站口旅客进站流线、行包房适当位置,不影响旅客通行。危险品检查仪延长端适当。

②按规定配备消防设备、器材,定期检测维护,合格有效。

③应急照明系统覆盖进出站、候车、售票、站台、天桥、地道等处所,状态良好。

④备有喇叭、手持应急照明灯具、应急车次牌、隔离设施等应急物品,定点存放。有应急食品储备或定点食品供应商联系供应机制。

⑤安全标志使用正确,位置恰当,便于辨识。电梯、天桥、地道口、楼梯踏步、站台有引导、安全标志。落地玻璃前有防撞装置和警示图形标志。

⑥电梯、天桥、楼梯悬空侧按规定设置防护装置,高度不低于1.7m。

(3)执行安全检查规定。

①配备安检人员,有引导、值机、手检、处置。开启的危险品检查仪数量满足旅客进站需求。

②旅客人人通过安全门和手持金属探测器检查，携带品件件过机。安检口外开设的车站小件寄存处对寄存物品进行安全检查。

③安检人员持证上岗，佩戴标志。

④对检查发现和列车移交的危险物品、违禁品按规定处理。

(4)站区实行封闭式管理，旅客进出站乘降有序，站内无闲杂人员。进出站通道流线清晰，有管理措施。站台两端设置防护栅栏（行包、邮政作业端除外）并有“禁止通行”标志。疏散通道、紧急出口、消防车通道等有专人管理，无堵塞。

(5)进入站台的作业车辆及移动小机具、小推车不影响旅客乘降，不堵塞通道；停放时在指定位置，与列车平行，有制动措施；行驶或移动时，不与本站台的列车同时移动，不侵入安全线，速度不超过 10km/h。无非作业车辆进入站台。

(6)行包、邮政拖车的辆数重车（含混编）不超过 4 辆，空车不超过 5 辆，混编时重车在前、空车在后。装载的货物高度距地面不超过 2m，横向宽度不得超出车体两侧各 0.2m，重量不超过 2t，堆码整齐，绳索捆牢，不致甩落。四周护栏拖车运行中侧向护栏锁闭。

(7)安全使用电源，无违规使用电源、电器。工作人员人人通过生产作业、消防、电器、电气化、卫生防疫、劳动人身等安全培训，特定岗位工作人员按规定通过相应岗位安全培训。安全培训有计划，有记载，有考核。

(8)发生旅客人身伤害、突发疾病或接受列车移交的伤、病人员时，及时联系医疗机构；造成旅客死亡或涉及违法犯罪的，及时报告（通知）公安机关。

任务工作单

<table>
<tr><td>学习情境三　铁路安全管理制度和相关预防措施</td><td>班级</td><td colspan="3"></td></tr>
<tr><td rowspan="2">学习项目一　现有铁路安全管理制度</td><td>姓名</td><td></td><td>学号</td><td></td></tr>
<tr><td>日期</td><td></td><td>评分</td><td></td></tr>
<tr><td colspan="5">1. 高铁车站安全检查规定包含哪些内容？

2. 普速车站安全用电有哪些规定？

3. 普速车站行包、邮政拖车有哪些规定？

4. 高铁车站对站台作业车辆的规定有哪些？</td></tr>
</table>

学习项目二 旅客携带危险品

项目说明

本项目主要学习旅客携带危险品相关规定及处理办法,加深学生对旅客携带危险品相关规定及处理办法的掌握,培养锻炼学生对旅客携带危险品的应急处置能力。

适用岗位

铁路列车员、列车值班员、列车长、餐服员、保洁员、随车机械师、乘警及铁路客运车站客运员、安检员等岗位。

教学目标

1. 知识目标

掌握危险品定义及品名、铁路旅客运输安全检查管理办法、车站及列车对旅客携带危险品的应对措施。

2. 能力目标

培养学生查堵危险品及处理旅客携带危险品的处置能力。

3. 素质目标

培养学生对旅客进行安全宣传时需具备的沟通交流能力及处理问题时沉着冷静的素质。

案例导学

车站查获旅客携带危险品进站乘车

【案例分析】某年8月2日上午11时左右,某火车站查获1起旅客违规携带危险品进站乘车的事件。据车站工作人员透露,旅客李某趁进站旅客多的时机,混进人群迅速通过安检仪,企图逃避安检,安全员及时发现并制止,询问该旅客携带的装有液体的塑料桶内装了什么,并要求旅客将随身携带的塑料桶开盖检查,遭到旅客拒绝,并抱怨车站规定太多,不予配合。经过车站工作人员耐心解释,该旅客最终打开桶盖,后经检查,发现桶内装有汽油和油漆的混合物,车站工作人员按规定登记后,对旅客进行安全教育后将物品交由车站派出所处理。

[案例思考]

旅客携带危险品进站乘车有什么危害?

相关知识

课前回顾

旅客禁止携带的物品有哪些?

一、危险品定义及品名

1. 定义

危险品指易燃易爆物品、危险化学品、放射性物品和传染病病原体及枪支弹药、管制器具等可能危及生命财产安全的器械、物品。

铁路进站乘车禁止和限制携带物品

2. 常见的危险品品名

(1)枪支、械具类(含主要零部件)

①公务用枪:手枪、步枪、冲锋枪、机枪、防暴枪等。

②民用枪:气枪、猎枪、小口径射击运动枪、麻醉注射枪等。

③其他枪支:仿真枪、道具枪、发令枪、钢床枪、催泪枪、电击枪、消防灭火枪等。

④具有攻击性的各类器械、械具:警棍、催泪器、电击器、防卫器、弓、弩等。

(2)爆炸物品类

①弹药:各类炮弹和子弹等。

②爆破器材:炸药、雷管、导火索、导爆索、爆破剂、手雷、手榴弹等。

③烟火制品:礼花弹、烟花、鞭炮、摔炮、拉炮、砸炮、发令纸以及黑火药、烟火剂、引线等。

(3)管制刀具

匕首、三棱刀(包括机械加工用的三棱刮刀)、带有自锁装置的弹簧刀以及其他类似的单刃、双刃、三棱刀等。

(4)易燃易爆物品

①易燃、助燃、可燃毒性压缩气体和液化气体:氢气、甲烷、乙烷、丁烷、天然气、乙烯、丙烯、乙炔(溶于介质的)、一氧化碳、液化石油气、氧气、煤气(瓦斯)等,如图 3-1、图 3-2 所示。

图 3-1　罐装乙炔

图 3-2　易燃易爆物品

②易燃液体：汽油、煤油、柴油、苯、乙醇(酒精)、丙酮、乙醚、油漆、稀料、松香油及含易燃溶剂的制品等。

③易燃固体：红磷、闪光粉、固体酒精、赛璐珞等，日常生活中常见的火柴的主要原料即为红磷，如图3-3所示。

④自燃物品：黄磷、白磷、硝化纤维(含胶片)、油纸及其制品等，如图3-4所示。

图3-3　火柴

图3-4　硝化纤维

⑤遇水燃烧物品：金属钾、钠、锂、碳化钙(电石)、镁铝粉等，如图3-5所示。

⑥氧化性物质和有机过氧化物：高锰酸钾、氯酸钾、过氧化钠、过氧化钾、过氧乙酸、过氧化氢等，如图3-6所示。

图3-5　散装电石

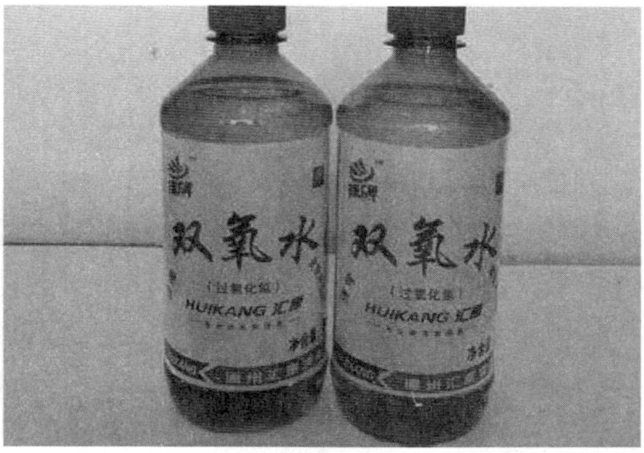

图3-6　瓶装双氧水

(5)毒害品：氰化物、三氧化二砷(砒霜)、毒鼠强、水银、剧毒农药等剧毒化学品以及硒粉、苯酚、生漆等。

(6)腐蚀性物品：盐酸、硫酸、硝酸、氢氧化钠、氢氧化钾、蓄电池(含氢氧化钾固体或注有碱液的)等。

(7)放射性物品：放射性同位素等。

(8)传染病病原体：乙肝病毒、炭疽菌、结核杆菌、艾滋病病毒等。

(9)《铁路危险货物品名表》所列除上述物品以外的其他物品以及不能判明性质可能具有危险性的物品。

(10)国家法律、行政法规规定的其他禁止旅客携带的物品。

二、铁路旅客运输安全检查管理办法

（1）铁路旅客运输安全检查是指铁路运输企业在车站、列车对旅客及其随身携带、托运的行李物品进行危险物品检查的活动，如图 3-7 所示。

（2）铁路运输企业应当在车站和列车等服务场所内，通过多种方式公告禁止或者限制携带物品种类及其数量，如图 3-8 所示。

图 3-7　铁路旅客运输安全检查

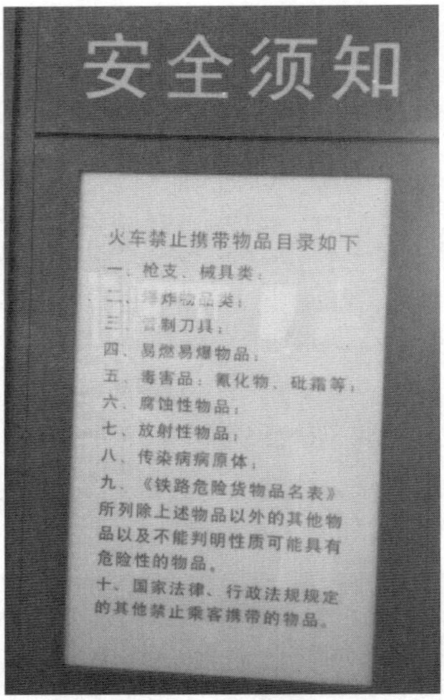

图 3-8　安全须知揭示牌

（3）铁路运输企业是铁路旅客运输安全检查的责任主体，应当按照法律、行政法规、规章和国家铁路局有关规定，组织实施铁路旅客运输安全检查工作，制定安全检查管理制度，完善作业程序，落实作业标准，保障旅客运输安全。

（4）铁路运输企业应当在铁路旅客车站和列车配备满足铁路运输安全检查需要的设备，并根据车站和列车的不同情况，制定并落实安全检查设备的配备标准，使用符合国家标准、行业标准和安全、环保等要求的安全检查设备，并加强设备维护检修，保障其性能稳定，运行安全，如图 3-9 所示。

图 3-9　车站设置安检仪

（5）铁路运输企业应当在铁路旅客车站和列车配备满足铁路运输安全检查需要的人员，并加强识别和处置危险物品等相关专业知识培训。从事安全检查的人员应当统一着装，佩戴安全检查标志，依法履行安全检查职责，爱惜被检查的物品，如图 3-10、图 3-11 所示。

图 3-10　车站安全检查

图 3-11　列车安全检查人员

(6)旅客应当接受并配合铁路运输企业的安全检查工作。拒绝配合的，铁路运输企业应当拒绝其进站乘车和托运行李物品。

(7)铁路运输企业可以采取多种方式检查旅客及其随身携带或者托运的物品。对旅客进行人身检查时，应当依法保障旅客人身权利不受侵害；对女性旅客进行人身检查，应当由女性安全检查人员进行。

(8)安全检查人员发现可疑物品时可以当场开包检查。开包检查时，旅客应当在场，如图 3-12 所示。安全检查人员认为不适合当场开包检查或者旅客申明不宜公开检查的，可以根据实际情况，移至适当场合检查。

(9)铁路运输企业应当采取有效措施，加强旅客车站安全管理，为安全检查提供必要的场地和作业条件，并提供专门处置危险物品的场所。

图 3-12　对旅客进行开包检查

(10)铁路运输企业应当制定并实施应对客流高峰、恶劣气象及设备故障等突发情况下的安全检查应急措施，保证安全检查通道畅通。

(11)铁路运输企业在旅客进站或托运人托运前查出的危险物品，或旅客携带禁止携带物品、超过规定数量的限制携带物品的，可由旅客或托运人选择交送行人员带回或自弃交车站处理。

(12)对怀疑为危险物品，但受客观条件限制又无法认定其性质的，旅客或托运人又不能提供该物品性质和可以经旅客列车运输的证明时，铁路运输企业有权拒绝其进站乘车或托运。

(13)安全检查中发现携带枪支弹药、管制器具、爆炸物品等危险物品，或者旅客声称本人随身携带枪支弹药、管制器具、爆炸物品等危险物品的，铁路运输企业应当交由公安机关处理，并采取必要的先期处置措施。

(14)列车上发现的危险物品应当妥善处置，并移交前方停车站。鞭炮、发令纸、摔炮、拉炮等易爆物品应当立即浸湿处理。

(15)铁路运输企业在安全检查过程中,对扰乱安全检查工作秩序、妨碍安全检查人员正常工作的,应当予以制止;不听劝阻的,交由公安机关处理。

(16)公安机关应当按照职责分工,维护车站、列车等铁路场所和铁路沿线的治安秩序。旅客违法携带、夹带管制器具或者违法携带、托运烟花爆竹、枪支弹药等危险物品或者其他违禁物品的,由公安机关依法给予治安管理处罚;构成犯罪的,依法追究刑事责任。

(17)铁路监管部门应当对铁路运输企业落实旅客运输安全检查管理制度情况加强监督检查,依法查处违法违规行为。

(18)铁路运输企业及其工作人员违反有关安全检查管理规定的,铁路监管部门应当责令改正。

(19)铁路监管部门的工作人员对旅客运输安全检查情况实施监督检查、处理投诉举报时,应当恪尽职守,廉洁自律,秉公执法。对失职、渎职、滥用职权、玩忽职守的,依法给予行政处分;构成犯罪的,依法追究刑事责任。

三、车站对旅客携带危险品应对措施

1. 安全宣传

(1)广播宣传

车站要利用各种宣传工具,多渠道、多形式大力向旅客宣传严禁携带“三品”进站上车的规定,车站广播要把此项工作列入广播计划,每天应多次进行专题广播。

(2)安全揭示牌宣传

车站要在主要候车、售票、进出站通道等场所张贴“三品”宣传画、宣传揭示。

(3)口头宣传

客运人员作业过程中要加强对旅客关于携带危险品乘车的口头宣传。

2. 安全检查

(1)落实安全检查五道关口

车站对进站乘车旅客携带品应按规定进行安全检查,安全检查应该严格把住检查五道关口:

①站台清理关。

在始发车、过路车进入本站以前,要对滞留在站台上的旅客和闲杂人员进行彻底清理,不准任何旅客和行李未经车站检查提前进入站台上车。

②通道看守关。

所有能够进入站台的非旅客检票进站通道,要指派负责的人员看守,禁止闲杂人员和乘车人员从这些通道进入站台上车。

③进站检查关。

进站候车旅客一律要经过检查,方可进站上车。负责行李开包检查人员,要高度负责,认真检查。有“三品”安检仪的车站,要开机检查,专人监视,发现可疑,立即开包逐件检查,确认无误方可放入。

④候车检查关。

各候车室的客运、公安及执勤人员对出候车室又重新进入候车室旅客的行李要重新开包检查。

⑤站台检查关。

中间小站要加强站台两头的卡堵，对未经候车检查的旅客行李，都要开包逐一检查。

(2)人工安检

遇到停电、机器故障时，要进行人工开包检查，坚决把“三品”堵在站外车下。按照排查七字法作业，即“宣、看、问、闻、摸、查、处”。

七字法的内容如下：

①宣：广播宣传安全知识。

②看：看进站旅客的着装，进而对其职业以及是否携带危险品进行初步判断，对部分从事油漆作业的旅客应重点排查。

③问：对旅客携带品进行询问。

④闻：闻旅客携带物品是否有异味。

⑤摸：用手触摸旅客携带物品，进行初步检查。

⑥查：对旅客携带物品进行开包检查。

⑦处：按照危险品处理规定进行相应处理。

3. 危险品的处置

(1)对危险品应依法予以收缴或扣押，但进站、托运前查出少量的危险品，可由旅客、托运人选择交送站亲友带回或放弃该物品。

(2)对携带、托运、寄存数量较大的危险品，由公安机关登记、保管、处理。

(3)对未列入管制范围内的可能危害公共安全的器具，一般不进行罚没，应劝携带者交送行人员带回或办理托运；特殊情况下，公安派出所可代为保管，并出具保管单据，限定30日内取回，逾期视为主动放弃，由公安派出所按无主物品处理。

(4)对收缴危险品或予以处罚的，安全检查人员应向当事人告知有关权力。

4. 旅客拒绝安全检查的处理

旅客或托运人无正当理由拒绝检查时，携带或托运物品疑似为危险物品，但受客观条件限制无法认定其性质的，旅客或托运人又不能提供该物品性质和可以经旅客列车运输的检测证明时，应拒绝其进站或运输。

5. 对可疑物品的处置

对可疑物品的检查可按下列原则掌握：凡封装良好，无针孔、破封等异常情况，能够确认为瓶装酒、水、易拉罐饮料等物品，以及能够确认其物质安全性的肥皂等块状、膏状物品予以放行；属于易燃、易爆、剧毒、腐蚀等危险品要坚决收缴；不能辨明识别的，要采取开盖检查、请专业部门鉴定等方法，查明性质，妥善处置，确保安全。

6. 责任追究

(1)对违反规定携带危险品进站上车或在车站寄存危险品或违反规定托运危险品的，应依照有关法律法规给予处罚;情节严重,构成犯罪的,应依法追究刑事责任。

(2)旅客进站上车时主动交出其携带的危险品的,可以从轻、减轻或不予处罚。

四、列车对旅客携带危险品应对措施

1. 安全宣传

(1)广播宣传

列车要利用各种宣传工具向旅客宣传严禁携带“三品”乘车的规定,列车广播要把此项工作列入广播计划且在规定的广播时间段内进行专题广播。

(2)安全揭示牌宣传

列车要在列车内各场所张贴“三品”宣传画、宣传揭示。

(3)口头宣传

客运人员作业过程中要加强对旅客关于携带危险品乘车的口头宣传,应在停车验票、列车运行途中进行口头宣传。

2. 安全检查

落实安全检查卡控关键项点:

(1)车门关

客运乘务人员在车门口离岗时应做好安全检查基础工作,采取“宣、看、问、闻、摸、检”六字法将“危险品”卡在车下。

(2)运行途中

乘务人员在列车运行途中应在列车长、乘警长组织下对全列进行查危防爆工作,对旅客所带行李进行无差别安全检查,可采取安检仪检查和人工开包检查相结合的形式进行,如图3-13所示。

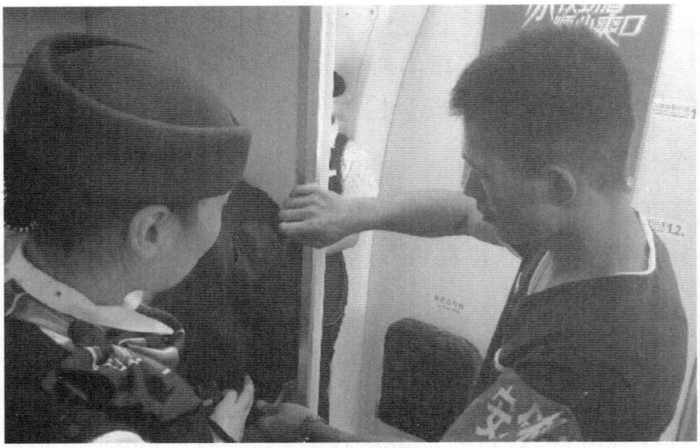

图3-13 列车进行安全检查

3. 危险品的处置

在列车上查获的危险品由列车工作人员妥善保管,由列车长编制客运记录交前方最近停车站派出所,客运记录上须有乘警签字。鞭炮、发令纸、摔炮、拉炮等易爆物品应立即浸湿处理，不可倒置、捣装、脚踢、手捏等。雷管、炸药、导火索、子弹等交由公安处理。若旅客所携带危险品触犯国家法律法规，则将所查获危险品连同当事人一并交站处理。

任务工作单

学习情境三　铁路安全管理制度和相关预防措施	班级			
学习项目二　旅客携带危险品	姓名		学号	
	日期		评分	

1. 写出七字查验法的内容。

________、________、________、________、________、________、________

2. 写出爆炸类危险品品名。

3. 写出车站加强危险品安全检查的措施。

4. 实战演练

【情景描述】 某年 8 月 25 日 17 时 10 分，武汉开往广州的某次列车行驶到武汉至长沙区间，列车进行安全检查时发现一旅客（旅客信息自定）携带未经开封的烟花一箱，请问现场该如何处理？

【任务实施】 要求分小组模拟该场景进行角色扮演实战演练，根据列车危险品查验处理的主要流程和实际情况灵活处理。

【考核方式】 教师点评、小组互评、自我总结（见下表）

演练评分标准参考表

序号	评 分 项 目	满　　分	得　　分
1	事件演练的完整性	20	
2	场景设计的合理性	30	
3	演练人员的现场反应与处理能力	30	
4	事后总结	20	
总分			

学习项目三　消防安全知识

项目说明

本项目主要学习铁路客运消防安全知识，加深学生对客运消防知识的理解，培养学生使用消防器材扑灭初起火灾及处理消防突发应急事件的能力。

适用岗位

铁路列车员、列车值班员、列车长、餐服员、保洁员、随车机械师、乘警及铁路客运车站客运员、客运值班员等岗位。

教学目标

1. 能力目标

理解铁路列车消防安全的重要性，能对各种列车火灾突发情况做出正确的判断以及及时采取有效的措施。

2. 知识目标

掌握列车火灾爆炸突发事件处理的基本流程，以及初起火灾处理的办法。

3. 素质目标

培养学生面对火灾时能够独当一面的心理素质和能力，同时也培养学生良好的团队协作能力。

案例导学

列车火灾事故

【案例分析】某年1月25日11时53分，由青岛开往杭州东的某次列车运行至定远站停车，电器设备发生故障，2号车厢冒烟，造成列车价值2880多万元的车体烧穿报废。铁路部门立即启动应急预案，遂决定临时停靠定远站，并迅速组织旅客疏散，由于处理及时，事故没有旅客及工作人员伤亡(图3-14)。

图3-14　列车火灾事故

[案例思考]

请结合上述案例，思考高铁列车上还有哪些火灾隐患。

相关知识

课前回顾

1. 乘务员对消防器材、紧急制动阀做到两知一会中的“两知一会”指什么？
2. 消防“三懂三会”具体包括哪些内容？

一、消防安全知识

火灾本身就是一种燃烧现象，燃烧不但会产生巨大的热量，而且生成气体、蒸汽、固体物质和浓烟。在燃烧过程中，有些物质是有毒有害的，对人体具有刺激、麻醉、窒息作用，直接威胁着人们的生命安全。通过火灾死亡事故来看，大多不是直接烧死的，而多是因为浓烟熏死或窒息死亡。因此，人们必须要懂得和掌握火焰燃烧和火灾扑救的相关知识。

1. 火灾的概念

火灾是在时间和空间上失去控制，对财物和人身造成一定损害的燃烧现象。燃烧是可燃物与氧化剂作用发生的放热反应。物质燃烧之后发生了变化，生成与原来不同的物质，燃烧还伴有放热发光和发烟现象。放热，是存在于物质中的化学能，在物质燃烧时一部分变成热能；发光，是人们用肉眼能观察到的光亮，由于物质的化学组成不同，以及所处环境不同，有些物质燃烧时的光较弱，不易被观察到，而多数可燃物质燃烧时火焰光亮，且带有不同的烟熏现象；发烟是燃烧产物悬浮在空气中的微小的颗粒群，如图3-15所示。

图3-15　火灾现场

2. 火灾的特性

(1)普遍性

普遍性是指火灾不论在哪个地区，不论在什么单位和部位，都会发生；火灾不限于发生在火灾危险性较大的单位和场所，从居民住宅到一般的大小单位（也包括公共场所）都可能发生。

(2)随机性

随机性是指随时、随地都可能发生火灾。人们无法事先确定何时、何地、何场所将会发生。同时，也无法判断火灾的规模大小，具有一定的不可预测性。

(3)必然性

必然性是指在放松警惕、没有任何预防的情况下发生火灾。它的发生是必然的，只要具备了起火条件，火灾的发生便是确定无疑的。

3. 室内火灾的发展过程

(1)火灾初起阶段

产物:水汽、二氧化碳、少量一氧化碳。

温度:火焰温度≥500℃,室温略有上升。

(2)火灾发展阶段

产物:烟、毒性气体。

温度:环境温度可达到500℃以上,上层气温达到400~600℃。

(3)火灾下降阶段

产物:氢气、甲烷。

温度:室内温度下降到500℃左右,突然引入较多新鲜空气。

4. 火灾燃烧的要素(火三角)

发生火灾必须同时具备可燃物、氧化剂和引火源(也称点火源)三个要素。这三个要素是构成燃烧的必要条件,燃烧要持续,这三个要素缺一不可。

(1)可燃物

①定义。

凡是在标准状况下能够在空气(氧气)或其他氧化剂中燃烧的物质,一般都称为可燃物。少部分无机物和绝大部分有机物都是能够燃烧的。

②分类。

a. 可燃性固体。常见的可燃性固体包括煤、木材、塑料、橡胶、棉花、麻、化学纤维等。

b. 可燃性液体和可融化的可燃性固体。常见的可燃性液体和可融化的可燃性固体主要是各种轻重油,如煤油、汽油、柴油以及各种动物油脂。

c. 可燃性气体。常见的可燃性气体有天然气、煤气。

d. 可燃性金属。常见的可燃性金属有金属钠、钾、镁及其过氧化物。

(2)氧化剂

氧化剂是指与可燃物相结合导致燃烧的物质,俗称助燃物。

可燃物燃烧必须与氧化剂发生反应,否则燃烧不能发生。常见的氧化剂主要是空气、氧气、氯气、硝酸等。

(3)引火源

①定义。

引火源是指能够使可燃物与氧化剂发生燃烧反应的能量来源。引火源常见的是热能,还有电能、化学能、光能及机械能等。这些能多以热能表现出来。

②分类。

常见的引火源主要如下:

a. 明火。明火是比较强的热源,它能点燃任何可燃物质。因为火焰的温度为700~2000℃,高于一般可燃物质的自燃点。

b. 火心。火心是在铁与铁、铁与石、石与石之间强力摩擦、碰撞时产生的高温渣粒,或者是从烟囱中飞出来的、施焊作业中溅出来的高温渣粒。这种火星的温度高达1200℃,虽然热量不大，但可以引燃可燃气体和液体蒸汽，也可以引燃某些固体物质，如棉花、干草、锯末等松软物质。

c. 电火花。电击产生的电弧光，还有静电释放的电火花，由于这种引火源普遍存在于生活、生产之中，所以是易于被人们忽视的危险的引火源。

d. “化学反应热”和“生物热”，即由于化学变化或生物作用产生的热能，这种热能如不及时散发掉，就有可能引发火灾或者爆炸事故。

5. 火灾事故类型

（1）按火灾损害的程度分类

按照一次火灾事故所造成的人员伤亡、受灾户数和财物损失金额划分，可把火灾分为以下三个等级：

①特大火灾。死亡 10 人以上，重伤20 人以上，死亡、重伤20 人以上，受灾户 50 户以上，烧毁财物损失 100 万元以上。

②重大火灾。死亡 3 人以上，重伤 10 人以上，死亡、重伤 10 人以上，受灾户 30 户以上，烧毁财物损失 30 万元以上。

③一般火灾。不具有前两项情形的燃烧事故。

（2）按照物质及其燃烧特性划分

根据物质及其燃烧特性划分，可将火灾分为以下五种类型。这种分类表明了燃烧物质的种类属性和扑救火灾时应选择相应的灭火剂。

A 类火灾，是指固体物质火灾，如木材、棉毛、麻、纸张、塑料制品、化学纤维等火灾。

B 类火灾，是指液体和可熔化固体物质的火灾，如汽油、柴油、酒精、植物油、变压器油、各种溶剂、沥青、石蜡等火灾。

C 类火灾，是指气体火灾，如煤气、天然气、氢气、沼气、氨气、一氧化碳等火灾。

D 类火灾，是指金属火灾，如钾、钠、铝、镁铝合金等火灾。

E 类火灾，是指电器类设备过载短路所引发的火灾。

二、火灾危险辨识

火灾危险是指消防系统中存在可能造成人员伤害、财产损失、作业环境破坏和其他损失的根源或状态，如危险环境、危险条件、危险状态、危险物质、危险场所、危险人员、危险因素等。火灾隐患泛指人的不安全行为，设施设备、环境和物料的不安全状态，以及管理缺陷。

造成火灾的原因很多，究其根本原因大致可分为：电气隐患、物料隐患、生活用火隐患、吸烟隐患、违反安全规定隐患等。

1. 电气隐患

电气火灾隐患包括违反电气安装与使用规定以及使用伪劣电气产品；露天安装的电气设备（如发动机、闸刀开关、电灯等）淋雨进水，使绝缘受损；一些电气设备，如变压器、电动机、电容器、导线及接头等在运行中发热，温度升高；使用电炉等大功率电器取暖；电气线路短路、超负荷运行、导线接触电阻过大;电气线路导线裸露或绝缘破损,相线与相线、相线与零线或大地在电阻很小或没有通过负载的情况下相碰,产生电流突然大量增加或乱拉乱接电线,不按使用要求随意加大负荷,电线绝缘老化,不按时更换电线,忘记断电造成长时间通电等情况。

2. 物料隐患

物料隐患包括易燃易爆化学危险物品自燃,以及煤、稻草麦秸、涂油物、鱼粉等自燃引起的火灾。因能自燃物质较少,范围窄,但在日常工作中和生活中仍要注意防范。

3. 生活用火隐患

生活用火不慎是指生活或涉及生活的用火,包括炉灶(炉具)设置、使用不当,余火复燃,明火照明、生火取暖、熏蚊不当,在火灾事故中一直占较大比例。

4. 吸烟隐患

吸烟隐患包括吸烟入睡,醉酒吸烟,随地乱扔烟蒂、火柴梗以及在有爆炸危险场所违章吸烟等和随地扔烟蒂与火柴梗。吸烟隐患在火灾事故中占一定比例,也是引起火灾事故的重要原因。

5. 违反安全规定隐患

违反安全规定是指生产、储存、运输等作业过程中违反规章制度或操作规程新导致的不安全因素。例如,违章动火、施焊切割、违章操作等引起的火灾,也占火灾事故的一定比例。

三、灭火和逃生技能

火灾事故警示我们,起火初期的十几分钟,是扑灭火灾的关键时段。因此,应急处置必须要把握好两点:一是使用现场灭火器材及时扑救,二是立即报火警。不管火势大小,要立即报警,报警早、损失少。

1. 灭火的基本原理

灭火的基本原理就是在发生火灾后,通过采取一定的措施,把维持燃烧所必须具备的条件之一予以消除,使其不能继续进行,火就会熄灭。因此,采取降低着火系统温度、断绝可燃物、稀释空气中的氧浓度、抑制着火区内的链式反应等措施,都可达到灭火的目的。

2. 火灾报警方法

发生火灾时,首先要拨打119火警电话,及时准确的报警是火灾施救的关键。火警电话接通后,应讲清着火单位,所在区县、街道门牌号码或乡村的详细地址,什么东西着火、起火部位、燃烧物质和燃烧情况、火势如何,并讲清自己的姓名、工作单位和电话号码。报警后要有专人在街道路口等候消防车到来,引导消防车去往火场,以便迅速、准确地到达起火地点。

3. 灭火的基本方法

(1)冷却灭火法

根据可燃物质发生燃烧时必须达到一定温度这个条件,将灭火剂直接喷洒在燃烧的物体上，使可燃物质的温度降到燃点以下，使其停止燃烧，如图3-16所示。

（2）窒息灭火法

根据可燃物质燃烧需要足够的助燃物质（空气、氧）这一条件，采取阻止空气进入燃烧区的措施，或断绝氧气而使燃烧物质熄灭。为灭火，需将水蒸气、二氧化碳等惰性气体引入着火区，以稀释着火空间的氧浓度。当着火区空间氧浓度低于12%，或水蒸气浓度高于35%，或二氧化碳浓度高于30%～35%时，燃烧一般都会停止。若可燃物本身含有化学氧化剂物质，是不能采用窒息灭火法灭火的。

（3）隔离灭火法

根据发生燃烧必须具备可燃物质这一条件，将燃烧物质与附近的可燃物隔离或疏散，中断可燃物的供应，使燃烧停止，如图3-17所示。

图3-16　冷却灭火法

图3-17　隔离灭火法

（4）化学抑制灭火法

使灭火剂参与到燃烧反应中去，起到抑制反应的作用。具体而言，就是使燃烧反应中产生的自由基与灭火剂相结合，形成稳定分子或低活性的自由基，从而切断自由基的连锁反应链，使燃烧停止，如图3-18所示。

图3-18　化学抑制灭火法

四、常用灭火器材的类型及使用方法

1. 灭火器

按充装灭火剂的种类不同，常用灭火器有ABC干粉型、二氧化碳型、水型、空气泡沫型、卤代烷型等。

（1）ABC干粉灭火器

①种类。

ABC干粉灭火器有手提式和推车式两种。手提式ABC干粉灭火器重量规格为2kg或者4kg，在防火重点区域可设置35kg的推车式干粉灭火器，如图3-19、图3-20所示。

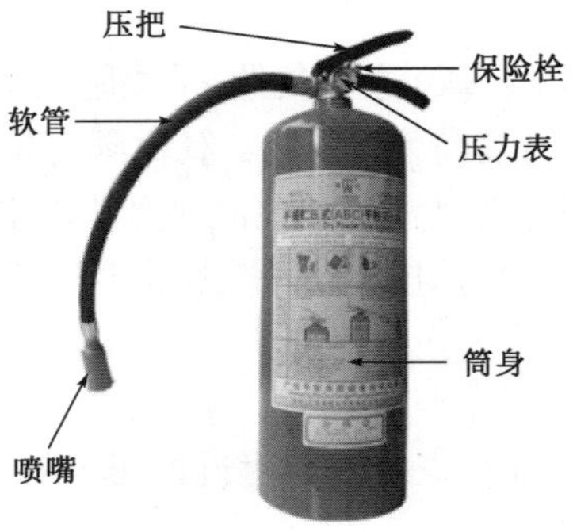

图 3-19　手提式干粉灭火器

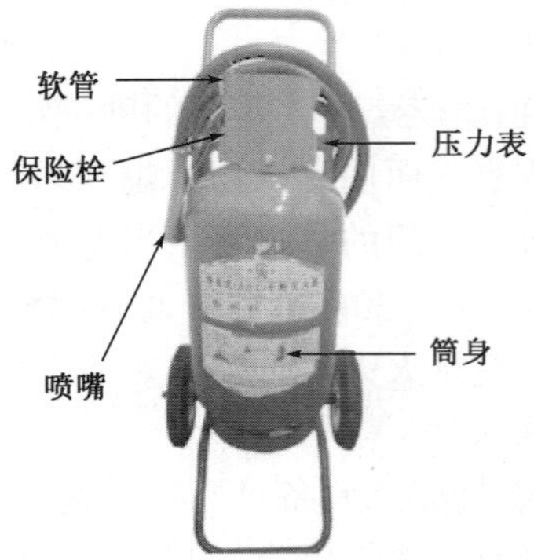

图 3-20　推车式干粉灭火器

②适用扑灭火灾种类。

ABC 干粉灭火器适用于扑救可燃固体、易燃液体、可燃气体和带电(50kV 以下)电器设备的初起火灾。

③使用方法。

手提式干粉灭火器使用方法:当发生火灾时,边跑边将筒身上下摇动数次;拔出安全销,筒体与地面垂直,手握胶管;选择上风位置接近火点,将皮管朝向火苗根部;用力压下握把,摇摆喷射,将干粉射入火焰根部;熄灭后以水冷却除烟,如图 3-21 所示。

拔下安全销　　握住软管　　压下手柄灭火

图 3-21　灭火器使用方法

推车式干粉灭火器使用方法:当发生火灾时,将灭火器推至现场;拔出安全销,筒体与地面垂直,手握胶管;选择上风位置接近火点,将皮管朝向火苗根部;用力压下握把,摇摆喷射,将干粉射入火焰根部;熄灭后以水冷却除烟。

(2)二氧化碳灭火器

①种类。

二氧化碳灭火器重量规格为 2kg 或者 4kg,如图 3-22 所示。

②适用扑灭火灾种类。

二氧化碳灭火器可以扑灭 A、B、C 三类火灾以及 600V 以下电气设备火灾。二氧化碳有流动性好、喷射率高、不腐蚀容器和不易变质等优良性能,所以二氧化碳灭火器常设置于图书馆、档案室、博物馆、精密仪器生产及存放场所。

③使用方法。

在使用时,应首先将灭火器提到起火地点,放下灭火器,拔出保险销,一只手握住喇叭筒根部的手柄,另一只手紧握启闭阀的压把。对没有喷射软管的二氧化碳灭火器,应把喇叭筒往上扳 70°~90°。使用时,不能直接用手抓住喇叭筒外壁或金属连接管,防止手被冻伤。在使用二氧化碳灭火器时，在室外使用的，应选择上风方向喷射；在室内窄小空间使用的，应开窗通风，灭火后操作者应迅速离开，以防窒息。

（3）水型灭火器

①种类。

水型灭火器内部装有 AFFF 水成膜泡沫灭火剂和氮气，按灭火器容积分为 490ml、1L、2L、3L、4L、6L，常用的为 2L 和 6L，如图 3-23 所示。

图 3-22　二氧化碳灭火器

图 3-23　水型灭火器

②适用扑灭火灾种类。

水型系列灭火器，可扑灭 A、B、C 三类火灾，也可以扑灭 380V 以下的电气火灾，主要设置于车站、列车、医院、商场等人流集中的区域。

③使用方法。

在使用时，应首先将灭火器提到起火地点，放下灭火器，拔出保险销，一只手托住灭火器根部，另一只手紧握启闭阀的压把，将灭火器喷嘴对准火源根部左右扫射，在火势没有完全扑灭前不能松开压力把手。

2. 其他消防设备

（1）消防水带

消防水带常用规格为 25 米/条，一般设置于车站、学校等人群集中区域，如图 3-24 所示。

应按照如下方法使用消防水带时：

①铺设时应避免骤然曲折，以防止降低耐水压能力，还应避免扭转，以防止充水后水带转动面使内扣式水带接口脱开。

②充水后应避免在地面上强行拖拉，需要改变位置时要尽量抬起移动，以减少水带与地面的磨损。

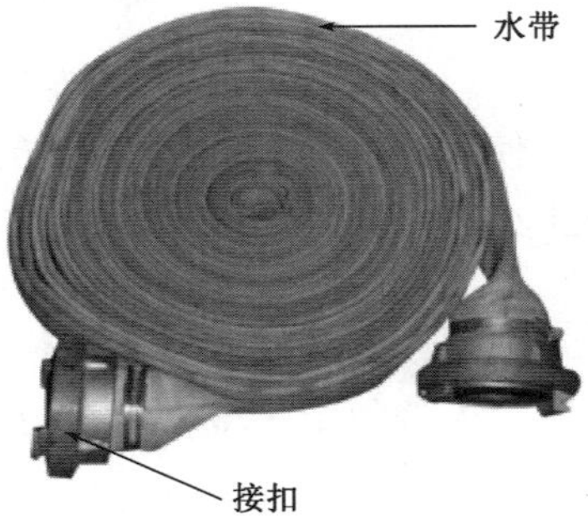

图 3-24　消防水带

（2）消防水枪

消防水枪常见规格为 19mm 密集直流，按照每个消火栓 1 个设置，如图 3-25 所示。

使用方法：直接连接在水带接扣使用。

(3)消火栓

消火栓的规格为 650cm × 450cm，配置要求为水带 1 条、水枪 1 个，如图 3-26 所示。

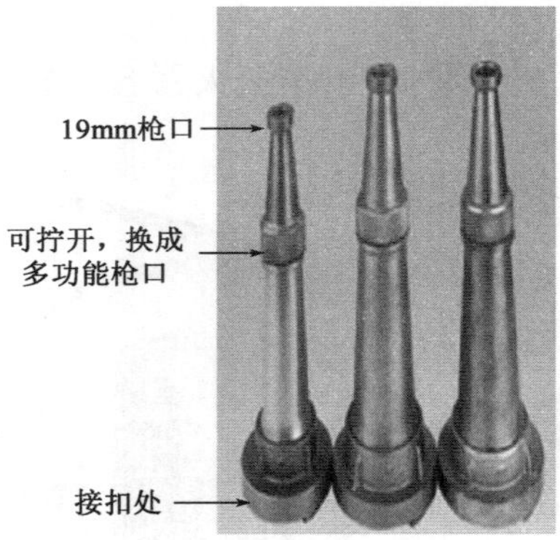

图 3-25　消防水枪

图 3-26　消火栓

使用方法：

①取出消火栓内水带并展开一头连接在出水接扣上，另一端接上水枪，缓慢开启球阀，严禁快速开启，防止造成水锤现象。

②快速拉取橡胶水管至事故地点，同时缓慢开启球阀开关。

(4)消防警铃

消防警铃规格为直径 15cm，配置要求为每个消火栓 1 个，如图 3-27 所示。

使用方法：当发生火灾时，按下手动报警按钮，消防警铃就会发出火警警报，提醒人们发生火灾。

(5)消火栓报警按钮

消火栓报警按钮常见型号为 TCMK3205F，配置要求为每个消防栓 1 个，如图 3-28 所示。

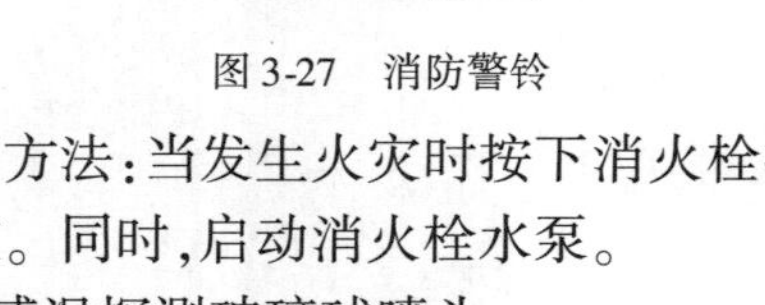

图 3-27　消防警铃

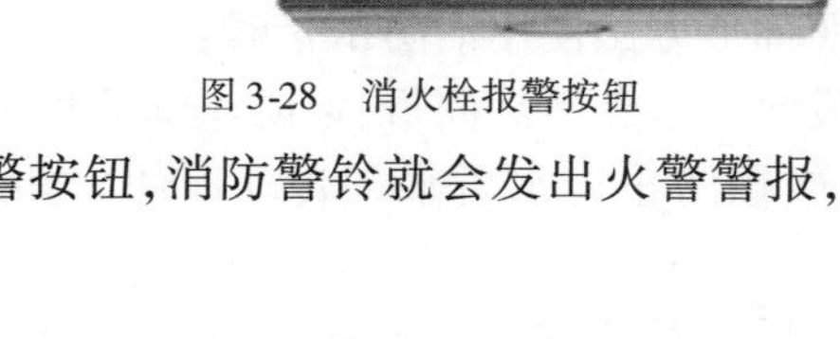

图 3-28　消火栓报警按钮

使用方法：当发生火灾时按下消火栓报警按钮，消防警铃就会发出火警警报，提醒人们发生火灾。同时，启动消火栓水泵。

(6)感温探测玻璃球喷头

感温探测玻璃球喷头配置要求为每 6 ~ 7m^{2}1 个，主要设置于车站、学校、医院、商场、电影院等人群集中区域，如图 3-29 所示。

使用说明：当温度达到 68℃时，感温探测的玻璃管就会自动爆裂。喷淋系统则启动消防喷淋，自动喷水灭火。

(7)烟感探测器

烟感探测器常见规格为圆锥形,配置要求为每 50 ~ 60$m^3$1 个,如图 3-30 所示。

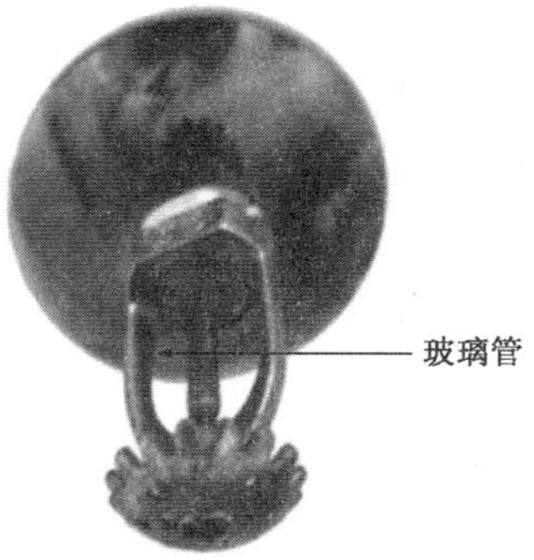

图 3-29　感温探测玻璃球喷头

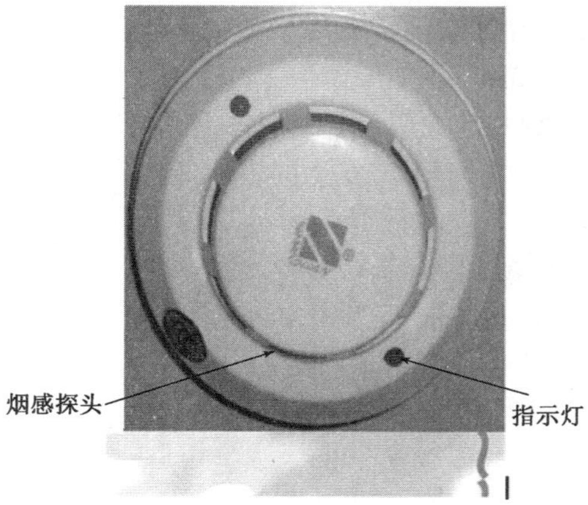

图 3-30　烟感探测器

使用说明:当空气中烟的浓度达到一定程度时,烟感探测器就会自动报警,提醒人们发生火灾的位置。

(8)温感探测器

温感探测器常见规格为圆锥形,配置要求为每 50 ~ 60$m^2$1 个,如图 3-31 所示。

使用说明:当空气中热量达到一定程度时,温感探测器就会自动报警,提醒人们发生火灾的位置。

(9)消防应急灯

消防应急灯规格为 YD-127,配置要求为 6m/个,如图 3-32 所示。

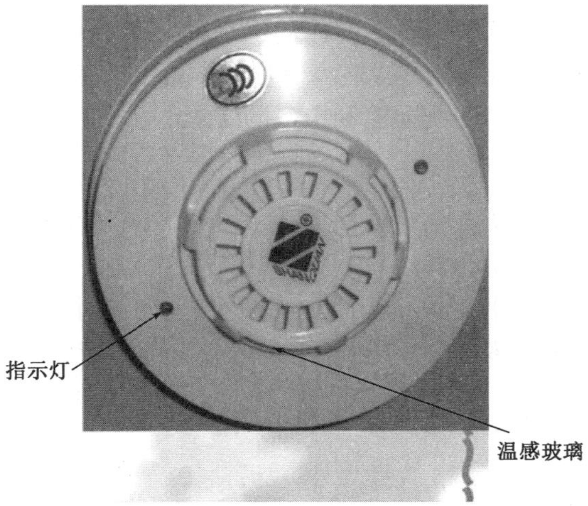

图 3-31　温感探测器

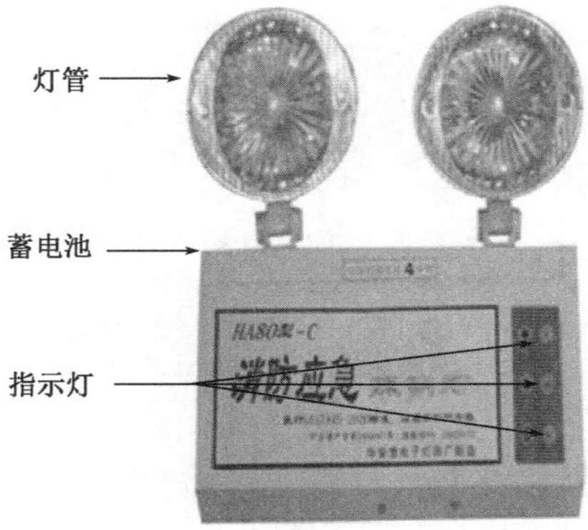

图 3-32　消防应急灯

使用说明:当发生火灾时通常会伴有停电等现象,消防应急灯是一种自动充电的照明灯,当发生火灾或停电时,消防应急灯会自动照明,指示人们安全通道和出口的位置,以免人们找不到安全出口,发生撞伤。

3. 消防引导标志

(1)地面引导标志

地面引导标志的常见规格为15cm×30cm,配置要求为出入口、主通道,每8~10m设置1个,如图3-33所示。

使用说明:地面引导标志是一种具有无限次在亮处吸光、暗处发光的消防指示牌,它可挂、可贴,主要用于火灾发生时在黑暗场所自动发光,指示安全通道、安全门。

(2)空中紧急疏散标示牌

空中紧急疏散标示牌规格为15cm×30cm,配置要求为出入口、主通道,每8~10m设置1个,如图3-34所示。

图3-33　地面引导标志

图3-34　空中紧急疏散标示牌

使用说明:空中紧急疏散标示牌和消防应急灯一样,是一种自动充电的照明灯,当发生火灾或停电时,紧急疏散标示牌会自动工作发光,指示人们安全通道和出口的位置。

图3-35　消防安全门

4. 消防安全门

消防安全门规格为1.2m×2.4m,配置要求为每个逃生楼梯出口1副,如图3-35所示。

使用说明:消防安全门是发生火灾时人们用来逃生的紧急安全出口,平时严禁上锁和堵塞。

五、铁路消防工作要求

1. 铁路消防工作基本要求

(1)三懂三会

三懂:懂本岗位火灾危险性、懂预防措施、懂灭火方法。

三会:会报警、会使用消防器材、会扑救初起火灾。

(2)两知一会

两知:知位置、知性能。

一会:会使用。

2.旅客列车列车消防工作要求

(1)严格执行“三乘联检”制度。列车始发前,由列车长组织乘警长、车辆乘务长对列车火源、电源和消防器材进行全面检查,运行中重点检查,终到后彻底检查。检查结果由检查人员分别签字确认,严禁代签、漏签,如图3-36所示。

(2)乘务室、广播室、配电室、检车工具间、餐车储藏室和行李车、邮政车、发电车禁止吸烟。不吸烟车厢内应有“禁止吸烟”的明显标志,如图3-37所示。乘务人员要对吸烟的旅客进行劝阻。允许吸烟处,应有“吸烟处”的明显标志,并必须保持烟缸设备齐全,教育旅客不要乱扔烟蒂火种。

图3-36 列车三乘联检

图3-37 列车禁烟标志

(3)旅客列车在车库内火源管理安全规定:

①旅客列车内严禁使用酒精炉、煤油炉等炉具。

②茶炉室、独立暖房内不得存放易燃物和无关物品。

③列车内严禁使用蚊香、蜡烛等明火,严禁躺在工作场所吸烟。

④旅客列车的各种电器设备上严禁放置、悬挂任何物品。

⑤列车内严禁乱接乱拉临时电线,各种照明灯具及电器设备保持良好,无关人员不得随便拆卸,运营列车电器绝缘应符合部颁标准。

(4)客车乘务人员在列车上的“十不准”:

①不准使用自备的炉灶、灶具和电源器具。

②不准使用蜡烛、蚊香、酒精灯。

③不准燃放烟花爆竹。

④不准焚烧炽热铁板热饭热菜。

⑤不准使用易燃、可燃液体浸柴点炉生火。

⑥不准从炉内铲出燃烧的火炭给他炉引火种。

⑦不准往炉内洒油、撒盐等助火。

⑧不准用水冲刷地板。

⑨不准乱拉临时电线,乱接电器装置。

⑩不准在检查孔、电泵箱、煤箱、配电盘上放置杂物。

(5)《旅客列车防火台账》要全面反映乘务组开展防火工作的基本状况,包括:

①上级有关消防工作的文件(复印件或摘抄件)。

②列车编组表及乘务人员概况。

③列车防火组织。

④扑救火灾事故应急方案。

⑤防火安全会议和活动记录。

⑥乘务人员消防安全培训记录。

⑦乘务人员上岗证登记。

⑧餐车炉灶清扫记录。

⑨三乘联检记录。

⑩消防器材登记。

(6)旅客列车火灾应急处置:

①立即停车。列车运行中发生火灾或爆炸事故时,或构成火灾、爆炸事故时,应立即使用紧急制动阀,使列车停在安全地带。

②疏散旅客。列车发生火灾时,乘务员应迅速组织起火车厢旅客向邻近车厢或地面安全地带疏散。

③迅速扑救。列车长、乘警应立即组织指挥义务消防队和其他列车工作人员集中列车上的消防设备进行扑救。

④切断火源。列车运行中发生电器设备冒烟起火时,要立即关闭电源开关或断开保险。在电气化区段,应立即通知电力部门将接触网停电,以便灭火。在电源未切断前任何人不得用水灭火。

⑤分离车辆。列车停妥后,应将着火车辆与其他车辆尽快分离。

⑥设置防护。列车分离后,运转车长和机车乘务员要迅速设置防护。

⑦报告救援。列车长、运转车长和乘警要尽快向上级机关和行车调度报告事故情况,请求救援。同时应迅速向119报警。

⑧抢救伤员。发现有人员受伤时,要积极地实施现场抢救。同时应迅速向120求救。

⑨保护现场。在扑救火灾时,要注意保护好火灾现场,严禁无关人员进入。

⑩维持秩序。要采取多种形式做好宣传解释工作,稳定旅客情绪,防止混乱。

3.车站防火安全相关知识及规定

(1)旅客车站集散厅、售票厅和候车室区域内严禁开设公共娱乐场所,站房其他区域开设公共娱乐场所应设置独立的防火分区。站房内设置的餐饮、售货等营业性场所,应符合消防安全规定。

(2)车站行包房按货物仓库严格消防管理,应加强监督检查。站台临时堆放行包应在指定区域,不得堵塞消防通道,不得埋压、圈占、遮挡消防设施。

(3)车站应严格落实易燃、易爆危险物品查堵措施。车站配置的安检仪,应保持状态良好，运转正常，如图3-38所示。

(4)车站应向旅客宣传铁路站车防火、防爆的规定。严禁携带易燃、易爆危险物品进站上车，严禁在候车室等禁烟场所吸烟，不得在通道处堆放行李物品，不得擅自动用消防设施、器材。

(5)候车室、集散厅、售票厅、旅客通道内应设置应急照明灯和疏散指示标志，疏散通道应保持畅通。

图3-38　进站安检

六、扑救初起火灾能力

扑救初起火灾能力，就是通过扑救初起火灾的能力建设，使单位员工人人都熟悉自己的消防安全职责，建设、管理、维护好消防设施和应急消防器材，掌握扑救初起火灾的基本要领、基本程序，会报火警、会使用灭火器材和消防设施扑救初起火灾，确保单位一旦发生火灾，能够将火灾及时扑灭在初起阶段，最大限度地减少火灾危害，解决发生火灾后单位自救不力的问题。

1. 灭火第一梯队

灭火第一梯队是指失火现场单位员工在第一时间自发形成的灭火救援力量。

发现火灾后，单位员工应立即报警并呼喊附近员工参与灭火救援；火灾现场或附近区域的工作人员(包括失火楼层的服务员、安保人员、巡查人员、管理人员等)听到呼叫后应立即赶往失火地点，自发组成志愿消防队，即灭火第一战斗力量。哪里发生火灾，就在哪里形成第一战斗力量，开展初起火灾的报警、扑救和人员疏散工作。

具体任务要求是：第一发现火灾的员工就近使用灭火器材灭火，并大声呼叫周边员工报警、增援；距起火点近的员工负责利用灭火器和室内消火栓灭火；距电话或火灾报警点近的员工向单位消防值班室(或消防控制中心)和公安机关消防机构报警；距安全通道或出口近的员工立即引导旅客向安全地点疏散；距离排烟口近的员工，就近按下排烟口按钮等。

2. 灭火第二梯队

灭火第二梯队是指火灾确认后，单位按照灭火和应急疏散预案，组织员工形成的灭火救援力量。

消防控制中心(或消防值班室)值班人员接到报警信号后，应立即按照《消防控制室管理及应急程序》处置。

确认火警后，立即通知本单位专兼职消防队员(消防应急指挥部的灭火、通信、疏散、救护等各个职能小组成员)向起火部位集结，开展灭火救援工作，并拨打119报警，同时报告单位值班领导。

本单位专兼职消防队员(消防应急指挥部的灭火、通信、疏散、救护等各个职能小组成员)接到火警通知后，应迅速向火场集结，到场后组成灭火第二战斗力量，接应灭火第一战斗力量进行灭火救援。灭火第二战斗力量应服从消防应急指挥部的统一指挥，第一战斗力量应协助第二战斗力量工作。

灭火第二战斗力量中的灭火、通信、疏散、救护等各个职能小组应按规定程序和要求实施灭火救援。

3. 灭火第三梯队

灭火第三梯队是指接到火灾报警后赶到现场的公安消防队及增援消防队所形成的专业灭火救援力量。

公安消防队或其他专职消防队到达火灾现场后，迅速利用专业消防器材装备投入灭火战斗，形成灭火第三战斗力量。此时，第二战斗力量应协助第三战斗力量工作。

任务工作单

学习情境三　铁路安全管理制度和相关预防措施	班级			
学习项目三　消防安全知识	姓名		学号	
	日期		评分	

1. 写出三懂三会的内容。

三懂：

三会：

2. 写出两知一会的内容。

两知：

一会：

3. 写出旅客列车防火台账的内容。

4. 写出常见灭火器的分类及使用方法。

5. 实战演练

【情景描述】 某年3月20日9时12分，在武汉开往广州的某次列车行驶到武汉至长沙区间时，发现旅客王某(旅客个人信息及车票信息自拟)吸烟时将未熄灭的烟头投入垃圾桶，引发列车火灾，经列车工作人员全力扑救未能扑灭，列车在赤壁站紧急停车。请根据以上案例模拟现场应急处置。

【任务实施】 要求分小组模拟该场景进行角色扮演实战演练，根据列车火灾爆炸处理的主要流程和实际情况灵活变通处理。

【考核方式】 教师点评、小组互评、自我总结(见下表)

演练评分标准参考表

序号	评 分 项 目	满　　分	得　　分
1	事件演练的完整性	20	
2	场景设计的合理性	30	
3	演练人员的现场反应与处理能力	30	
4	事后总结	20	
总分			

学习项目四　电器安全管理规定

项目说明

本项目主要学习铁路客运电器安全管理相关规定。通过对集中供电列车安全卡控措施、使用电茶炉的有关规定、使用电暖气的有关规定、空调列车电器安全的有关规定、动车组餐车电器设备安全的有关规定等相关内容的学习，加深学生对电器安全管理规定的理解，培养学生正确操作及管理电器设备的能力。

适用岗位

铁路列车员、列车值班员、列车长、餐服员、保洁员、随车机械师、乘警等岗位。

教学目标

1. 能力目标

能利用所学知识正确操作和管理常见电器设备。

2. 知识目标

掌握列车常见电器设备的使用及管理规定。

3. 素质目标

培养学生遵守铁路电器安全管理制度，按标作业，提高职业素质。

案例导学

印度一列车因空调故障导致火灾

【案例分析】据新闻报道，一列火车在印度南部安得拉邦起火，造成至少23人死亡，多人受伤。这列火车原定从卡纳塔克邦首府班加罗尔开往马哈拉施特拉邦小城楠代德。凌晨3时许，列车行至安得拉邦时，一节带空调的车厢突然起火。列车司机发现火情后紧急停车。发生火灾的车厢内当时有67名乘客。包括至少两名儿童在内的一些乘客因烟雾窒息死亡，一些乘客在跳车逃生过程中受伤。初步推断火灾可能由车厢内空调系统电路故障引起（图3-39）。

图3-39　火灾事故现场救援

[案例思考]

结合客运乘务工作实际，思考如何杜绝列车火灾？

相关知识

课前回顾

1. 旅客列车常见的电器设备有哪些?
2. 电器设备着火应使用哪种类型的灭火器?

一、集中供电列车安全卡控措施

(1)不准用水冲刷风挡连接处,不准用湿抹布擦拭电器设施。

(2)加强车内巡视和有关安全的宣传,经常保持暖气台的清洁卫生,发现异常及时通知车电人员处理。

(3)配电室内禁止存放各类物品。

(4)乘务员对上述设备进行巡视中发现问题及时向列车长汇报,并通知检车乘务组人员及时采取措施处理。

二、使用电茶炉的有关规定

1. 电茶炉的使用

电茶炉管理由客运部门负责,客运人员必须经培训并考试合格后方可持证操作使用电茶炉。电茶炉操作应严格按照"电茶炉饮水装置操作规程"执行。应保持电茶炉装置的清洁,茶炉装置内、配电盘和控制箱等装置上下不得堆放杂物。电茶炉出现故障时,应立即切断电源,通知车辆乘务员处理,严禁无关人员拆动。对野蛮使用及故意损坏电茶炉的行为应及时予以制止。

2. 客车电茶炉饮水装置操作规程

(1)操作电茶炉前,必须检查车用水箱是否有水,茶炉水位表必须显示满水状态。确认各阀位置,补水管路畅通,一切正常方准开启电源。工作 15 ~ 20min 后打开水嘴即可有饮水供应。

(2)电茶炉停用 6h 以上再次使用时,应排除储水箱内的存水(打开放水嘴),以免水质污染。

(3)使用时,操作人员必须做到监护使用,不得远离车厢,听到报警声时要立即停机。

(4)在工作中发生故障,应立即切断电源,通知车辆乘务员检查确认,不得擅自处理。

(5)列车到达终点站前 30min 停止使用,操作人员离开本车厢前必须确认电茶炉开关是否处于关闭状态。

(6)电茶炉只准在运行中使用,其他时间除检修试验外严禁使用。

3. 电茶炉的管理卡控措施

(1)使用客车电茶炉时,要首先补足冷水,然后再启动烧水,烧水期间要加强看管,不得远离。缺水时要及时补水,无水时要及时关闭燃火器,防止着火或干烧。

(2)当电茶炉控制发出报警后,应立即切断电源,首先检查水位显示管,如果显示缺水,应立即补水后再按下控制开关,使电茶炉重新工作;如果水位显示管显示不缺水,说明控制箱电路故障,应立即通知车辆乘务员处理。

三、使用电暖气的有关规定

(1)采暖期间,应注意检查电暖气罩内有无杂物并保持清洁,严禁座席罩搭在电暖气罩上,暖气罩上及周围严禁放置易燃易爆物品,严禁脚踏电暖气罩,防止火灾事故发生。

(2)集中供电列车电暖气"四个一"卡控措施:

一禁:严禁乱动列车采暖的一切设备、设施。

一检:检查电加热器罩上不准有杂物,不要在加热罩四周堆放行包物品。

一勤:勤宣传。向旅客宣传不要往加热罩内塞杂物,不要在加热罩四周放置物品。

一定:定时巡视,每隔15min巡视一次,防止旅客将卧具搭盖在加热罩上。

四、空调客车电器安全的有关规定

1. 空调客车电器设备发生冒烟处理方法

(1)当配电室发生冒烟后,应立即将控制屏的电源选择开关打至零位,并通知空调乘务员处理。

(2)当分线室发生冒烟后,应立即通知空调乘务员转告发电车断电(分线室无电源开关)。

(3)当照明装置冒烟时,应立即将照明开关打到断位(25B双层客车应将配电柜电源选择开关打至零位),并通知车辆乘务员处理。

(4)当采暖装置发生冒烟时,应将配电室的电源选择开关打至零位(25B双层客车在乘务员室)。

2. 25G、25B及25K双层客车作业注意事项

25G、25B及25K双层客车乘务员在进行清扫作业时,应做好电器设备的保护,主要做好以下几方面工作:

(1)清扫作业时,严禁用水冲刷地板,防止一、二路主线短路起火。

(2)严禁用水冲刷通过台墙板,防止电力检查孔进水造成全列停电。

(3)采暖期间,严禁用过湿的抹布擦拭电暖器罩,防止触电及有水进入暖气罩内。

(4)客运乘务员应按操作规程操作电器设备,严禁打开各配电箱门,清扫作业时擦抹电器设备时应小心,防止触电事故发生。

五、动车组餐车电器设备安全有关规定

(1)电气化厨房设备的安全操作直接影响到人身安全、设备的可靠性及使用寿命。因此设备操作人员必须经过操作培训,并经考试合格后才能进行上岗操作。

(2)运用中随车机械师应对电气化厨房设备进行定时巡视,发现使用人员未按安全操作规定使用设备时,应及时予以制止和纠正。

(3)餐车电气化厨房设备在使用操作前,应确认电源控制柜技术状态、各设备开关是否在正常位,指示灯显示正常后,方准操作使用。

(4)运用中和列车入库停留,在无人操作电器设备时,应及时将各设备开关放置在关闭或零挡位,切断电源柜总电源,锁闭电源柜,做到人走断电,防止发生意外。

(5)电气化厨房设备必须在明显位置粘贴操作说明和安全操作规程。

(6)动车组列车餐车内使用的电器,不能超过列车规定的额定功率。餐饮公司不得擅自增大用电设备的功率,以免产生过载。

任务工作单

<table>
<tr><td rowspan="1">学习情境三　铁路安全管理制度和相关预防措施</td><td>班级</td><td colspan="3"></td></tr>
<tr><td rowspan="2">学习项目四　电器安全管理规定</td><td>姓名</td><td></td><td>学号</td><td></td></tr>
<tr><td>日期</td><td></td><td>评分</td><td></td></tr>
<tr><td colspan="5">1. 集中供电列车安全卡控措施有哪些?

2. 电茶炉的管理卡控措施有哪些?

3. 25G、25B 及 25K 作业注意事项有哪些?</td></tr>
</table>

学习情境四　旅客常见突发事件处置

学习项目一　旅客人身伤害事故的应急处理

项目说明

本项目主要学习旅客人身伤害事故的应急处理方法和流程，以及现场应急处理流程和技巧、站车交接、事故善后处理以及事故原因和经验教训。

适用岗位

铁路列车员、列车值班员、列车长、车站客运员等。

教学目标

1. 知识目标

掌握车站和列车上旅客人身伤害需要救治的处理要求和程序。

2. 能力目标

能够按照铁路局站段应急处置相关文件要求处理旅客人身伤害事故，同时也会灵活变通，以保障旅客人身安全为首要任务。

3. 素质目标

培养学生面对旅客人身伤害事故时能够果断采取有效措施的心理素质和能力，以及良好的团队协作能力。

案例导学

醉酒旅客私自跳下站台，列车员紧急制动救援

【案例情况】某日 22:10 分，由北京开往贵阳的某次列车到达新乡站。由于新乡站是高站台，停车后，所有列车员按规定放下高站台渡板组织旅客乘降，验票上车。就在这时，一名喝醉酒的男性旅客在 16 号车厢门口持一张过期动车车票准备上车，16 号列车当班列车员张某发现后，予以阻止，并请该旅客出示本次列车车票，该旅客口齿不清地表示有车票，在其背包中进行翻找，其间该旅客前后摇晃并把手机掉下站台，立即随之跳下站台，正在这时列车启动。16 号车厢列车员张某听见启动声后立即向当班列车长徐某报告，列车缓缓启动，张某对该

旅客大声喊话让其趴下。列车长徐某接到报告后,果断下令,通知17号车厢当班列车员杨某使用紧急制动阀停车。杨某接到列车长的通知后,立即赶到乘务室门口使用紧急制动阀。列车停稳后列车长第一时间赶赴现场,组织救援。该旅客被救起后对自己的所作所为浑然不知。

相关知识

课前回顾

1.《铁路客运服务质量规范》中对旅客人身伤害事故的应急处理是如何规定的?

2. 高速铁路客运安全作业标准有哪些?

凡是持有车票的旅客,经检票口验票加剪开始,至到达目的地出站止(中转和中途下车的旅客自出站至进站期间除外),在旅行中遭受到外来、剧烈及明显的意外伤害事故以及承运人的过错,致使旅客人身受到伤害以至死亡,残疾或丧失身体机能者,均属旅客人身伤害事故。

一、旅客人身伤害事故处理总体依据

旅客发生人身伤害时,不论车站还是列车,都应本着以人为本、积极救治的宗旨,积极妥善地予以处理。可依据《铁路旅客人身伤害及携带品损失事故处理办法》相关内容进行处理。

知识拓展

《铁路旅客人身伤害及携带品损失事故处理办法》相关条款

第四条　列车、车站发生旅客人身伤害时,站车工作人员应当到场查看旅客伤害情况,报告列车长、站长组织救护,稳定人员情绪,维护现场秩序。

第八条　车站对本站发生的及列车移交的受伤旅客,应当及时联系当地医疗急救机构或送就近医院抢救。

第九条　受伤旅客经现场抢救无效死亡,或对站内、区间发现的旅客尸体,经医疗部门或公安机关确认死亡,公安机关现场勘查结束后,车站应当转送殡仪馆存放,并尽快通知其家属。尸体存放原则上不超过10日。对死者的车票、衣物、随身携带物品等应当妥善保管,并于善后处理时一并转交其继承人;死者身份不明或者家属拒绝到站处理的,按无法交付的物品处理。

第十条　发生旅客人身伤害,需要保护现场时,应当及时采取措施保护现场,禁止与救援、调查无关的人员进入。必要时,可请求地方政府提供协助。

第十一条　发生旅客人身伤害后,列车长、站长应当及时组织现场查验,全面搜索、梳理相关证据资料,检查旅客所持车票的票种、票号、发到站、车次、有效期及有效身份证件信息等,描绘现场旅客定位图,收集不少于两份同行人或见证人的证言及查验记录、现场照片、录像等其他相关证据,形成比较完整的证据链,能够证明发生的过程和原因,初步明确性质,并

妥善保管。

二、旅客人身伤害事故分类处理

常见的旅客人身伤害事故有旅客在乘降过程中发生人身伤害、列车运行中发生旅客人身伤害及车站发生旅客人身伤害。

1. 旅客在乘降过程中发生人身伤害

旅客在乘降过程中发生事故时应积极组织处理，应急处理流程具体如下：

(1)组织抢救。立即通知医院派人抢救，并指定专人引导救护人员和救护车进入事故现场。

(2)现场保护。事故发生后，立即疏散旅客，阻止闲杂人员进入出事地点，通知和协助公安部门进行事故现场勘查。

(3)迅速组成精干抢救领导小组，下设事故调查、伤员抢救、善后处理、后勤接待、资料汇总等小组，全面组织事故处理。并指定专人将事故发生的时间、地点、伤亡人数等情况及时向上级主管部门汇报。

(4)组织人员对伤亡人员的姓名、性别、单位或住址、车票发到站、伤势部位进行全面甄别核实，登记造册，清理遗留现场的物品，分门别类登记，集中保管。

(5)根据查实的资料，迅速向死伤者家属或工作单位拍发电报，无名无地址的可通过报纸、电视、电台广播查找，通知伤亡者家属到指定地点，做好善后安抚、处理工作。

(6)协助有关部门查清事故的原因，写出事故处理报告，报上级主管部门。

1)上车时旅客跌倒摔伤应急处理措施：

(1)车站客运员立即赶赴现场查看情况。

(2)如果伤势较重，立即联系车站当地医院，进行救治。

(3)对于一些乘降过程中伤势不严重或者该车站没有良好的救援条件的，可先上车，但注意旅客在车站发生乘降伤害的责任方。

[相关案例]

某次列车停靠汉口站二站台(高站台)，旅客刘某在硬座15车上车时被列车翻板(图4-1)碰伤右腿膝盖。

某次列车到达鹤壁车站时，3车乘务员在打开踏板时未做安全宣传，致使一名82岁老人上车时不慎被踏板上锁舌(图4-2)划伤右手无名指，造成尾指骨折。

图4-1 列车翻板

图4-2 踏板上锁舌

2）下车时旅客下车摔伤应急处理措施

列车处理办法：列车员及时报告列车长，通知列车红十字救护员立即赶到现场进行救治，并做好记录及移交准备。立即取证，留下目击证人与车站办理交接工作。

车站处理办法：车站应通知红十字救护员立即赶到现场，拨打120或与定点医院取得联系，告诉车站所在位置及伤员情况，留下联系电话，尽快将受伤旅客送医院治疗，家属下车陪同。旅客康复要求车站处理时，按照旅客意外伤害程序处理。

[相关案例]

××年××月××日上海开往成都某次列车终到成都站后，7车11号中铺一旅客下车时不慎自己摔伤，左腿破皮流血，右腿肿胀。经与旅客协商，达成如下协议：①治疗费21942.29元；②保险金1000.00元；③赔偿金7500.00元；④后续治疗费7000.00元。费用合计37442.29元（大写：叁万柒仟肆佰肆拾贰元贰角玖分）

注意：旅客在车站发生伤害，列车工作人员的应急处理措施。

3）旅客跌落掉下高站台的应急处理措施

（1）迅速告知。发生旅客跌落在站台与车体之间的缝隙，或行李物品掉下站台时，列车工作人员应立即通知车站客运值班员。若列车即将启动，还应通知司机暂缓开车。

（2）立即处理。由车站客运值班员对旅客施救或使用专用工具取出行李物品。

（3）赶赴现场。列车长会同随车机械师立即前往事发地点进行查看，并配合车站做好相关处置工作。

（4）关门开车。处置完毕后，按规定程序关门。如物品掉落站台，确认不危及列车安全时，可待列车出发后交车站处理。

[相关案例]

某日中午，正在对停靠在8站台的某次列车进行技检作业的薛某看到站台上几名旅客激动地在喊着什么，走近一看，一个五六岁的小孩在火车与高站台的缝隙间的钢轨上，满脸是血，正低声哭泣，大概下车时不小心掉下去了。这时，薛某二话不说赶紧绕过高站台，跑到列车的另一边，迅速钻入车底，抱起小孩钻出车底，绕过尾部车辆，跑上高站台正面，直奔人群，边跑边不停地呼叫着小朋友，让他睁开眼，因为小孩开始停止哭泣，逐渐地闭上眼睛，直觉告诉他小孩可能要陷入昏迷了，这样危险就更大了。所幸在把孩子交到车站值班员手里的时候他睁开了眼睛，这下薛某才开始大口大口地喘着粗气。说起这件事，薛某还打趣地说："我平时看车经常钻车底，钻进钻出，身手也比较敏捷了，这是举手之劳的事，不值一提，倒是这个阿姨，以后要把孩子看好了。"

技能提升

车底与站台间隙过大时的应急处理

（1）做好宣传。对已预知动车组车底与站台间隙过大时，列车人员应在到站前利用广播进行安全宣传，告之旅客注意安全。

（2）重点防范。列车长合理调剂岗位，指定乘务人员在相应的车门立岗，口头宣传旅客注意脚下安全，防止旅客摔伤和踏空，对上下车的重点旅客给予协助。

(3)联系车站。列车长及时与车站值班员联系,要求加强人员,共同做好旅客的乘降工作。

[相关案例]

图4-3是苏州铁路站最近引进的“神器”——高站台拾物器。它能轻易拾起各种遗落物,轻到一张车票,重到一个箱包;表面光滑如手机,棱角分明如螃蟹,杆子一伸,最多60s就能捡起来。原来遇到这样的情况,站台作业人员就使用站台拾物钳或者自制的简易工具帮助拾取,如在长木棍上绑些钩子,或者粘些胶布等,但是这些土办法不够“给力”。苏州站专门为下属8个客运站配备了高站台拾物器,每个高站台有1套。用高站台拾物器帮助旅客捡到了很多掉落到站台下面的小物件,如车票、身份证、手机、戒指、钥匙圈等,以皮夹子、手包、鞋子等物件较多见。

图4-3 苏州站拾捡小神器

4)因车门故障(夹人或者物)受伤

(1)了解情况。列车工作人员发现存在夹人或物等危及人身安全或行车安全时,应立即通过对讲机1频呼叫司机停车或暂不开车,必要时可按下紧急停车按钮。

(2)赶赴现场。列车长接工作人员报告后立即赶赴现场,同时通知随车机械师到场处理。

(3)迅速处置。配合随车机械师将车门打开,并将旅客或物品转移到安全地带。

(4)联控司机。关闭车门后,联控司机开门。

(5)善后处理。对被夹的旅客进行安抚,发生旅客人身伤害时按旅客意外伤规定的程序进行处理。

(6)信息上报。将列车晚点情况及处理结果上报客服(调度)台和段调度室。

5)上下电梯(或天桥、地道时)乘降过程中的受伤

天桥、地道发生旅客跌倒的主要原因:

(1)旅客在上下车时由于自身原因或者旅客拥挤时造成摔伤。

(2)部分旅客自身不小心造成摔伤。

(3)由于车站地板太滑造成旅客摔伤。

(4)由于车站电梯、天桥、地道等地方警示标志不齐或没有,旅客通过时造成摔伤。因此,做好预防工作尤为重要。

电梯运行不当导致的摔伤。火车站的电梯由于承载客流量大,使用频率高,难免经常产生故障,如突然停止、倒退,突然加速或减速,后果不堪设想。一旦在自动扶梯的运行中发生旅客失足摔倒等紧急情况或认为有必要使之停止时,应立即按下"紧急停止按钮",使自动扶梯停止运行,并且站台客运员应马上上前查看旅客受伤情况。引导旅客有序撤离,并立即用隔离带封闭电梯口。

[相关案例]

(一)

一旅客在进贵阳站时不慎从天桥梯步上摔下,头部撞上扶手受伤。

(二)

旅客王某准备乘坐停靠在某车站4站台8道的某次列车,该旅客与爱人各提1个编织袋,下4站台西头天桥时,被身后的旅客撞了一下,在天桥楼梯处摔伤左颧骨和左小腿。

(三)

青岛火车站二楼天桥上,一名中年男子赶车晚点,竟把桥下马上要发车的动车当成了他要乘坐的火车,情急之下,竟然从5m多高的天桥上纵身跳下。落在火车顶上的他躺在那里一动不动,担心其被车顶的电网电伤,铁路公安民警立刻赶到现场将其救下。所幸这名男子落到火车上后只是出现了短暂的晕迷,并无大碍(图4-4)。

图4-4 青岛火车站旅客坠桥事件

小贴士

特殊重点旅客乘降的预防工作

太原站专门为部分站台乘降电梯和出站电梯安装了语音提示系统,之后旅客电梯摔伤发生率与之前相比明显减少,效果十分显著。

2. 列车运行中发生旅客人身伤害

1)处理流程

列车运行中发生旅客人身伤害,总体的处理流程如下:

①赶赴现场。列车长接到工作人员的报告后,立即会同乘警赶赴现场,检查旅客伤害程度。

②现场救治。列车长首先要利用配备的急救药箱,安排红十字救护员进行初步救护。遇到旅客伤害较严重时,应立即通过广播寻找医务工作者帮助救治,并根据救治需要,提前协助医务工作者全程参与救治,直至医疗机构救护人员到场。

③调查取证。列车长会同乘警详细了解事情经过,判明旅客伤害属于铁路、自身、第三方等原因,分别进行取证,收集3份以上(受害人、同行人、见证人)的旅客旁证材料,如属第三方责任,需当事人双方书面证明。

④站车交接。列车长编制客运记录,将受伤旅客(及同行人)车票及随身携带物品一并交前方停车站或旅客到站处理(旅客不愿中途下车时,应在客运记录上注明并签字,如属第三方责任,将双方旅客交车站处理)。由于时间紧迫,来不及取证和编制客运记录的,必须在3日内向站方补交。旅客人身伤害系斗殴等治安或刑事案件所致的,列车长编制客运记录移交车站时,乘警也应与站警办理案件交接。

⑤信息上报。列车长及时将有关旅客人身伤害的基本情况上报段调度室和车间。

2)应急处理措施

列车上的一般人身伤害包括烫伤、挤伤、砸伤、摔伤、碰伤,应急处理措施如下。

(1)烫伤

烫伤是在列车上常发的一种人身伤害事故,多发于以下两种情况:

一是用电茶炉去打开水。在列车运行时,端着开水在人行道上行走,会因突然停车或被别人碰挤,烫伤自己或别人。二是将盛满开水的水杯或泡面放在小桌板上,起身时不注意或者在遇到紧急停车时,烫伤坐在旁边的旅客。现今列车上多发的是儿童旅客被烫伤(图4-5)。如果第一时间不采取有效措施,患者会疼痛难忍,而且伤口会有恶化的后果。

烫伤基本处理流程:

①赶赴现场。

乘务员马上报告列车长,列车长立即会同红十字救援员携带红十字药箱(有时候为同一人)和乘警赶赴现场,如果现场工作人员解决不了,立即广播寻医。检查旅客伤害程度,要镇静而有条理地工作,既要抢救受伤旅客,又要做好家属或周围旅客的思想工作。

图 4-5　列车员教育小朋友预防烫伤

②现场救治。

在列车上,最科学的烫伤急救方法是先用凉水反复冲洗进行降温处理,然后用列车备用烫伤药品(如紫草油)涂擦患处,可用消毒纱布覆盖。对烫伤较重者进行紧急治疗,马上联系前方停车站通知120,做好站车交接(在到站等待交接之前做一些简单的应急处理方式,如果断地用剪刀剪开受伤部位的衣物,以尽快使伤口降温)如图4-6所示。

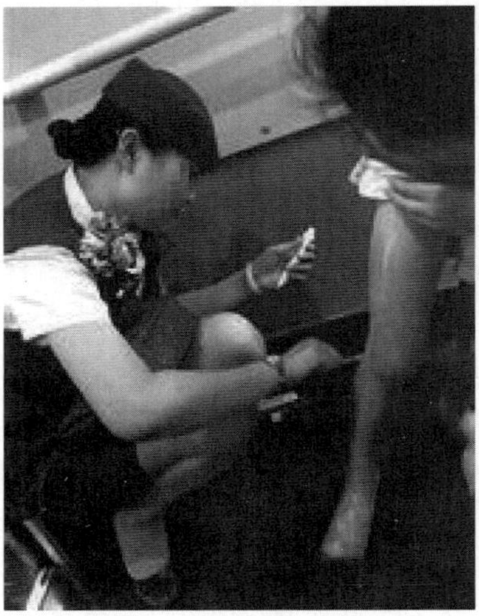

图 4-6　旅客烫伤现场救治照片

③调查取证。

列车长会同乘警详细了解事情经过,判明旅客伤害属于铁路、自身还是第三方的原因,分别进行取证,收集2份以上(3份:指受害人、同行人、见证人)的旅客旁证材料。如属于第三方责任,需当事人双方书面证明(如果发生多人受伤,则需要封锁现场)。

注意:取证难,当事人往往下车后就消失。因此,一定要及时留下当事人了解情况,并留下当事人的联系方式。

小技巧:可以一边处理伤口,一边询问当事人情况。

④站车交接。

列车长编制客运记录，将受伤旅客（及同行人）车票及随身携带品一并交前方停车站或旅客到站处理（旅客不愿中途下车时，应在客运记录上注明并签字，如属第三方责任，将双方旅客交车站处理），同行家属下车陪同。转送途中注意保暖。由于时间急迫来不及取证和编制客运记录的，必须在3日内向站方补齐。对旅客及随行人员的车票（含第三责任人）凭客运记录办理改签及退票手续。

车站将第三责任人送交公安派出所做询问记录，了解其家庭住址、身份证及相关情况，告知责任旅客规章制度，要求其承担旅客所有医疗及相关费用。车站对本站发生、发现或列车移交的受伤旅客送医院须先缴纳押金时，车站有义务先用站进款垫付，后续的医疗开支由责任人承担（如第三方所带钱不够时，应通知家属送钱，不能耽误旅客救治，最后车站应向第三方追回）。如果第三方确实因为家庭困难，无法支付医院等费用的，铁路方也要本着以人为本的原则，将有关情况向上级主管部门汇报，和客运段旅客伤害处理负责人联系，征得铁路局同意后车站可以先行垫付。紧急情况下也可以采取筹款解决的方式。

小提示：如果旅客执意不下车治疗，要求旅客在客运记录上签注，如"我自愿不在武汉站下车治疗，后果自负"。双方签字，按手印。发送客运电报时，也必须把事实交代清楚。

⑤信息上报。

列车长及时将有关旅客人身伤害的基本情况上报段安全生产指挥中心。

（2）挤伤

挤伤是列车上常发的一种人身伤害事故，多发于被列车车门，尤其是厕所门挤伤。关键是正确地判断挤伤的程度和做出及时有效的处理。

如果在列车上被挤伤了，不要自行强拉，以免在拉扯过程中造成不必要的伤害，应及时向工作人员寻求帮助。如果发现被挤处局部变紫黑（包括指甲）则是软组织皮下出血淤血的表现。首先需要注意局部的调理，先冷敷，再用碘酒、酒精消毒患处；然后再根据受伤部位，用消毒纱布或消毒三角巾包扎止血，防止污染。同时要及时记录包扎时间，并且安慰受伤旅客，消除患者恐惧情绪。如果夹得稍微重一些，活动起来有股刺痛，有肿胀，最好去医院拍片子，看是否骨折，如果没有骨折，看一下手指能不能伸直，如果不能伸直应该是肌腱断了，需要手术。挤伤造成骨折应由红十字救护员或者专业医生进行急救，原则是：第一抢救生命；第二妥善处理伤口，第三给予简单而有效的固定；第四迅速转运伤员，以进行确定性治疗。若手指、脚趾被挤断，在紧急救治、止血包扎的同时，应将断下来的手指、脚趾用干净布包好（如用冰瓶、冰块降温最好），连同伤者速送医院救治与进行断指（趾）再植手术，千万不要丢弃血肉模糊的指、趾断体，更不要将断体用水洗和用任何消毒药液浸泡。

挤伤应急处置流程：

①红十字救护员立即赶到现场，表明身份，检查旅客手指挤伤情况，根据伤情分别进行处理，如有骨折，立即广播找医生。列车长通知前方车站准备移交受伤旅客。

②一般挤压伤进行如下处理：a. 用碘酒、酒精消毒患处；b. 根据受伤部位，用消毒纱布或消毒三角巾包扎止血，防止感染；c. 记录包扎时间。d. 安慰受伤旅客，消除患者恐惧情绪。

③如挤伤造成骨折应进行急救，原则是：第一抢救生命；第二妥善处理伤口；第三给予简单而有效的固定；第四是迅速转运伤员，以进行确定性治疗。

④收集两份以上旁证材料。

⑤编制客运记录，根据伤情交前方停车站或旅客到站处理。

⑥拍发事故速报。

[相关案例]

××年××月××日，上海虹桥开至郑州东的某次高铁于深夜11点半到站后，有个小孩喊乘务人员说，他母亲的手夹到座椅里面出不来了。乘务员立即向列车长汇报，列车长和机械师立即赶到乘客座位进行处理。原来，小孩拿着一个胸针玩耍，不小心掉进了座椅下面的夹缝中。他们将座椅上的坐垫掀开，伸手去摸里面的胸针。这个夹缝只有3cm左右宽，结果手被夹到里面出不来了。机械师立即用随身携带的工具撬开一个夹板，但是女旅客说太痛。机械师准备回去拿专业工具，却被这位旅客阻止，然后她拨打了119求助。28min后，消防官兵来到，试图用电锯破开夹板，但很可能会划伤女乘客的手臂，遂放弃了这个方案。为保证能够顺利一次性解救，消防官兵在该旅客的要求下，拆卸旁边的座椅进行模拟。两个座椅按照此方法拆开后，该旅客被夹住的手终于被解救出来。

(3)砸伤

砸伤多发生在旅客取拿行李时没抓牢和列车晃动时由于行李没放稳掉下来砸伤旅客。一般砸伤会造成旅客情绪比较激动，而且后续赔偿问题容易造成纠纷：到底是旅客行李没放好（旅客责任），还是行李架有问题（铁路企业责任），抑或是意外事件（象征性补偿）。

砸伤处置流程：

①红十字救护员立即赶到现场，表明身份，检查旅客受伤情况；广播找医生，同时向周围旅客说明情况，取得他们的配合。

②将患者平卧，消除其紧张情绪，依次从头部至四肢检查身体受伤部位，判断是否有出血、骨折等情况，如患者表情痛苦，大汗淋漓，活动受限，说明伤情比较严重，需对伤者进行紧急治疗：a.如有医生在现场，红十字救护员要配合其进行抢救治疗；b.如列车上无医生：首先测量呼吸、脉搏、血压，保持呼吸道通畅；然后止血包扎；最后做好记录及移交前的准备工作。

③收集旁证材料两份及当事人双方证明。

④编制记录，将双方交车站处理。

⑤拍发事故速报。

小提示：应判明旅客伤害属铁路、自身、第三方等原因，分别进行取证，然后定责。

小贴士

行李摆放的基本原则

大不压小、重不压轻、方不压圆，较重的物品、锐器、铁器、玻璃制品、杆状物品等放座位下面，行李架上的物品要抵紧压实，在保证安全的前提下，尽量不超出行李架的边缘。

[相关案例]

3岁的小杰（化名）随父母乘坐火车，列车驶入韶关站时，小杰的母亲怀抱着他准备下车。邻座的梁某（化名）拿取置放于列车货架上的行李时，行李突然掉落，砸中小杰头部右侧,导致他的头部受伤。男孩前往医院检查治疗,落物者却拒绝进行赔偿(图4-7)。

图4-7　行李砸伤小孩头部,家长勃然大怒

案例启示:

首先,要明确调整行李架的重要性和必要性。列车在运行中,车厢晃动,特别是在紧急停车、过岔道时,如果行李架上的行李摆放不稳,极易坠落伤人,这是有血的教训的。客流高峰期,旅客常因抢占行李架而引发口角和打斗。所以,作为一名列车员,不能有畏难情绪,必须全力以赴地做好这项工作。调整行李架是一项很具有挑战性的工作,而且它也不是一劳永逸的,沿途需要随时补调。

其次,要讲究方式方法。列车员在车门口立岗验票时,要提前做好宣传,动员旅客上车后要相互礼让,有秩序地摆放稳妥自己携带的行李物品,发现有较重的大件物品、铁器、玻璃制品等,提醒旅客放在座位下面。负责调整行李架的值乘列车员一定要深入车厢,亲自动手,在旅客刚开始上车时就要进行调整,如果等旅客自己全部把行李都放好了再调,不仅会很累,而且很难再调整规范了。如果旅客之间因为抢占行李架而发生矛盾,列车员要及时发现和调解,防止事态扩大,必要时可以调换座位。在调整过程中,有些旅客不理解、不配合,有些旅客不允许列车员动自己的行李,遇到这些情况时,列车员要注意语言技巧,避免以命令式的口吻和旅客说话,应好言相劝,晓以利害。通过自己的优质服务取得旅客的配合和理解,必要时可由列车长和乘警出面协调。

(4)摔伤

[相关案例]

某年7月25日,李某在其子女的陪同下乘坐由杭州开往齐齐哈尔的1342次旅客列车。列车接近南京站时,李某在从上铺下来的过程中摔倒,致左腿股骨粉碎性骨折。列车到站后,李某被送往医院接受内固定钢板术治疗,8月17日出院。

8月18日,李某与上海铁路局南京站签订了协议书,南京火车站垫付其住院期间的各项费用约3.4万元。回到齐齐哈尔市后,李某又多次到医院诊疗,其骨折一直没有愈合,卧床休养,且需要护理,后经鉴定机构鉴定为七级伤残。后来,李某以哈尔滨铁路局齐齐哈尔客运段为被告,诉至齐齐哈尔铁路运输法院,请求判令被告给付医药费、护工费、误工工资、伤残补偿金、后期护工费等合计24万多元,并承担诉讼费用。

齐齐哈尔铁路运输法院经审理认为,本案中哈尔滨铁路局齐齐哈尔客运段未能提供证据证明李某的人身伤害事故系其自身原因、故意或重大过失所造成的,因此齐齐哈尔客运段应承担全部赔偿责任。判决被告齐齐哈尔客运段支付原告李某人身损害赔偿款13万余元。判后,齐齐哈尔客运段提起上诉,法院驳回上诉,维持原判。

摔伤预防措施:

(1)旅客上下列车一定要看好走稳,防止踏空摔倒。

(2)儿童上下列车或在车内行走,一定要有同行成人陪伴保护。

(3)使用上中卧铺的旅客在上下卧铺时,要使用梯子或踏板,不要直接蹦跳上下卧铺。

(4)儿童使用或上下卧铺时,同行成人一定要陪伴保护,防止摔伤、扭伤。

3. 车站发生旅客人身伤害

车站内旅客人身伤害事故分为旅客乘降意外伤害、一般事故伤害和扒车坠车意外伤害事故三种类型。

(1)处理流程

①客运人员在巡视过程中发现旅客发生意外伤害,立即通知值班员。值班员到达现场进行处理,通知客运广播室(综控室)拨打急救电话,并询问旅客伤情以及事件经过。

②认真记录旅客及同行人员的车票号码、车次、姓名、性别、年龄、身份证号码、联系电话;无同行人时,要妥善保管旅客的车票和财物。

③收集不少于2份的旁证材料,并维护现场秩序,疏散围观人群。

④协助医生做好旅客救治工作。

⑤编制客运记录,并与医生办理交接事宜。

⑥收集相关监控影像资料,并整理意外伤害速报,向安全科报告。

(2)车站处理办法

①红十字救护员立即赶到现场,拨打急救电话,告诉车站所在位置及伤员情况,留下电话号码,尽快将受伤旅客送至定点医院救治,家属下车陪同。

②根据旁证材料证明旅客伤害是自身原因造成的,应由旅客承担责任,车站应及时安排人员护送其到医院治疗。

③如果第三方确实因为家庭困难,无法支付医院等费用的,车站将有关情况先向上级主管部门及相关单位联系征得同意后先行垫付。

④旅客康复要求车站处理时,按照旅客意外伤害程序处理。

注意:列车应判明旅客伤害属于铁路、自身、第三方等原因中的哪种,分别进行取证,然后定责。

[**知识链接**]

防止冬季车站摔伤

在车站候车室、站台、地道等处要防止积水,尤其冬季要防止结冰,以免旅客行走时滑倒摔伤;站台无防雨棚处,降雪后要及时清扫,以免旅客踩实结冰,造成滑倒摔伤。冬季遇有雨雪天气时,列车要及时清除门口及梯子上的积雪,以免人多踩实结冰,造成旅客滑倒摔伤。

(3)列车上移交意外伤害

①接到列车通知后,客运广播室(综控室)拨打急救电话。

②列车到达后,值班员与列车办理交接,按规定收集相关材料。

③协助医生做好旅客救治工作,并与医生办理交接事宜。

④整理意外伤害速报，向安全科报告。

任务工作单

学习情境四:旅客常见突发事件处置	班级			
学习项目一 旅客人身伤害事故的应急处理	姓名		学号	
	日期		评分	

一、遇到临时停车时有乘客强制要求开门下车怎么处理？

二、实战演练

【情景描述】

1. ××年××月××日，大同客运段值乘的大同开往德州的某次列车由张家口南站开出后，一名女旅客突发急病休克。列车广播找医生救治后未见好转，移交宣化站送医院抢救。该旅客身份不明，其上衣口袋装有260元现金及大同至北京东A000010号硬座客车票，携带约2周岁男孩1名，提包1个，请你作为列车长编制客运记录交车站。

2. ××年××月××日，涉县开往天津的某次列车，在邢台开车验票，发现旅客贾某，男36岁，××煤矿工人，无钱，要回磁山，列车员王某让该无票旅客于康城下车，并未与车站办理交接，列车开车后，该旅客扒在列车尾前二、三位车厢连接处，车站值班员发现后，通知司机紧急停车，该旅客因抓车不牢，掉到站台下摔伤。现场该怎么处理？事故原因是什么？事故教训有哪些？

3. ××年××月××日，广铁集团衡阳站在组织衡阳—广州的某次旅客列车放行时，因几个候车地点同时放行，造成旅客汇集到跨线天桥下阶梯处，1名旅客拾捡背包时被绊倒，致使后面旅客连续跌倒，请模拟现场场景进行处理。

【任务实施】 要求分小组抽签形式三选一模拟该场景，进行角色扮演实战演练，根据人身伤害事故处理的主要流程和实际情况灵活处理。如需时间、车次等信息，可自行假设。

【考核方式】 教师点评、小组互评、自我总结(见下表)

演练评分标准参考表

序号	评分项目	满分	得分
1	事件演练的完整性	20	
2	场景设计的代表性	30	
3	演练人员的现场反应与处理能力	30	
4	事后总结	20	
总分			

学习项目二　旅客突发疾病的应急处理

项目说明

本项目主要学习铁路客运工作人员对旅客突发疾病的应急处理的方法和流程，以及现场应急处理流程和技巧、站车交接、事故善后处理以及事故原因和经验教训。

适用岗位

铁路列车员、列车值班员、列车长、车站客运员等岗位。

教学目标

1. 能力目标

能够按铁路站段文件要求处理旅客突发疾病，同时需要学会灵活变通，以保障旅客人身安全为首要任务。

2. 知识目标

掌握车站和列车上旅客人身伤害需要救治的处理要求和程序，能够正确及时地办理站车交接手续。

3. 素质目标

牢固树立“人民铁路为人民”的服务意识，坚持“以人为本”的服务理念，具备站、车遇非正常情况下的处置能力。

案例导学

旅客高铁上突发心脏病　车站民警紧急救助

【案例分析】××年××月××日15点左右，某次列车正点到达昌乐站1号站台，车门刚一打开，列车长就跑出车门找到潍西所昌乐站执勤民警王某和车站工作人员，称车上有一位男士心脏病复发，需要下车治疗。王某立即与列车长来到车厢，小心翼翼地将旅客扶下车，一边让其躺在站台座椅上，一边拨打了120急救电话，并向旅客随同人员询问具体情况。原来该名柳姓旅客持有终到上海虹桥站的车票，在列车运行至昌乐站前，突然感觉呼吸困难，浑身没有力气，并且心动过速。因为一向心脏不好，根据症状判断是心脏病复发，所以当机立断在昌乐站下车去医院进行治疗。10min后，120救护车赶到昌乐站落客平台，四名医护人员通过绿色通道迅速赶到，经过现场诊断，医生发现病人目前状况虽不严重，但心脏跳动频率过快，如果不赶紧治疗，有可能对心脏造成不可逆转的伤害。随后，在王景庆等人的帮助下，一行人快速将病人抬到救护车上，送往医院。由于送往医院及时，该名旅客暂时脱离了生命危险(图4-8)。

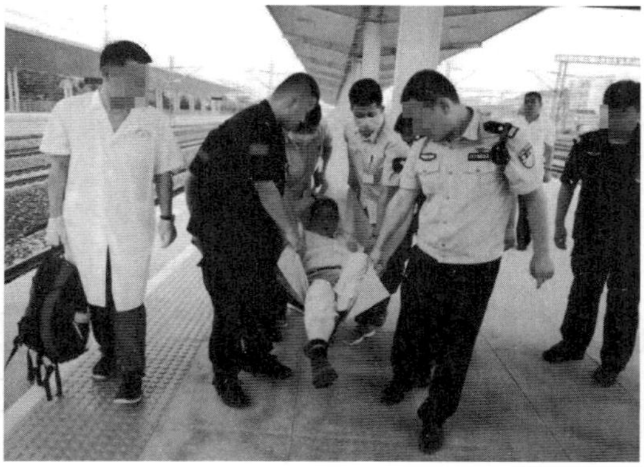
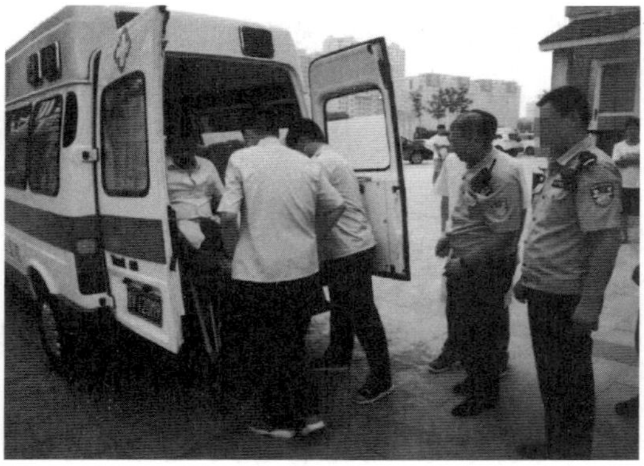

图 4-8　现场救助

相关知识

课前回顾

1. 常见的旅客突发疾病有哪些?
2. 对于铁路职工常见职业病应如何预防?

一、旅客急病应急处置原则

树立“以人为本、关爱生命”的思想,切实履行铁路运输企业对突发疾病旅客实施救助的义务,保障旅客在旅行途中的健康和安全。

二、处置流程

(1)人员救治。列车长一方面要通知红十字救护员利用配备的急救药箱进行初步救护,另一方面要通过广播找医生救助。如旅客身体不适是由于动车速度快等原因造成的,列车员应及时帮助旅客调整座席,让旅客保持一种舒适的乘车姿势,运行中经常看望旅客,提供相应的服务,并及时将旅客情况向列车长汇报。如旅客不适状况不能改善或加重,应征求旅客或同行人意见,确定是否下车治疗。

(2)调查取证。列车长指派工作人员取得 3 名以上旅客及参加抢救医务人员的证明材料,确保真实有效。

(3)交站准备。对病情严重的旅客,列车长应做好移交准备,有必要时通过电话联系最近前方站 120 急救。若旅客病情紧急,列车又运行在长大区间,要立即通过客调联系具备医疗条件的最近前方站要点停车。

(4)站车交接。列车长编制客运记录(一式两份),连同旅客(及同行人)车票及随身携带物品一并交前方停车站或旅客到站处理(旅客不愿中途下车时,应在客运记录上注明并签字)。为保证动车组尽快恢复正点运行,列车也可暂不移交相关材料,3 日内再向受理车站补交。

(5)及时汇报。及时将有关旅客突发疾病的基本情况和处置过程上报车间和段调度室。

小贴士

常见疾病急救注意事项

(1)尽快寻求医疗资源,迅速急救。

(2)尽量不移动伤患,尽速评估伤患。

(3)伤患置正常姿势,减轻伤患的焦虑。

(4)随时观察伤患的生命体征。

(5)遣散闲杂人等,保持环境安静。

三、承运人履行救助义务的注意事项

承运人在履行救助义务时应注意,只针对以下情况:

(1)承运人对旅客的救助义务不是无限的。法律上只规定针对急病、分娩、遇险三种情况履行救助义务。急病是指突发疾病,如不立即抢救、治疗便会严重损害其健康,甚至危及其生命。如果只是一般病症,没有危险,承运人不负有救助义务。旅客发生人身伤害及遇险时,不论危险的来源如何,也不论承运方对此是否负有责任,承运人都有积极救助的义务,不得以不属于自己的责任为由不予救助。

(2)承运人履行救助义务时应尽全力,如果只是有救助的姿态和一般救助行为,不能认定承运人履行了法定的救助义务。

[相关案例]

××年××月××日,一名 55 岁的老年旅客独自长途旅行,在怀化车站中转,乘坐 1474 次列车,目的地澧县车站。上车时,老人步履艰难,由车站工作人员搀扶上车。开车后,老人昏迷,列车工作人员没有采取抢救措施。到达澧县车站后,列车工作人员将昏迷不醒的老人抬下火车,并编写客运记录交澧县车站,车站将老人送往医院抢救,经医院诊断,老人因颅内血肿抢救无效死亡。

老人的儿子向怀化铁路运输法院提起民事诉讼,要求铁路支付死亡赔偿金等共计人民币 65585 元。法院经过审理,认为老人死亡的直接原因是自身的疾病,但是,列车在老人出现危险情况后没有采取任何抢救措施,列车从怀化车站到澧县车站中间途经停车站 6 个,如果列车工作人员采取积极的抢救措施,在前几站就编写客运记录交由当地医院进行及时治疗,老人也许不会死亡。从这一事实来看,列车没有履行《合同法》中规定的救助义务,是一种不作为的侵权行为,应当承担因此引发的损害赔偿责任。在法院的主持下,死者家属与铁路进行了庭外调解处理,达成了调解协议,由铁路赔付和补偿原告 25000 元。

四、列车运行中遇旅客因伤病必须临时停车抢救时的处置措施

动车组司机接到列车长请求后，立即向列车调度员或车站值班员报告，报告内容包括是否需要前方车站120到站抢救。列车调度员要及时安排列车在前方有医疗条件的车站临时停车，列车调度员或车站值班员根据司机请求通知120到站实施抢救，流程为：接到请求→立即报告→实施抢救。

五、列车运行中遇到紧急分娩的应急处置

紧急分娩是指在毫无准备的环境条件下，如旅途或其他公共场所，产妇突然分娩。

1. 分娩基本知识

(1)预产期计算

①足月产：指在妊娠37~42周内分娩，平均为40周(280天)，超过或提前2周都属正常。

②早产：指在妊娠28~37周(<37周)内分娩，婴儿体重为1000~2500g。

③过期产：指在妊娠超过42周分娩。

(2)临产检查

临产检查采用腹部四步触诊法。

第一步手法：检查者面对孕妇头部，双手测子宫底部高度，分辨该处是胎头还是胎臀。胎头圆而硬并有浮球感；胎臀则较软，形态宽阔而不规则。

第二步手法：主要辨别胎背及四肢位置，检查者两手各放于一侧并向下按压，两手交替进行，触到平坦而硬的是胎背，高低不平而呈结节状的则是胎儿四肢。如四肢有活动，则更为明确。

第三步手法：主要检查胎先露部分。检查者将右手的大拇指与其他四指分开，放在孕妇耻骨联合上方，握住先露部向左右轻推，以明确是胎头还是胎臀，以及是否入盆，若已入盆则先露部固定而不能推动。

第四步手法：检查者面对孕妇足端，两手放在先露部两侧往下深压，进一步检查先露部是否正确以及是否入盆。

(3)分娩经过

①临产现象。

临产即产程的开始，此时主要出现规律的宫缩，开始时每间隔10min一次，持续15~30s。随着产程进展，持续时间渐渐延长，间歇时间渐渐缩短，宫缩强度不断增加，宫颈口随之扩大。

②总产程。

分娩的全过程是从规则的宫缩开始，到胎儿、胎盘娩出为止的全部时间，简称为总产程，根据分娩过程的不同特点可分为三个产程。

a. 第一产程(宫颈扩张期)：从有规律的宫缩到子宫颈口开全。初产妇平均12~16h，经产妇平均6~8h。

b. 第二产程(胎儿娩出期)：从宫口开全到胎儿娩出。初产妇平均1~2h，经产妇约在1h内或只有数分钟。经产妇的第一、第二产程常不易划分，有时仅有2~3阵宫缩即能完成胎

儿的娩出。

c. 第三产程(胎盘娩出期):从胎儿娩出后至胎盘娩出,需5~15min,一般不超过0.5h。

2. 各产程的处置

(1)第一产程

观察并记录宫缩,观察羊水,指导并安慰产妇,鼓励排尿,清洗外阴并消毒。做好接生准备工作。接生者打开产包,铺好无菌巾,准备接生。

(2)第二产程

①此期子宫收缩每次持续1min以上,胎头已降至阴道口,当产妇屏气时,胎头露出阴道口,宫缩间歇时又缩回,称为“拨露”。几次拨露后,胎头不再回缩,称为胎头“着冠”。

②接生者站在产妇右侧,当胎头拨露时,开始保护会阴。用消毒巾盖住肛门,右肘支撑在产床上,宫缩时右手拇指与其他指分开,用手掌上托会阴,间歇时放松,以免压迫过久引起会阴水肿。在右手向上托住会阴的同时,用左手轻压胎头,帮助胎头俯曲及缓慢下降,使胎头最小径线通过产道出口,尽量减少会阴损伤。

③当胎头的枕部已娩出时,即以胎头枕部为支点,然后左手协助胎头进行仰伸动作。胎头娩出后,立即清除胎儿口鼻部分泌物,再助其外旋转。此时,胎儿的双肩与出口前后径一致,用左手将胎儿颈向下牵引助前肩娩出,再扶颈部向上助其后肩娩出,双肩娩出后,右手才能移开,此后胎儿躯体、下肢也相继娩出。将新生儿头略低侧卧,左手挤抹胎儿口鼻,清除黏液和羊水,避免吸入。如已有啼哭及呼吸,待脐带停止搏动后距脐根10~15cm处夹两把血管钳于两钳间剪断脐带。

④脐带处理:用无菌纱布揩净脐根,在距脐轮0.5cm处用线结扎一道,于结扎线上方1cm处再扎一道,在离第二道结扎处约0.5cm处剪断脐带并观察有无出血,断处用碘伏消毒后,用纱布覆盖及腹带包扎。还可用脐带夹、气门芯代替粗线结扎。注意新生儿保暖。

(3)第三产程

①判断胎盘剥离的征象有:子宫底上升;宫体收缩似球形;阴道少量流血,脐带自行下降延伸;接生者用手上推子宫下段时脐带不向阴道回缩。一般胎儿娩出10min后胎盘应娩出。第三产程失血量50~200mL。

②胎盘剥离:当胎盘自阴道口娩出时,接生者应双手捧住向一个方向旋转,同时依靠胎盘本身重量向下、向外牵引,使胎膜完整地娩出。

③检查胎盘及胎膜:将胎盘及胎膜平铺在产床上观察是否完整,有无异常。检查会阴及阴道有无裂伤。如有裂伤应尽快缝合,减少出血,或送医院进一步处理。

3. 注意事项

(1)旅客列车等公共场所,都应选隐蔽而干净的避风处,保护产妇的隐私。

(2)用干净的衣、被或塑料布、雨衣、油布等盖在产妇身上遮蔽,同时铺在产妇身下隔挡地上的脏物等。

(3)急寻医护人员或请有经验的人来接生,凡接生用品都应是无菌的,如扎脐带用的线绳、剪刀等都尽量用酒精(或高度白酒浸泡)消毒或煮沸20min后再使用。

(4)胎儿产出后用衣物保暖,产妇外阴用干净布或手巾覆盖保护。无消毒的剪刀时,可用刀片代替，但必须用酒精消毒或用火烧消毒。待胎盘娩出后，有条件时送医院进一步处理。

(5)及时将产妇及新生儿送往医院，暂无条件时，要让产妇平卧1～2h，观察产后一般情况。

列车运行中遇到分娩的应急处置流程如下：

(1)立即救治。列车上发现孕妇临产时，列车长要立即组织救治，列车广播寻找医生，对产妇进行救治。列车无医生时，由列车上具备红十字救护员资质的乘务人员负责救治。

(2)请求停车。列车长通过司机与当地局客调联系前方车站，请求在县级以上有医疗条件的车站停车。

(3)收集旁证。收集所在车厢三名以上旅客或同行人及参加救治医务人员的旅客证明，确保真实有效。

(4)办理交接。列车长要提前编制好客运记录，到站与车站办理交接，会同列车乘警将旅客、车票及随身携带物品一并移交。特殊原因需后补证明材料时，由列车担当单位于3日内补送给处理站。

六、旅客在列车上意外死亡的应急处置措施

(1)调查取证。旅客在列车上死亡时，列车应会同乘警勘查现场，收集旁证物证，调查旅客受伤、死亡原因，采集见证人证词不少于两份，根据有效证件确定伤亡者姓名、单位、住址。对参加抢救的医生的姓名、单位、联系方式进行登记。列车工作人员使用巡视记录仪全程录制。

(2)站车交接。列车长电话提前联系前方停车站说明情况，下交站应按规定程序报告所在地卫生防疫部门，由卫生防疫部门对列车进行消毒等卫生防疫处理。列车长编制客运记录，将死亡旅客，连同车票、携带品一并交车站处理，列车乘务人员不下车参与处理。为保证动车组尽快恢复运行，列车也可暂时不移交相关材料，三日内再向受理车站补交。如果旅客人身伤亡系斗殴等治安或刑事案件所致，列车长编制客运记录移交车站时，乘警也应与站警办理案件交接。

(3)信息上报。列车长要及时将有关情况报告车间、段调度室及客运调度员。

七、车站突发疾病处理办法

(1)红十字救护员立即赶到现场，拨打120急救电话，告诉车站所在位置及患病旅客的情况，留下电话号码。车站在接到列车移交的急病旅客及相关材料后，凭加盖车站或客运公章的客运记录原则上送签订协议的医院抢救，危重病人送就近医院救治。

(2)车站需留存患病旅客身份证及车票复印件，并认真登记好旅客联系方式，根据旅客需求做好车票的改签或退票手续。

(3)车站妥善保管旅客财物及相关证明材料。

(4)及时向铁路局客运主管部门上报事故速报。

(5)查实旅客身份，通知家属。在旅客家属到来之前，车站应联系医院救治，待旅客家属到来后直接移交给家属。

[相关案例]

武汉站快速反应　突发心梗旅客转危为安

××年××月××日13时24分,G81次列车从武汉站13站台开出,车站工作人员吕某、黄某在组织旅客出站时,在A区楼梯口附近发现一名中年男子蹲在地上,询问后得知他持北京西到贵阳北的车票,却在武汉站下了车。在询问时,男子蹲在地上久久不能起身,表情很痛苦,身上直冒虚汗,工作人员最初以为是因为天气太热中暑导致。旅客说自己全身无力,胸口隐隐作痛,想吐,呼吸不顺畅。由于日常接受过突发急病急治的相关培训,吕某询问完后,立刻意识男子情况不像中暑。13时25分,吕某拨打了120急救中心电话,并通知客运领班徐某到达现场,同时通知综控室广播寻医。徐某到达后得知,该男子姓刘,原本乘坐G81次列车从北京去贵阳出差,在车上感觉到不舒服,当列车停靠武汉站时,就自行下车蹲在了站台边。随后工作人员用轮椅把刘某送到候车室,等待救护车的到来。其间,工作人员还及时联系刘某家属,并帮其办理退票。15min后,救护车到达东进口,武汉站立即开启绿色通道,安排工作人员陪同旅客前往就近的医院救治。

14时20分左右,120救护车到达医院,医生立即对刘某进行全身检查,确诊为突发心梗,建议立即进行心脏搭桥手术,经家属同意后紧急进行了手术。手术后,刘某转入了重症监护室。主治医生表示,幸亏车站送治及时,否则很难抢救。

八、站车交接主要事项

列车向车站移交受伤旅客时,车站不得拒绝接收。办理移交手续时,列车长应当编制客运记录和旅客携带品清单一式两份,一份由列车长存查,一份连同车票、证明材料、相关证人或其联系方式等一并移交。客运记录应载明日期、车次、旅客姓名、性别、年龄、国籍、民族、职业、单位、有效身份证件号码、联系方式、住址,车票种类、号码、发站、到站、车厢席位,受伤地点、受伤原因、受伤部位,处理简况,以及证据材料清单等内容。因时间来不及记明前述内容时,可在客运记录中简要记明日期、车次、下交原因,并必须在3日内向处理单位补交有关材料。特殊情况来不及编制客运记录的,列车长或其指定的专人应随同伤害旅客下车办理交接。涉及第三人时,应将第三人同时交站处理。对已经控制的违法犯罪嫌疑人,应当及时移交车站铁路公安派出所。

九、发现精神异常旅客的应急处置措施

1. 有同行人时的应急处置措施

(1)通知车长、列车工作人员发现疑似精神异常的旅客,应立即通知列车长。列车长会同乘警赶赴现场,向同行人了解情况。

(2)做好防护。提醒同行人做好监护并予以协助,提醒周边旅客协助防护。精神异常的旅客不准单独行动,离座时必须有同行人护送。

(3)妥善处理。如精神异常的旅客行为严重危及其他旅客人身安全或有跳车、自残等倾向,列车长要配合乘警采取强制束缚措施,将旅客以及同行人交最近前方停车站处理,不必等到旅客到其下车站。不配备乘警时,打电话通知前方停车站派巡警或站警前来处理。

2. 无同行人时的应急处置措施

(1)通知车长。列车工作人员发现疑似精神异常的旅客时,应立即通知列车长。列车长应会同乘警赶至现场,了解情况。

(2)专人负责。精神异常旅客如有车票,列车长应指定安全的地点专人看护,乘警协助处理至旅客票面到站或换乘站。如精神异常旅客无票,列车长除派专人看护外,还应编制客运记录,移交最前方停车站。

(3)妥善处理。如精神异常旅客行为严重危及其他旅客人身安全或有跳车、自残等倾向,列车长要配合乘警采取强制措施,编制客运记录将旅客交最近前方停车站处理,不必等到旅客到其下车站。不配备乘警时,列车安全员向武警公安处指挥中心汇报情况,列车长通知前方站派巡警或站警前来处理。

(4)及时上报。列车长要及时将有关情况报告客运(客服)调度员、段调度室和车间。

十、旅行性精神障碍

旅行性精神障碍又称旅途精神病,特指发生在旅行途中的短暂精神性障碍。旅行性精神障碍的发病以长途火车旅行最多,其次也可见于远途航海、跨洲航空飞行以及长途汽车旅行中。旅行性精神障碍,可导致恶性人身伤亡事故,必须予以重视。

1. 病因及诱因

(1)旅行性精神障碍患者多数为初次乘车旅行,文化程度低,以农民及打工者居多,年龄分布以青壮年为主,乘车时间长,连续不眠时间长。

(2)由于列车超员严重,患者所处车厢内二氧化碳浓度高,大部分患者在硬座车厢无座位,他们或站立或困于一隅,身体活动受限,势必极度疲劳。

(3)患者长时间持续未饮食或饮食量很少,在这种状况下,患者身体内环境失代偿,出现生理指标的异常(如白细胞计数、血糖、血电解质、红细胞比容等)。

(4)患者具有内向或偏执的性格,表现为沉默、孤僻、悲观,对他人有敌意等,具有一定的易感心理素质。

(5)患者往往在上车前就具有前途未卜、焦虑不安的心境,大多是首次出门,随身携带来之不易的创业本钱,处于陌生的车厢内,缺乏人际交流。

2. 临床表现

旅途精神障碍的临床表现完全符合短暂精神病性障碍的特点,其表现形式基本为四类症状群:

第一类为地点定向障碍、伤人、人物定向障碍、自我定向障碍、时间定向障碍、无法有效交谈、焦虑等。

第二类是眼神迷茫、无目的行为、其他妄想、幻觉、毁物等。

第三类是被害妄想、恐怖、跳车、幻听、胡言乱语、错觉、遗忘、痴笑、理解困难、言语零乱等。

第四类是关系妄想、哭泣、幻视、幻味、忧郁。

从临床分型可归纳为两类:一类以意识障碍为主,另一类以思维障碍及行为障碍等为主。

3. 救护原则和方法

(1)对主动向乘务员反映有头晕、紧张、不安等表现的旅客，除耐心安抚外，应改善患者所处旅行环境或条件，使其充分休息，同时可给予地西泮(安定)5mg 口服，并注意观察，由专人监护。

(2)当患者意识障碍较轻，无冲动或兴奋紊乱时，可给氟哌啶醇 4mg 口服，或氯品丙嗪 50mg 口服，4 ~ 6h 一次，同时加强监护。

(3)当患者出现恐怖性幻觉、错觉，或有被害妄想时，须注射地西泮剂。肌肉注射地西泮 5 ~ 10mg，年老体弱者每次 5mg，4 ~ 6h 一次。病情不见好转，可肌肉注射氟哌啶醇，每次 5 ~ 10mg，合并东莨菪碱 0.3mg，4 ~ 6h 一次，症状缓解后改用口服片剂，每次 6mg，4 ~ 6h 一次。

(4)由于这类病人的惊恐反应，易出现自杀、自残和伤人行为，为此必须进行隔离保护，必要时用保护带约束病人，但要注意捆扎部位不可太紧，以防肢体由于血供不足而受损。约束期间应经常观察病人生命体征，并定时给病人喂食。

(5)对重症病人，必要时应中止旅行。

任务工作单

<table>
<tr><td>学习情境四　旅客常见突发事件处置</td><td>班级</td><td colspan="3"></td></tr>
<tr><td rowspan="2">学习项目二　旅客突发疾病的应急处理</td><td>姓名</td><td></td><td>学号</td><td></td></tr>
<tr><td>日期</td><td></td><td>评分</td><td></td></tr>
</table>

实战演练

【情境描述】

1. ××年××月××日，大同客运段值乘的大同开往德州的某次列车由张家口南站开出后，一名女旅客突发急病休克，请模拟现场场景进行演练。

2. ××年××月××日凌晨，××站开往××站的××次列车运行至××站区间时，在××号和××号硬座车厢接连处，一男子突然劫持一名邻座旅客，用一个打碎的啤酒瓶逼住一名身着蓝色上衣的男子，大喊：“赶快停车，我要下车回家，不然我就把他杀了。”经过一个小时的谈判，该男子的情绪逐渐趋于平静，趁该名男子不备，列车长和乘警将其制服，一名乘警的胳膊被该名男子划伤。经了解，该男子有突发精神病史。请模拟列车工作人员对该场景进行处理。

【任务实施】 要求分小组以抽签形式二选一，模拟该场景进行角色扮演实战演练，根据旅客突发疾病应急处理的主要流程和实际情况灵活处理。

【考核方式】 教师点评、小组互评、自我总结(见下表)

演练评分标准参考表

<table>
<tr><th>序号</th><th>评 分 项 目</th><th>满　分</th><th>得　分</th></tr>
<tr><td>1</td><td>事件演练的完整性</td><td>20</td><td></td></tr>
<tr><td>2</td><td>场景设计的代表性</td><td>30</td><td></td></tr>
<tr><td>3</td><td>演练人员的现场反应与处理能力</td><td>30</td><td></td></tr>
<tr><td>4</td><td>事后总结</td><td>20</td><td></td></tr>
<tr><td colspan="3">总分</td><td></td></tr>
</table>

学习项目三 铁路责任事故类型

项目说明

本项目主要学习铁路客运工作人员对责任事故的应急处理方法和流程，以及现场应急处理流程和技巧、站车交接、事故善后处理以及事故原因和经验教训。

适用岗位

铁路列车员、列车值班员、列车长、车站客运员等岗位。

教学目标

1. 知识目标

掌握责任事故处置的方法和技巧。

2. 能力目标

能够在事故现场正确判断责任事故，掌握责任事故处置的办法，以及事故善后处理。

3. 素质目标

培养学生面对责任事故时能冷静思考，有果断正确处理的决心，以及团队合作意识。

案例导学

7·23温甬线动车组事故

【案例分析】2011年7月23日20时30分5秒，甬温线浙江省温州市境内，北京南—福州的D30×次列车与杭州—福州南的D311×次列车发生动车组列车追尾事故，造成40人死亡，172人受伤，中断行车32小时35分，直接经济损失19371.65万元，事故判定为特别重大事故。据调查，7·23温甬线动车组事故是一起列控中心设备存在严重设计缺陷、上道使用审查把关不严、雷击导致设备故障后应急处置不力等因素造成的责任事故。

相关知识

课前回顾

1. 责任事故的分类。
2. 铁路责任事故安全作业涉及哪些方面？

责任事故是由于铁路企业管理不善、设备设施失管失修及职工、旅客违章、违纪等造成的。按照事故中责任主体的不同,责任事故可以分为:铁路运输企业责任、旅客自身责任、第三人责任。无论从发生事故的数量占比来看,还是从事故造成的损伤来看,铁路企业责任在责任事故中都占据了极其重要的位置,因此,铁路企业的每一个职工都应该认真对待。

一、铁路运输企业责任

由于铁路运输企业人员的职务行为和设施设备的原因给旅客造成的伤害,属于铁路运输企业责任。铁路运输企业责任分为客运部门责任和行车等其他部门责任。

1.客运部门责任

客运部门责任分为车站责任和列车责任。

(1)车站责任

车站负责旅客乘车前办理各种旅行手续和下车后至出站的安全服务工作。在此期间,容易导致旅客伤害的原因主要有以下几方面:

①旅客持票进站或下车后在检票口以内因组织不当造成伤害的。

②缺乏引导标志或有关引导标志不准确而误导旅客发生伤害的。

③车站设备、设施不良造成旅客伤害的。

④车站销售的食物造成旅客食物中毒的。

⑤因误售、误剪不停车造成旅客跳车的。

⑥在规定停止检票后继续检票放行或检票放行时间不足,致使旅客抢上列车造成伤害的。

⑦因违章操作、管理不善造成火灾、爆炸、发生旅客伤害的。

⑧事故处理工作组有理由认为属于车站责任的。

(2)列车责任

列车的首要责任是保证旅客的人身和随身携带物品的安全,在列车运行途中有下列情形之一的,属于列车责任:

①由于车门未锁造成旅客跳车、坠车或站内背门下车造成旅客伤害的。

②因列车工作人员的过失,致使旅客在不办理乘降的车站(包括区间停车)下车造成人身伤害的。

③由于组织不利,旅客下车挤、摔造成伤害的。

④车站误售、误剪车票,列车未能妥善处理造成旅客跳车伤害的。

⑤因列车报错站名致使旅客误下车造成伤害的。

⑥因列车工作人员的过失造成旅客挤伤、烫伤的。

⑦因餐车、售货销售的食物造成旅客食物中毒的。

⑧因违章操作、管理不善造成火灾、爆炸,发生旅客伤害的。

⑨因列车设备不良造成旅客人身伤害的。

⑩事故处理工作组有理由认为属于列车责任的。

[相关案例]

××年××月××日晚，到湖南凤凰旅游的广西柳州游客胡某与丈夫李某在湖南吉首登上了从张家界开往南宁的2011次火车的13号卧铺车厢12号卧铺位。次日凌晨1时，列车进入广西三江县境内，胡某下床去了卫生间。从卫生间返回卧铺车厢时，走到卧铺车厢八九号铺位时，脚下过道一块松动的地板突然上翘，没有一点防备心理的胡某便顺着翘起的地板跌下了飞驰的火车，火车无情地从她身上碾过，她瞬间失去了双腿和左臂。后经证实，这次事故系某铁路局为了牟取商业利益，将已报废的“绿皮车厢”重新投入使用造成的。最终二审判决铁道部赔偿胡某医疗费、残疾赔偿金、精神损失费共计148万元。

2. 车辆部门责任

(1)由于车辆技术状态或设备不良，如煤箱盖、天棚盖、门窗锁失效等而发生旅客伤亡时。

(2)因电气设备不良，取暖锅炉故障等原因，发生火灾，造成旅客伤亡时。

[相关案例]

××年××月××日9时47分，乌鲁木齐—喀什的某次列车在运行至南疆线上新光至下新光段时，重联机车DF4112×号及12节车厢脱轨，脱轨后列车仍走行了306m。这次事故造成机车小破1台，车辆小破12辆，钢轨报废三根，无人员伤亡，但直接经济损失647086.6元，中断行车55小时50分，构成旅客列车脱轨重大事故。

事故原因：列车脱轨处的隧道内整体道床支承块挡肩设计时缺少一排钢筋，长期使用后支承块挡肩突发性断裂(该处位于半径 $R=400\text{m}$ 的曲线上)，导致线路结构强度减弱，横向承载力严重下降，在轮对横向冲击力作用下，轨道失稳，轨距加大，导致轮对脱轨。

3. 房产部门责任

为旅客服务的房舍、天桥、地道、风雨棚、厕所、门窗等属于房产部门的建筑设备，因技术状态不良造成旅客伤亡时属施工单位责任。

4. 车务部门责任

(1)旅客尚未乘降完毕，运转值班员或运转车长显示发车信号开车，造成旅客伤亡时；错办误办接车进路(闭塞)、吊车冲突造成旅客伤亡等。

(2)当货物列车在站内停在候车与停站旅客列车之间，妨碍旅客通行时，由于未将货物列车拉开道口，而发生旅客钻爬车底造成旅客伤亡事故时。

5. 机务部门责任

(1)列车到站停车后，司机又擅自移动而发生旅客伤亡事故时。

(2)由于机车冒进信号造成列车冲突，发生旅客伤害时。

(3)列车运行时由于使用紧急制动不当造成紧急停车，从而造成旅客伤亡事故时。

二、旅客自身责任

由于旅客自身健康原因或由于旅客自身过错造成的伤害，由于责任在旅客自身，所以后果也要由旅客自己承担。常见的旅客责任事故主要有以下几种情况：旅客私自开启车门造成伤害；严重违章(如不听从工作人员劝阻，跨越栏杆、围墙，从进站口以外的其他禁止进站的地方进入车站，在道口以外的地方横穿线路、钻爬车辆，私自进入禁止旅客行走的地道等)，旅客自身有病，或者由于旅客自杀等原因造成的事故。

[处理方法]列车长迅速组织抢救，红十字救护员赶到现场，根据旅客受伤的程度采取救治措施。争取家属或随行人员的配合，不要随便议论伤者的病情和有关其他问题，防止意外事件的发生。收集旅客旁证材料不少于2份。编制客运记录交前方三等及以上车站治疗，费用旅客自理。

注意：对旅客自身责任，铁路虽不负赔偿责任，如旅客没有能力，铁路负责救治，费用在保险金下列支。

[相关案例]

无票人员进站围车叫卖，造成伤害

××年××月××日16时30分，北京南—太原某次列车在娘子关站开车后，一名围车叫卖人员在横越线路时，被邻线2道通过的某次货物列车挂倒，左臂被撞骨折。该围车叫卖人员叫宋某(男，36岁，家住娘子关镇)，携带物品为一箱冰镇矿泉水。

[反思]由于旅客自身健康原因或由于旅客自身过错造成的事故，由旅客自己承担后果，或是旅客违反铁路安全规定，不听从铁路工作人员引导、劝阻等违法违章行为或其他自身原因造成的伤害，属于旅客自身责任。

[知识链接]

《铁路交通事故应急救援和调查处理条例》摘录第三十二条规定，事故造成人身伤亡的，铁路运输企业应当承担赔偿责任；但是人身伤亡是不可抗力或者受害人自身原因造成的，铁路运输企业不承担赔偿责任。违章通过平交道口或者人行过道，或者在铁路线路上行走、坐卧造成的人身伤亡，属于受害人自身的原因造成的人身伤亡。

三、第三人责任

在责任事故中除铁路企业和旅客以外的第三方当事人是第三责任人。因第三人责任造成旅客伤害时，应由第三人负责。第三人不明确或无赔偿能力，旅客要求承运人代为先行赔偿时，承运人应当先行代为赔偿。承运人代为赔偿后即取得向第三人追偿的权利。

典型的第三人事故是窗外飞石：

(1)他人用飞石击打行进中的列车。因为行进中的列车本身速度很高，再加上几乎迎面飞来的石头，其相对速度可达200km/h，一旦窗玻璃被打碎，就会使旅客受到伤害。

(2)邻线会车时，因为相对速度很高，两列火车之间会形成空气的负压，如果相邻的货车装载的是沙石，就可能因为负压的关系致使砂石飞出去打客车的窗玻璃或飞入开着的窗户而造成旅客伤害。

(3)旅客列车个别旅客向车窗外扔酒瓶等物品，这些物品如果进入其他车窗或落地，会造成旅客或路人伤害事故，而往往受害人难以寻找到真正的肇事者。

石击列车造成旅客伤害的应急处理：

列车长会同乘警立达到现场，了解旅客伤情、积极治疗、收集包括受伤旅客本人在内的受害人、同行人、见证人的证明材料，编写客运记录交前方三等以上车站处理，并及时拍发事故速报。

四、旅客伤害处理过程中收集旅客证明材料及注意事项

1.相关证明材料的收集

1）与事故鉴别有关的现场材料采集

（1）发生事故的单位、地点、时间。

（2）受害人和肇事者的姓名、性别、年龄、文化程度、职业、技术等级、工龄、本工种工龄。

（3）出事当天，受害人和肇事者什么时间开始工作。工作内容、工作量、作业程序、操作时的动作（或位置）。

2）事故发生的有关事实

（1）事故发生前设备、设施等的性能和质量状况。

（2）关于工作环境方面的状况，包括照明、湿度、光滑度、温度、通风、声响、色彩度、工作面状况记录。

（3）个人防护措施状况：应注意它的有效性、质量、使用范围。

（4）出事前受害人或肇事者的健康状况。

（5）其他可能与事故致因有关的细节或因素。

3）物证搜集

（1）现场物证包括碎片、残留物、致害物的位置等。

（2）在现场搜集到的所有物件均应贴上标签，注明地点、时间、管理者。

（3）所有物件应保持原样，不准冲洗擦拭。

（4）对健康有危害的物品，应采取不损坏原始证据的安全防护措施。

4）证人材料搜集

（1）受伤害者、事故责任者的自述材料。

（2）现场被调查者证明材料。对证人的口述材料，应认真考证其真实程度。

2.收集材料时的注意事项

（1）列车长要核实当事人、受害人的身份，查看其身份证、工作证、驾驶证等，记录其姓名、身份证号码、年龄、住址、工作单位、职业、职务等情况，确定联系方式。

（2）列车长要会同乘警向当事人、受害人询问事故发生的时间、地点、过程、涉及人员和其他有关情况，做好询问笔录。请被询问人签字、注明日期。也可由当事人、受害人自己书写有关材料。

（3）收集证人证言时，应尽量选择表达能力较强的成人证人。证明材料注明证人的姓名、身份证号码、年龄、住址、工作单位、职业、职务、联系方式等情况。

（4）证明材料应表明铁路已尽到的法定义务和责任，如列车广播的安全警示、列车张贴的安全警示、列车广播寻找医生以及采取的其他救治措施。

（5）收集证明材料和证据时，要直接提取看到或经历事故过程的受害人、直接责任人、旁证人的证明（发生诉讼时，证人一般很难出庭作证。证人未出庭作证的证言材料法庭一般不予认可，比较有说服力的是受害人、直接责任人签字的证明材料）。要注意掌握证人姓名、地址、联系方式等情况的真实性以及证据与事故的直接因果关系。证明材料和证据要能够说

明事故的过程，能证明导致事故后果的直接原因。

(6)编制客运记录时，记录内所表述的事故原因、后果必须与旅客的证明材料内容相符。客运记录禁止使用模糊语言，必须客观准确地表明事故经过。如能判明责任，要明确责任人。

[相关案例]

(一)小情侣乘高铁闹别扭　女孩用应急锤怒砸车玻璃泄愤

某年2月19日1时，一女子侯某与男友乘坐D335次列车前往青岛北站，在列车上与男友因琐事发生争吵，男友提出分手，使侯某情绪一时失控，取下车厢内的应急锤砸向了车门玻璃。

列车工作人员发现后，立即通知了乘警，接报警后乘警立即前往现场查看。经询问，侯某称自己在火车上玩手机，男友认为其在和别人聊天，于是二人产生口角，随后男友提出分手。争吵之中，情绪失控的侯某取下车厢内的应急锤，砸了车门玻璃。当D335次列车抵达青岛北站后，乘警将两名旅客移交青岛北站派出所。

(二)行李箱掉落砸伤旅客

2019年1月5日下午2时55分，夏先生从武汉火车站乘坐D3265次动车，准备前往大冶办事。列车出发约半小时，快要行驶至黄石北站时，夏先生的头部突然被一个重物砸中，他一下子被砸蒙了。回过神后，他发现砸中自己的是一个放在头顶行李架上的大行李箱。他感觉到头部很痛，一摸才发现头顶正不停地流血。列车员随后赶到现场，并通过广播在乘客中寻找医生。很快，一名女医生赶来为夏先生进行了初步的包扎处理。列车员随即联系了黄石北站的工作人员，列车停靠黄石北站时，夏先生被急救车送往黄石中心医院救治，行李箱的主人也下车陪同去医院。在黄石中心医院，医生检查发现夏先生的头部被砸破，一小块头皮被砸掉，医生为其缝针。夏先生称，他在黄石中心医院治疗花去1700元，行李箱主人共赔付了2200元，剩下500元。5日晚，他回到武汉后，想到自己受伤会耽误工作，后期还需治疗费用，便让妻子电话联系D3265次的列车长，询问是否能向铁路部门索赔。对方却称她不懂法，还说因为夏先生没有购买意外保险，所以不能获得赔偿。

6日，记者电话联系上D3265次的当班列车长黄女士。黄女士表示该趟列车属于福州铁路局，夏先生被砸伤的情况属实，她们当时按照相关规章流程进行了应急处理。对于铁路部门是否会对夏先生的受伤进行赔偿，黄女士称自己无法回答此事。黄女士还称，自己没有对夏先生和家人说过不文明的言语。律师吴某认为，2010年发布的《最高人民法院关于审理铁路运输人身损害赔偿纠纷案件适用法律若干问题的解释》第十三条规定：铁路旅客运送期间因第三人侵权造成旅客人身损害的，由实施侵权行为的第三人承担赔偿责任。铁路运输企业有过错的，应当在能够防止或者制止损害的范围内承担相应的补充赔偿责任。铁路运输企业承担赔偿责任后，有权向第三人追偿。

铁路公司要不要赔偿，关键还是看有没有责任，如果自身有责任，即便旅客没有购买意外伤害保险，铁路公司该赔偿的还是要赔偿。举例来说，如果有旅客在放置自己行李箱的时候不规范，或者是在取行李箱的时候失手，行李箱掉下来，砸到坐在下面的乘客，那么自然由行李箱的主人来承担主要赔偿责任，但是如果行李箱的主人规范放置了行李，由于列车颠簸或急刹车造成行李箱掉落砸伤旅客，铁路公司应当承担责任。

五、铁路交通事故

为了加强铁路交通事故的应急救援工作，规范铁路交通事故调查处理，减少人员伤亡和财产损失，保障铁路运输安全和畅通，根据《中华人民共和国铁路法》和其他有关法律的规定，特制定《铁路交通事故应急救援和调查处理条例》。

1. 铁路交通事故概念

铁路交通事故指铁路机车车辆在运行过程中与行人、机动车、非机动车、牲畜及其他障碍物相撞，或者铁路机车车辆发生冲突、脱轨、火灾、爆炸等影响铁路正常行车的事故。

2. 事故等级

根据事故造成的人员伤亡、直接经济损失、列车脱轨辆数、中断铁路行车时间等情形，事故等级分为特别重大事故、重大事故、较大事故和一般事故（图4-9）。

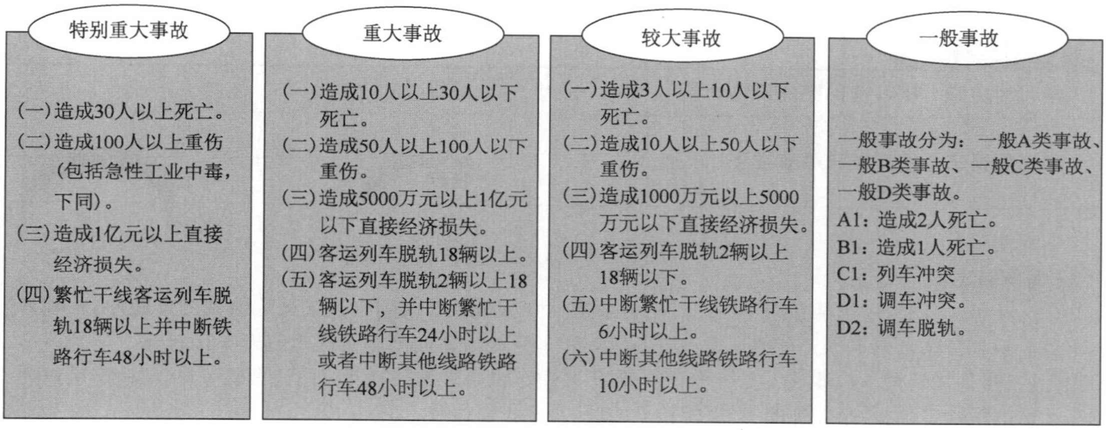

图4-9　事故等级

3. 事故报告

事故报告应当包含下列内容：

（1）事故发生的时间、地点、区间（线名、千米、米）、事故相关单位和人员。

（2）发生事故的列车种类、车次、部位、计长、机车型号、牵引辆数、吨数。

（3）承运旅客人身或者货物品名、装载情况。

（4）人员伤亡情况、机车车辆、线路设施、道路车辆的损坏情况、对铁路行车的影响情况。

（5）事故原因的初步判断。

（6）事故发生后采取的措施及事故控制情况。

（7）具体救援请求。

事故报告后出现新情况的，应当及时补报。

4. 事故调查处理期限

（1）特别重大事故的调查期限为60日。

（2）重大事故的调查期限为30日。
（3）较大事故的调查期限为20日。
（4）一般事故的调查期限为10日。
事故调查期限自事故发生之日起计算。

5. 事故赔偿

事故造成人身伤亡的，铁路运输企业应当承担赔偿责任；但是人身伤亡是不可抗力或者受害人自身原因造成的，铁路运输企业不承担赔偿责任。违章通过平交口或者人行过道，或者在铁路线路上行走、坐卧造成的人身伤害，属于受害人自身的原因造成的人身伤害。

6. 法律责任

铁路运输企业及其职工违反法律、行政法规的规定造成事故的，由国务院铁路行业监督管理部门及其设立的铁路监督管理机构依法追究行政责任。

任务工作单

学习情境四　旅客常见突发事件处置	班级			
学习项目三　铁路责任事故类型	姓名		学号	
	日期		评分	

实战演练

【情景描述】

1. ××年×月×日，张某在天津西站持站台票送女友乘坐547次列车。张某为给其女友找座，不顾列车员劝阻和持站台票不准上车的规定，强行上车，列车启动后又向列车员提出打开车门跳车。被列车员拒绝后，张某找到列车长苏某反复声称有急事，年轻跳车没事。苏某打开车门让其跳下，张某跳车后被列车运行的惯性带倒，左小腿轧断，经医院抢救，左腿自膝盖部截肢。

2. ××年××月××日，石家庄客运段值乘的北京西开往重庆北的K589次列车，自平顶山西开车10min后，列车运行方向右侧遭石块打击。第13号硬卧车厢中部车窗玻璃被击破一块，玻璃碎片将乘坐该车厢10号下铺旅客钱某（某显像管厂工程师，男，48岁，住本厂宿舍，持北京西至重庆北A000013号硬座客快卧联合票）左眼扎伤，血流不止。

【任务实施】 要求分小组抽签形式二选一模拟该场景，进行角色扮演实战演练，根据责任事故处理的要点和实际情况灵活处理。

【考核方式】 教师点评、小组互评、自我总结（见下表）

演练评分标准参考表

序号	评 分 项 目	满　　分	得　　分
1	事件演练的完整性	20	
2	场景设计的代表性	30	
3	演练人员的现场反应与处理能力	30	
4	事后总结	20	
总分			

学习项目四　客运记录及电报

项目说明

本项目主要学习客运记录填写的相关知识。

适用岗位

铁路列车员、列车值班员、列车长、餐服员、保洁员、随车机械师、乘警等岗位。

教学目标

1. 知识目标

掌握各种类客运记录的用途、填写范围和要点。

2. 能力目标

学生会根据现场情况正确填写客运记录和电报，以及具备拍发电报的能力。

3. 素质目标

培养学生处事果断、按章作业、灵活变通的职业素养。

一、铁路客运记录

1. 铁路客运记录的填写规定

客运记录是指在旅客或行李、包裹运输过程中因特殊情况，承运人与旅客、托运人、收货人之间需记载某种事项或车站与列车之间办理业务交接的文字凭证(注意：客运记录不能作为乘车凭证，更不能代替车票乘车)。

1)填写原则

(1)必须如实填写，不得虚构、臆测，项目填写齐全。

(2)简明扼要，说明问题。

(3)涉及旅客车票时，应填写车票号码、发到站；涉及行李、包裹票时，应有发到站、品名，重量，件数，发收货人的姓名、单位、地址。

(4)用字规范，有简称时使用规范的简称，字迹清楚，整洁美观。

(5)按照“客运运价里程表”规定的站名填写。

2)铁路客运记录的填写规则

(1)仅限于站车交接使用。

(2)记录第一行应明确写明移交事由，第二行明确写出××站或××站及公安派出所。

(3)语言简练，书写清楚。记录语言要简明扼要，条理清楚，说明问题。字体要清楚，不得潦草，不写自造简化字。

(4)据实填写，事项齐全。编写的客运记录应内容准确、具体、详细、齐全、完整，如实反映情况,不得虚构、假想、臆测。

(5)涉及旅客车票时,应有发到站、票号;涉及行李、包裹票时,除应有发到站、票号外,还应有旅客、发(收)货人姓名、单位、物品品名、数量、重量等,不得漏项。

(6)记录语句不能出现命令、质问、强制性以及不尊重站方的语句。

(7)客运记录应有顺序编号,加盖编制人名章。客运记录一式两份,一份交接收人(车站或旅客),另一份由接收人签字后自己留存。对留存的应装订成册,妥善保管,以备存查。

3)编写客运记录的注意事项

(1)内容要符合铁路的规章制度。

(2)移交人员附带旁证材料、人民币、证件、档案材料等物品时,一定要在记录上注明。

(3)凡是交接的记录一定要接收方签字。

(4)客运记录保管期限为一年。

(5)涉及客伤的客运记录存根要根据需要保存备查。

(6)涉及治安问题,要乘警签字。

4)编写方法

(1)填写记录时应先填写编号,按月份依顺序填写,如6月编写的第四个记录,填写为“06-4”。

(2)“记录事由”旁应填写移交事由。

(3)受理单位:站名(或车次)。

(4)内容:

①日期、车次、区间(位置)。

②旅客的姓名、性别、身份证号码、车票等详细情况。

③事情经过。

(5)编写人员栏应加盖列车长名章并在前面填写好单位,日期栏按实际日期填写。

2. 铁路客运记录的编写范围

1)列车编写客运记录范围

(1)卧铺发售重号,列车应尽量安排同等席别的其他席位,没有空位时,应编制客运记录交旅客。由到站退还卧铺票价,不收退票费。

(2)因承运人责任使旅客不能按票面记载的日期、车次、座别、铺别乘车时,站、车应重新妥善安排。重新安排的列车、座席、铺位低于原票等级时,应退还票价差额,不收退票费。在列车上发生时应编制客运记录。

(3)发生车票误售、误购,应退还票价时,站、车应编制客运记录交旅客,作为乘车至正当到站要求退还票价差额的凭证。

(4)旅客误乘列车或坐过了站,列车交前方停车站免费送回时。

(5)旅客丢失车票,另行购票或补票后又找到原票时,列车长应编制客运记录交旅客,作为在到站出站前向到站要求退还后补票价的依据。

(6)对无票乘车而又拒绝补票的人,列车长可责令其下车并编制客运记录交县、市所在地车站或三等以上车站处理时(其到站近于上述到站时应交到站处理)。

(7)在列车上,旅客因病不能继续旅行,列车长应编制客运记录交中途有医疗条件的车站转送医院治疗时。

(8)因铁路责任,致使旅客在中途站办理退票,退还票价差额时。

(9)发现旅客携带国家禁止或限制运输的物品、危险品乘车,移交最近前方停车站或有关车站处理时。

(10)旅客携带品超过规定范围(危险品除外),无钱或拒绝补交运费,移交旅客到站或换车站处理时。

(11)向查找站或列车终到站转送旅客遗失品,与车站办理遗失物品交接手续时。

(12)旅客在列车内因病死亡,移交县、市所在地或较大车站处理时。

(13)列车内发现无人护送的精神病患者,移交到站或换车站时。

(14)因意外伤害(包括区间坠车),导致旅客伤亡,移交有关车站处理时。

(15)发现违章使用铁路职工乘车证,上报路局收入部门处理时。

(16)列车接到行、包托运人要求,在发站取消托运,将行、包运回发站时。

(17)列车接到发站行李、包裹变更运输(包括行李误运)电报时,应编制客运记录,连同行李、包裹和运输报单,交前方营业站或运至新到站(需中转时,移交前方中转站继续运送),旅客在列车上要求变更时,同样办理。

(18)列车上发现装载的行李、包裹品名不符,或实际重量与票面记载的重量不符,移交到站或前方停车站处理时。

(19)列车对已装运的无票运输行李、包裹,应编制客运记录,交到站处理时。

(20)列车内发现旅客因误购、误售车票而误运行李时,如其托运的行李在本列车装运,应编制客运记录,交前方营业站或中转站向正当到站转运时。

(21)行李、包裹在运输途中发生事故,移交到站处理时。

(22)其他应与车站办理的交接事项。

2)车站编写客运记录范围

(1)发生误售、误购车票需退还票价的,在中途站、原票到站发现时。

(2)将旅客遗失物品向查找站转送时。

(3)旅客在车站发生意外伤害时。

(4)车站向铁路局收入部门寄送因违章乘车所查扣的铁路乘车票证时。

(5)行李、包裹票货分离,需转送行李、包裹或票据时。

(6)行李、包裹票货分离,部分按时到达交付,部分逾期时。

(7)行李、包裹装运后,旅客或托运人在发站提出要求运回发站,取消托运时。

(8)行包所在站接到行包变更运输的电报、转运行包时。

(9)车站发现违报品的行李、包裹损坏其他行李包裹时。

(10)在中途站、原票到站处理因误售、误购车票而误运的行李时。

(11)线路中断,列车停止运行后,鲜活包装在途中被阻,托运人要求被阻站处理时。

(12)在发站或中途站,行李、包裹发生事故或需要说明物品现状时。

(13)行李未到,办理转运手续后,逾期到达时。

3. 铁路客运记录的编写实例

【例1】××年9月8日G531次(郑州东—广州)列车进入岳阳站二站台2股道,下车旅客××(女,40岁,岳阳某医院职工,持郑州东—岳阳二等座票),为了省时、省力,慌张地横跨线路时,摔倒在1股道钢轨上,前额破口5cm,流血不止,并已昏迷。经简单包扎抢救后,送铁路医院治疗。岳阳站编制客运记录如图4-10所示。

郑州铁路局　　　客统—1

● 客运记录

第 99 号

记录事由：移交受伤旅客
岳阳铁路医院：
9月8日，G531次列车正点进入我站二站台2股道，下车
旅客××(女，40岁，岳阳某医院职工，持郑州东—岳阳
二等座票)，横跨线路时，摔倒在1股道钢轨上，前额破
口5cm，流血不止，并已昏迷。我站进行了简单包扎后，
现送你院予以治疗。治疗费用由我站垫付。

注：
1. 站、车要编制记录时均适用。
2. 本记录不能作为乘车凭证。

岳阳 站/段 编制人员　印(印)
签收人员　(印)

××年　9 月 8 日编

图4-10　客运记录一

【例2】××年9月18日,武汉客运段值乘的武汉开往北京西的G514次列车由武汉站开出后,一名女旅客突发急病休克。列车广播找医生诊治后未见好转,移交宣化站送医院抢救。该旅客身份不明,其上衣口袋装有人民币260元及武汉开往北京西的二等座票一张,携带约2周岁男孩一名,提包一个。编制客运记录如图4-11所示。

【例3】跨局旅客列车上发生旅客挤手时的应急处置

2018年3月25日,K215次列车(北京—图们,新空调快速,中国铁路沈阳局集团有限责任公司吉林客运段担当乘务工作),到达天津站前,旅客邹××(男,身份证号2202211960××××0830,持北京站至吉林站新空调硬座车票,票号Y009577)上厕所关门时不慎将旅客邹××(身份证号2202111970××××1832,持北京站至吉林站新空调硬座车票,票号C061041)左手中指夹破,血流不止。客运记录如图4-12所示。

二、铁路电报

1. 铁路电报的拍发规定

铁路电报是铁路部门之间处理铁路紧急公务的通信工具。

1)铁路电报的等级

铁路电报的等级按电报的性质和急缓程度分为以下六种:特级电报(T)、急报(J)、限时电报(X)、列车电报(L)、银行汇款电报(K)、普通电报(P)。

武汉铁路局　　　　客统—1

● 客运记录

第　99　号

记录事由：移交急病旅客
孝感北站：
9月18日，我车由武汉站开车后，该旅客突发急病
休克。经找医生诊治未见好转，现移交你站，请按章
送医院抢救。
该旅客姓名、住址等不详。携带约2周岁男孩1名，
人民币贰佰陆拾元整，提包1个(内装衣服五件及食品)，
并持武汉开往北京西的二等座票一张。

注：
1. 站、车要编制记录时均适用。
2. 本记录不能作为乘车凭证。

岳阳 站段 编制人员 G514次列车长 (印)
签收人员 (印)

××年　9 月 18 日编

图 4-11　客运记录二

沈阳铁路局　　　　客统—1

● 客运记录

第　99　号

记录事由：移交挤手旅客
天津站：
2018年3月25日，K215次列车到达天津站前，旅客
周××(男，58岁，身份证号202021960××××0830，
持北京站至吉林站新空调硬座车票，票号Y009584)上
厕所关门时不慎将旅客邹××(身份证号20211970××
××1832，持北京站至吉林站新空调硬座车票，票号
C061041)左手中指夹破。列车广播找医务人员进行了
简单包扎处理，该旅客要求下车治疗，现移交你站，
请按章办理。
附：1. 北京站至吉林站有效车票两张，票号Y009577、
C061041。
2. 旁证材料两份。

注：
1. 站、车要编制记录时均适用。
2. 本记录不能作为乘车凭证。

吉林客运 站段 编制人员 印(印)
签收人员 (印)

2018年　3 月 25 日编制

图 4-12　客运记录

2)发报权限

下列铁路单位和单位负责人(包括同级政工部门)有权拍发电报:

(1)部、部属公司、局及其他部属单位(包括部内各局、司,局、院各处及同级单位)。

(2)基层单位的站、段、厂、场、院、校、队、所及同级单位和铁道部、铁路局的驻在单位。

(3)出差和执行各项列车乘务工作的负责人员。

(4)与运输有直接关系的基层单位所属部门需要拍发电报时,由铁路局批准。

3)电报内容限制

拍发电报时,电文涉及的事项必须是工作范围的内容。如遇下列情况,不准拍发电报:

(1)处理个人私事(由组织领导处理个人问题不在此限)的电报。

(2)已经有文电的重复通知。

(3)挑战书、应战书、倡议书、感谢信的电报。

(4)公用乘车证丢失声明的电报。

(5)由于工作不协调,互相申告(执行列车乘务工作的负责人,在列车运行中向上级领导汇报列车运行中发生的问题不在此限)的电报。

(6)报捷、祝贺、吊唁(铁路局及以上单位或负责人不在此限)的电报。

(7)推销产品、书刊及广告类的电报。

执行列车乘务工作的负责人,在同一区段内,不得重复拍发同一内容的电报。

4)使用铁路电报注意事项

(1)拍发电报必须使用铁路电报纸。

(2)编拟电报稿应使用规定的文字、符号、记号(汉字及标点符号,汉语拼音字母,阿拉伯数字,规定有电报符号的记号和能用标准电码本译成四码的记号与字母),收电单位明确,电文通顺,文字力求简练,标点符号完整,字体清晰,并在原稿上填写拟稿人姓名和电话号码。

(3)电报稿左上角应有收、抄报单位,右下角有发报单位本部门电报编号、日期,并应加盖公章、名章或签字。

(4)电报稿的主送单位、抄送单位要正确。

主送单位是指具体受理、承办本事件的单位,无论单位大小,都要列入主送单位。

抄送单位是指需要其督办、协办或需要其仲裁、备案的单位,一般都是主送单位和发报人(单位)的上级机关或主管业务部门。其顺序按上、下级或与该事件关系主次依次排列,发报人隶属单位排在最后。一般情况下抄送外局机关或有关业务主管部门,也应同时抄报本局的同级机关和相应的业务主管部门。

2. 铁路电报的拍发范围

1)列车拍发电报范围

旅客列车遇有下述情况时,列车长应拍发电报:

(1)因误售、误购车票而误运行李,行李又未在本列车装运,列车通知原到站向正当到站转运时。

(2)列车超员,通知有关部门和前方停车站采取控制客流措施时。

(3)列车行包满载,通知前方有关停车营业站停止装运行包时。

(4)遇有特殊情况,列车途中发生餐料不足,通知前方列车(客运)段补充餐料时。

(5)餐车电冰箱发生故障,通知前方列车(客运)段或车站协助加冰时。

(6)列车在中途站因车辆发生故障甩车或空调车发生故障不能修复,通知前方各停车站并汇报有关上级部门时。

(7)列车广播设备中途发生故障,通知前方广播工区派员前来处理时。

(8)专运等列车在中途站临时需要补燃料(煤、油等),通知前方列车段或客运段补充时。

(9)列车运行中因发生意外伤害,导致旅客重伤或死亡,应立即向有关铁路局、车务段(中心站)拍发事故速报时。

(10)列车发生或发现重大行包事故后,应立即向国家铁路运输主管部门和有关铁路局拍发事故速报时。

(11)站、车之间办理行李、包裹交接时,接受方未按规定签收,但双方对装卸的件数、包装等情况产生异议,向当事站拍发电报声明时。

(12)列车内发生运输收入现金、客票票据丢失、被盗和短少等事故,向路局收入部门和公安部门报案,通知有关单位协助查扣时。

(13)列车发生爆炸、火灾及重大刑事案件等突发事件,须迅速报告上级部门处理时。

(14)列车上发生旅客食物中毒,向所属铁路局或前方铁路疾控所报告时。

(15)遇其他紧急情况,需要迅速报告时。

2)车站拍发铁路电报范围

(1)车站发现少收票款时。

(2)到站发现少收票款时。

(3)线路中断,列车停止运行后,向上级汇报时。

(4)因发生意外伤害,导致旅客重伤或死亡时。

(5)发生票货分离、票货不符,需查找下落时。

(6)发生票货分离、顶件运输,需声明纠正时。

(7)行李、包裹装运后,托运人要求变更到站时。

(8)行李、包裹装运后,托运人要求运回发站取消托运时。

(9)中途站发现行李、包裹中有国家禁止或限制运输的物品和危险品时。

(10)到站发现伪报一般货物品名时。

(11)到站发现重量不符,补收运费差额后,发电报通知发站和主管铁路局时。

(12)到站发现重量不符,退还运费差额后,发电报通知发站和主管铁路局时。

(13)站、车对装卸的行李、包裹,因故未办理交接手续时。

(14)到站查询逾期未到的行李、包裹时。

(15)车站对查询逾期行李、包裹电报的复电。

(16)列车遇特殊情况在中途站向车站借票时,列车长与车站办理借票手续,出借票据的车站应发电报向有关收入部门、站段报告借票情况时。

车站、列车发生旅客人身伤害事故时,可用电话向所在单位或上级主管部门报告概况,但发生重伤以上旅客人身伤害时,应在第一时间以短信方式向所属铁路局主管部门报告,随后向有关铁路主管部门拍发速报，并逐级向上级主管部门和宣传部门报告。

报告(含速报)内容主要包括：

(1)发生日期、时间、车次、发生地点、车站、区间里程。

(2)伤亡旅客的姓名、性别、年龄、国籍、民族、职业、单位、有效身份证件号码、联系方式、住址以及车票种类、号码、发站、到站、车厢、席位等基本情况。

(3)发生经过、旅客伤亡及现场处理简况。

3. 铁路电报的编写样例

以旅客突发疾病(或意外伤害)电报为例：

主送：××站

抄送：××局客运处、××铁路公安处，××铁路局客运处、客调、××铁路公安处，××车务段(主送站所属段)、××铁路公安处乘警支队、××客运段

×年×月×日，××开××的××次列车运行至××站至××站间××时间，××车厢××号(座席或铺位)旅客突发疾病(或造成××伤害)，经列车乘务人员积极处置，列车编制×号客运记录将旅客交站，特电告。

附：1. 意外伤害或疾病旅客姓名、性别、年龄、身份证号、家庭住址、工作单位、所持车票及票号，随身携带物品；

2. 同行旅客姓名、性别、年龄、身份证号、家庭住址、工作单位、所持车票及票号，随身携带物品。

××次列车列车长　印在×站

×年×月×日

<table>
<tr><td colspan="7">铁路电报</td></tr>
<tr><td>发报所</td><td>电报号码</td><td>等级</td><td>词数</td><td>日</td><td>时分</td><td>附注</td></tr>
<tr><td></td><td></td><td></td><td></td><td></td><td></td><td></td></tr>
<tr><td colspan="7">主送：××站</td></tr>
<tr><td colspan="7">抄送：××局客运处、××铁路公安处，××铁路局客运处、</td></tr>
<tr><td colspan="7">客调、××铁路公安处，××车务段、××铁路公安处乘警</td></tr>
<tr><td colspan="7">支队、××客运段</td></tr>
<tr><td colspan="7">×年×月×日，××开××的××次列车运行至××</td></tr>
<tr><td colspan="7">站至××站间××时间，××车厢××号(座席或铺位)旅</td></tr>
<tr><td colspan="7">客突发疾病(或造成××伤害)，经列车乘务人员积极处</td></tr>
<tr><td colspan="7">置，列车编制×号客运记录将旅客交站，特电告。</td></tr>
<tr><td colspan="7">附：1. 意外伤害或疾病旅客姓名、性别、年龄、身份证</td></tr>
<tr><td colspan="7">号、家庭住址、工作单位、所持车票及票号，随身携带物品；</td></tr>
<tr><td colspan="7">2. 同行旅客姓名、性别、年龄、身份证号、家庭住址、工</td></tr>
<tr><td colspan="7">作单位、所持车票及票号，随身携带物品。</td></tr>
<tr><td colspan="7"></td></tr>
<tr><td colspan="7">××次列车列车长在×站 ㊞</td></tr>
<tr><td colspan="7">×年×月×日</td></tr>
</table>

铁路电报编写案例

任务工作单

学习情境四　旅客常见突发事件处置	班级			
学习项目四　客运记录及电报	姓名		学号	
	日期		评分	

【情境描述】

1. 2012年6月5日18:25分,武汉客运段值乘的天津西开往武昌K253次列车邢台站开车后,编组中18号硬座车内有一名30岁左右的男子从列车运行方向左侧10号车厢10号座位车窗处自行跳车。当时因该车厢列车员去临车电茶炉打水,返回本车厢后听到旅客反映时,停车处理时机已经错过(注:邢台站属北京铁路局邯郸车务段管辖,武昌客运段属于武汉铁路局)。编写此次事故的电报。

2. 2012年6月5日,石家庄客运段值乘的北京西开往重庆北的K589次列车,平顶山西开车10min后,列车运行方向右侧遭石块打击。机后第13号硬卧车厢中部车窗玻璃被击破一块,玻璃碎片将乘坐该车厢10号下铺旅客钱某(某显像管厂工程师,男,48岁,住本厂宿舍,持北京西至重庆北A000013号硬座客快卧联合票)左眼扎伤,血流不止。包扎后,列车长编制客运记录,将其移交南阳站转送医院治疗,并电告有关部门。请大家思考一下,现场该如何处理,并编制客运电报。

【任务实施】　要求分小组模拟该场景进行角色扮演实战演练,并填写相关的客运记录和电报。

铁路局　　客统—1

● 客运记录

第　　号

记录事由:

注:
1. 站、车要编制记录时均适用。
2. 本记录不能作为乘车凭证。

站段 编制人员　　(印)
站段 签收人员　　(印)
年　月　日编制

铁路电报

发报所	电报号码	等级	词数	日	时分	附注

主送:

抄送:

【考核方式】　教师点评、小组互评、自我反思(见下表)

演练评分标准参考表

序号	评分项目	满分	得分
1	事件演练的完整性	20	
2	场景设计的代表性	30	
3	演练人员的现场反应与处理能力	30	
4	事后反思	20	
总分			

学习情境五　列车常见突发事件处置

学习项目一　列车发生火灾、爆炸的应急处理

项目说明

本项目主要学习铁路客运工作列车发生火灾、爆炸的应急处理的主要流程。通过对铁路运输安全相关的原则、初期火灾、火势不可控的情况下如何采取相应措施的学习，加深学生对铁路运输安全相关概念和基础知识的理解，培养塑造学生在安全生产方面的基本素质和安全责任意识，锻炼学生灵活处理的能力。

适用岗位

铁路列车员、列车值班员、列车长、餐服员、保洁员、随车机械师、乘警等岗位。

教学目标

1. 知识目标

掌握列车火灾爆炸突发事件处理的基本流程，以及初起火灾处理的办法。

2. 能力目标

理解铁路列车消防安全的重要性，能对各种列车火灾突发情况做出正确的判断以及采取及时有效的措施。

3. 素质目标

培养学生面对火灾时能够独当一面的心理素质和能力，同时也培养学生良好的团队协作能力。

案例导学

列车火灾事故

【案例分析】2018 年 1 月 25 日 11 时 53 分，由青岛开往杭州东的 G281 次列车运行至定远站停车，电器设备发生故障，2 号车厢冒烟。造成 G281 次列车价值 2880 多万元的车体烧穿报废，幸亏铁路部门立即启动应急预案，遂决定临时停靠定远站，并迅速组织旅客疏散，由于处理及时，事故没有一名旅客及工作人员伤亡。

相关知识

课前回顾

1.“两知一会”是指什么?

2.消防“三懂三会”具体包括哪些内容?

一、列车火灾、爆炸处理的原则

迅速扑救、防止蔓延、确认现场情况,判断起火原因,采取有效措施,尽最大努力,最大限度地避免或减少人员伤亡、财产损失,尽快恢复列车运行。即统一指挥、快速反应、正确处置、最大限度地避免或减少人员伤亡、尽快驶离。

二、发生初起火情时的应急处理措施

1.迅速扑救

最先发现、到达现场的列车工作人员(含随车机械师、乘警、列车安全员、客运、餐服、保洁等人员)应立即使用报警按钮(必要时使用紧急停车设备),并迅速扑救。同时,通知列车长,口头宣传旅客疏散。全体工作人员就近携带灭火器迅速到达现场实施扑救。

2.疏散旅客

接到司机或旅客的火情警报,列车长、乘警、随车机械师应立即赶赴现场进行确认。如核实有火情,立即通知司机,并根据火情特点,采取有效措施迅速扑救,必要时应组织旅客向安全车厢疏散。待旅客撤离后,列车长组织列车工作人员手动关闭起火车厢通道阻火门,司机降低车速,避免空气流通助长火势。如确认无火情,列车长要迅速告知司机,并协助乘警调查,做好记录。

3.全面检查

火情扑灭后,列车长、乘警、随车机械师要对起火部位进行全面检查,确认火情已完全熄灭且不会复燃,列车长安排乘务员继续对起火部位进行观察至终点站。

4.救治伤员

如有旅客受伤应立即进行救治,按照旅客意外伤害事故处理的有关程序进行处理。

5.调查取证

如确认是外来火源或烟头等原因导致火情,乘警负责组织列车工作人员、旅客现场调查取证,并形成书面材料。

6.及时报告

列车长要及时告知司机灭火信息,并逐级汇报事情经过和处置过程。

三、火情不能立即扑灭或发生爆炸事故，危及列车安全的应急处置措施

1. 立即停车

列车工作人员发现并确认火情，采取扑救措施不能扑灭，火灾呈蔓延趋势，应立即使用紧急停车装置（拉下紧急制动手柄、按下火灾报警按钮等），列车长通知司机立即制动列车（停车时应避开桥梁、隧道和重要建筑物等），将列车停在安全地带。由司机向列车调度报告，并配合列车长、随车机械师、乘警进行火灾扑救、旅客疏散等工作。

2. 疏散旅客

列车工作人员应迅速宣传，稳定旅客情绪，组织起火车厢的旅客用湿毛巾、手帕、衣物等捂住口鼻向临近车厢疏散。

3. 迅速扑救

列车长立即组织工作人员和志愿参加救援的旅客进行扑救。

4. 切断火源

列车长通知随车机械师立即切断起火车厢电源，在人员疏散完毕后关闭起火车厢两端的通道阻火门，以切断火势，防止火势蔓延。

5. 设置防护

乘警指导工作人员宣传发动旅客自觉维护车厢秩序，看管好随身行李物品，防止旅客跳车、踩踏、治安事件等意外情况的发生。

6. 报告救援

在疏散旅客、组织灭火的同时，列车长、司机应尽快向行车调度报告事故情况，调度部门视情况向当地政府、公安消防部门请求支援。在判明火情确实无法控制并严重危及旅客生命安全、急需下车的情况下，列车长综合各方面的情况，和司机、乘警、随车机械师商定疏散方案。司机根据列车长请求，向列车调度员报告，请求地面疏散，现场救援。疏散旅客应遵循以下原则：

（1）列车长、司机、乘警、随车机械师集体商定疏散方案，并密切配合，有序实施。

（2）列车工作人员应迅速做好防护，做好前有带队、中有护队，尾有押队，组织旅客有序下车，并引导至安全地带。

（3）当起火车厢的旅客疏散完毕后，应关闭起火车厢两端的通道阻火门，确保车厢处于密闭状态，以免大量空气进入，助长火势。

（4）在桥梁、隧道停车时，列车工作人员应确认邻线区间封闭后，利用桥梁、隧道的人行通道，做好旅客疏散和安全防护工作。如列车停在长大隧道内，列车长应在照明设施开启后，指挥列车工作人员组织旅客向距离最短的隧道出口迅速疏散，等待救援。

（5）遇动车组列车重联时，非事故车列车长应安排列车工作人员参与事故车的救援工作。

（6）组织旅客换乘，疏散时由列车工作人员按规定打开非会车侧车门，根据需要安装好

应急梯，组织旅客疏散到安全地带，并须确保旅客人身安全。

(7)紧急情况下可使用安全锤打破车窗玻璃，组织旅客紧急逃生，防止旅客盲目跳车发生意外。

7. 抢救伤员

列车乘务人员应发动和组织旅客开展自助自救行动。列车红十字救护员应对受伤人员开展紧急救护，采取止血。简易固定、包扎等初期现场救护措施，为医院救治创造条件。

8. 保护现场

列车工作人员应积极配合公安部门保护好火灾现场，禁止任何人进入保护区域，对火灾痕迹和物证，应采取有效措施，妥善保护。

9. 调查取证

列车工作人员协助公安部门提供事故线索，调查事故详情，搜集相关证据。

10. 尽快开车

确认火情完全被扑灭，联控司机尽快开车。

任务工作单

学习情境五　列车常见突发事件处置	班级			
学习项目一　列车发生火灾、爆炸的应急处理	姓名		学号	
	日期		评分	

1. 写出列车火灾爆炸事故处理的“四十字”流程。

______、______、______、______、______

______、______、______、______、______

2. 写出初起火灾处理的程序。

______、______、______、______、______、______

3. 判断下列哪些物品是具有安全隐患的物品。

4. 实战演练

【情境描述】 2019 年 8 月 20 日 13 时 14 分，在武汉开往广州的 G1107 次列车行驶到武汉至长沙区间时，一乘务员正在巡视车厢，突然发现 2 号车厢旁的配电柜冒烟，请问现场该如何处理。

【任务实施】 要求分小组模拟该场景进行角色扮演实战演练，根据列车火灾爆炸处理的主要流程和实际情况灵活变通处理。

【考核方式】 教师点评、小组互评、自我反思(见下表)

演练评分标准参考表

序号	评 分 项 目	满　分	得　分
1	事件演练的完整性	20	
2	场景设计的代表性	30	
3	演练人员的现场反应与处理能力	30	
4	事后反思	20	
总分			

学习项目二　列车行车事故的应急处理

项目说明

本项目主要学习与列车运行安全相关的紧急情况及应急处理，通过对按规定使用列车紧急制动阀停车后的应急处理、遇有滥用列车紧急制动阀停车的应急处理、列车超员压死弹簧或钩差超限时的应急处理、列车运行中遇中途临时停车的应急处理、旅客列车因线路中断暂停运行的应急处理、列车发生撞车或颠覆的应急处理等铁路旅客列车行车事故应急处置的学习，加深学生对铁路旅客列车行车事故应急处置知识的掌握，提高学生的应急处置能力。

适用岗位

列车员、列车值班员、列车长、餐服员等岗位。

教学目标

1. 知识目标

熟悉与列车运行安全相关的紧急情况，掌握相应情况的应急处理。

2. 能力目标

通过本章节学习，培养学生面对与列车运行安全相关的紧急情况时的应急处置能力。

3. 素质目标

培养学生面对应急情况时能够独当一面的心理素质和能力，同时培养学生良好的团队协作能力。

案例导学

【案例情况】某年某月某日，某铁路局集团公司某机务段东风4型1952号机车牵引2182次货物列车行至京山线丰台西站二场时冒进进路信号，与停留五场接车进路信号机外方的某次货物列车追尾冲突。造成货车报废一辆，中破3辆，大破4辆，损坏线路25米。直接经济损失达36.4万元，构成行车重大事故。

（资料来源：https://baike.so.com/doc/5381626-5617962.html）

[案例思考]

根据上述案例，阐述铁路旅客运输安全的重要性。

相关知识

课前回顾

1. 如何使用紧急制动阀？
2. 紧急制动阀在什么位置？

与列车运行安全相关的紧急情况及应急处理大致有以下几种：按规定使用列车紧急制动阀停车后的应急处理、遇有滥用列车紧急制动阀停车的应急处理、列车超员压死弹簧或钩差超限时的应急处理、列车运行中遇中途临时停车应急处理、旅客列车因线路中断暂停运行的应急处理、列车发生撞车或颠覆的应急处理。

一、按规定使用列车紧急制动阀停车后的应急处理

1. 使用紧急制动阀的条件

车辆乘务员、客运乘务组等列车乘务人员发现下列危及行车和人身安全情形时，应使用紧急制动阀（紧急制动装置）停车：

（1）车辆燃轴或重要部件损坏。

（2）列车发生火灾。

（3）有人从列车上坠落或线路内有人死伤。

（4）其他危及行车和人身安全必须紧急停车时。

2. 紧急制动阀的使用方法

（1）使用车辆紧急制动阀时，不必先行破封，应立即将阀手把向全开位置拉动，直到全开为止，不得停顿和关闭。遇弹簧手把时，在列车完全停车以前，不得松手。在长大下坡道上，必须先看制动主管压力表，如压力表指针已由定压下降100kPa时，不得再行使用紧急制动阀（遇折角塞门关闭时除外）。

（2）列车乘务人员使用紧急制动阀后，应将使用情况报告司机。

3. 使用紧急制动阀停车后的应急处理流程

（1）立即报告列车长及通知车辆乘务员。

（2）查明原因，分清责任。

（3）尽快组织开车。

（4）现场取证。

（5）返程后向本段派班室汇报。

二、遇有滥用列车紧急制动阀停车的应急处理

《铁路交通事故调查处理规则》规定：滥用紧急制动阀耽误列车，即构成一般事故，遇有滥用紧急制动阀停车的情况时，应做到：

（1）查明原因，分清责任。

（2）立即组织开车。

(3)报告列车长,通知车辆乘务员。

(4)取得责任人姓名、年龄、工作单位、证件号码和书面材料及旁证材料,必要时会同乘警共同取证。

(5)立即向本段派班室汇报。

三、列车超员压死弹簧或钩差超限时的应急处理

列车长接到因严重超员或其他原因造成弹簧压死或钩差超限的报告时,要立即通知车站及检车人员,列车长及乘警积极与车站密切配合,组织疏散旅客,经检查人员检查确认弹簧及钩差状态恢复后方可开车。

四、列车运行中途临时停车的应急处理

1. 坚守岗位

列车在非列车营业站或区间临时停车时,列车乘务员不得随意打开车门并要严守车门,认真瞭望,确认列车所在位置及方向,注意车外动态。确保车门锁闭,严禁旅客上下车。列车开启后进行四门瞭望,防止有人抓车;列车长要及时判明情况,正确处理。

2. 及时宣传,做好服务工作

加强车内巡视,做好安全宣传及服务工作,稳定旅客情绪,劝阻旅客不买、不吃围车叫卖、小商小贩、无证经营的食品和饮料。临时停车超过40min时,列车长应通过广播向旅客道歉。

五、旅客列车因线路中断暂停运行的应急处理

1. 应积极采取的措施

(1)列车长应迅速了解停运原因,向所在局客调及上级有关领导报告情况。

(2)根据指示迅速采取有效措施,确保旅客及行李、包裹的安全。

(3)必要时,向地方政府报告,请求援助。

2. 列车长应及时召开"三乘"会议,分工负责

采取措施保证旅客列车的绝对安全。列车长、乘警加强巡视,保证治安秩序良好,充分发挥列车广播作用,调动和发挥旅客中军人、党员等的作用。

乘务员坚守岗位,做好解释、安抚、服务工作,帮助旅客解决具体困难。

3. 餐车要保证旅客食品供应

餐料不足时应及时与车站或所在地方政府联系,组织采购,尽力满足旅客需要。对重点旅客要重点照顾。

4. 对旅客的安排

旅客可以要求在原地或返回中途站、发站等候通车继续旅行或者办理退票,或者按照承运人的安排绕道旅行。在旅客车票背面注明"原因、日期、返回××站",加盖列车长名章。并告知返回途中不能下车,若自行下车,车票失效。

六、列车发生撞车、颠覆的应急处理

列车发生撞车、颠覆时一般已构成行车事故,列车所有乘务人员应立即按照应急预案安

排做好相应的应急处理工作。

1. 设置防护

机车乘务人员(受伤、遇难时由其他人员)和车辆乘务员负责迅速设置防护(必要时先向列车调度员报告)。

2. 报告救援

尽快向行车调度或公安机关报告事故情况,请求救援,并应迅速向当地政府、驻地部队请求支援。

3. 抢救伤员

抢救时先重后轻、先伤后亡,会同乘警控制现场,为查明原因提供依据。

4. 保护现场

通过宣传稳定秩序和保护现场,可依靠旅客中的军、警、干部、工人等,防止不法分子乘机作案。

任务工作单

学习情境五　列车常见突发事件处置	班级			
学习项目二　列车行车事故的应急处理	姓名		学号	
	日期		评分	

1. 写出使用紧急制动阀的条件。

2. 写出使用紧急制动阀后的应急处置流程。

3. 写出列车超员压死弹簧或钩差超限时的应急处理。

4. 实战演练

【情境描述】 2017 年 8 月 6 日 7 时 16 分,武汉开往广州的 K1107 次列车行驶到武汉至长沙区间时,一醉酒旅客王某(旅客身份信息及车票信息自定)不慎误拉 15 车紧急制动阀,造成列车停车 5min,后经列车工作人员现场处理,列车于 7 时 31 分再次开车。请以列车工作人员视角模拟现场处置流程。

【任务实施】 要求分小组模拟该场景进行角色扮演实战演练,根据所学知识和实际情况灵活变通处理。

【考核方式】 教师点评、小组互评、自我反思(见下表)

演练评分标准参考表

序号	评分项目	满分	得分
1	事件演练的完整性	20	
2	场景设计的代表性	30	
3	演练人员的现场反应与处理能力	30	
4	事后反思	20	
总分			

学习项目三　列车发生晚点延误的应急处理

项目说明

本项目主要学习列车发生晚点延误的应急处理。通过对晚点处置应急组织指挥机构、工作职责、信息报告制度、现场应急处置措施、列车终到晚点旅客拒绝下车的应急处置等相关内容的学习，加深学生对列车发生晚点延误的应急处理的理解，培养塑造学生在处置列车发生晚点延误时的应急处置能力。

适用岗位

列车员、列车值班员、列车长、餐服员等岗位。

教学目标

1. 知识目标

掌握列车发生晚点延误时的应急处置流程。

2. 能力目标

通过本章节学习，培养学生在处置列车发生晚点延误时的应急处置能力。

3. 素质目标

培养学生面对列车晚点时能够独当一面的心理素质和能力，同时培养学生良好的团队协作能力。

案例导学

暴雨导致达州站多趟列车晚点

【案例分析】2019 年 7 月 18 日 11 时许，达州市气象台发布雨情通报：18 日 10—11 时，全市有 38 个站点雨量超过 10mm，7 个站点超过 20mm，主要出现在达川区、宣汉，达川区最大达 49.6mm。目前，强回波主要位于达州市中部，并向东北方向移动。

18 日上午，四川新闻网记者从达州火车站获悉，受连日来暴雨影响，目前 D5181、K507、K1387、T247、K817、D5199、K15、K787、K9415、T238 等次列车出现晚点情况。铁路部门相继组织相关人员对受暴雨影响的区段开展雨后巡查。

据达州火车站相关工作人员介绍，为了保障晚点旅客顺利办理改签、退票业务，火车站在第一时间启动了应急预案，在候车厅关键处所加派人手做好旅客组织和疏导，合理调整候车区域，加强广播引导，做好旅客运输组织工作。

（资料来源：http://news.gaotie.cn/yunying/2019-07-18/506956.html）

[案例思考]

通过分析上述案例,阐述车站晚点应急处置的详细内容。

相关知识

课前回顾

1. 乘务员应对重点旅客"三知三有","三知三有"指什么?
2. 重点旅客的定义是什么?

一、成立晚点处置应急组织指挥机构

1. 成立应急领导小组

为加强对旅客列车严重晚点应急处置的领导和组织工作,列车成立客运应急工作领导小组(以下简称领导小组)。

组长:列车长。

组员:列车员、餐饮人员、车辆乘务员、乘警、行邮人员。

2. 成立工作组

根据任务分工,成立宣传服务工作组、转移抢救工作组、治安防范工作组、设备维护工作组、生活保障工作组和处置防护工作组。

宣传服务工作组成员:由列车长任组长,列车员为组员,具体组成人员由列车长安排。

治安防范工作组成员:由乘警(长)任组长,乘警为组员。

设备维护工作组成员:由检车长任组长,车辆乘务员为组员。

生活保障工作组成员:由餐车长负责,餐车其他工作人员为组员。

二、工作职责

1. 领导小组工作职责

负责做好旅客列车严重晚点(直通列车晚点 2 小时,管内列车晚点 0.5 小时)情况下的处置工作。

2. 各工作组职责

宣传服务工作组:对旅客进行宣传解释、致歉并做好服务工作,稳定旅客情绪,保持车内环境卫生。

治安保卫工作组:加强车厢巡视,如旅客情绪不稳、发生骚动等特殊情况时,采取措施保证安全。

设备维护工作组:确保列车服务设施设备齐全且作用良好,加强对消防设备的检查。编组中有空调发电车时,要了解发电车的用油量,需补充燃油时提前汇报列车长。

生活保障工作组:对列车餐料、饮用水的现状进行统计,努力做好旅客饮食供应工作。如因餐料、饮用水不足时,应提前与车站联系,组织采购,尽量满足旅客的需求。

各班组要根据所值乘列车编组、人员配属、乘务组织及工作实际,适时调整以上分工及职责。

三、信息报告制度

1. 报告程序

晚点报告流程如图5-1所示。

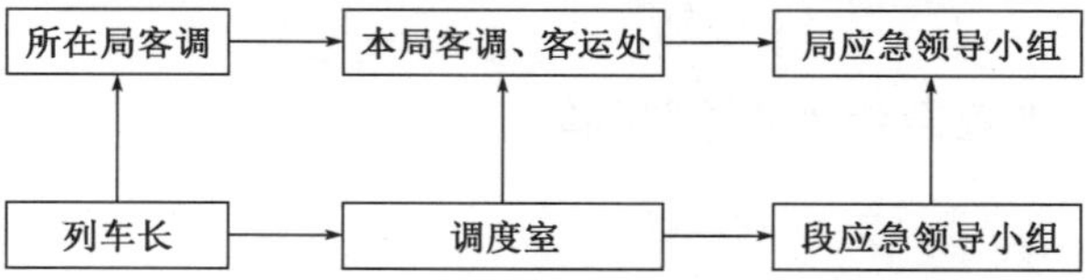

图5-1　晚点报告流程

2. 报告内容

报告内容有:列车受阻原因,基本情况(旅客状况,车内人数,特殊重点旅客数量,列车鲜活行包品类、数量,列车饮水、餐料,集便厕所,发电车用油可持续使用时间),运行情况,采取的相应措施,存在问题及其他应报告事项。

四、现场应急处置措施

1. 处置要点和流程

处置要点和流程有:汇报信息、做好服务、宣传解释、确保安全、保障饮食、妥善安置、拍发电报。

2. 处置措施

(1)汇报信息

列车长要及时向所在局客调汇报,同时向调度室汇报,段未启动应急响应时,车班每2.5h向调度室报送一次;启动Ⅰ、Ⅱ级应急响应时,车班每小时向调度室报送一次;启动Ⅲ级应急响应时,车班每2h向调度室报送一次,重要情况随时报告。

(2)做好服务

旅客列车晚点时,乘务员必须在岗在位,勤巡视车厢,主动服务。掌握旅客列车晚点情况,有旅客询问时,要认真回答,用词准确,禁止承诺。及时统计列车上水工作并向列车长反映,列车长与车站加强联系,做好上水工作。挂有集便厕所的列车,乘务员要对厕所使用状态进行监控,发现液位仪显示满,厕所无法使用时,及时汇报列车长,列车长发现超过半数厕所无法使用时,要将此信息及时汇报本局及当局客调,请求在具备条件的车站安排吸污。在局管内无法安排地面固定或移动吸污作业，需开启集便式厕所应急直排功能时，乘务员应提前放置水桶及厕所刷，加强巡视，及时补水，及时冲刷厕所积便。禁止使用硬物伸入吸污口强行疏通，防止损坏吸污设备。在未吸污前，车班可使用垃圾袋或其他容器暂时解决旅客无法如厕的问题。

(3)宣传解释

对旅客进行宣传、解释工作时，要与铁路局(集团)公司发布和通报的内容相一致，现场信息必须及时反馈到调度室。列车广播要延长播放时间，播放安全注意事项，广播通告要按照不同晚点情况进行播报[凡涉及外部因素引发列车晚点等各类问题时，对外宣传新闻稿或列车公告中对问题发生地的表述应严格按照铁路局(集团)公司相关要求执行]。

①因自然灾害造成列车晚点时，列车广播通告：

旅客朋友们：

我是××次列车列车长，受××(降雨、降雪、大雾、雾霾、大风、洪水、山体滑坡、泥石流……)影响，列车现在大约晚点××小时××分。请您谅解。

②因自然灾害造成列车降速运行并晚点时，列车广播通告：

旅客朋友们：

我是××次列车列车长，受××(降雨、降雪、大雾、雾霾、大风、洪水、山体滑坡、泥石流……)影响，为确保旅行安全，列车需降速运行。列车现在大约晚点××小时××分。请您谅解。

③因自然灾害造成线路中断，列车晚点时，列车广播通告：

旅客朋友们：

我是××次列车列车长，受××(洪水、山体滑坡、泥石流……)影响，前方线路中断，铁路部门正在积极组织抢修(列车停车时还需广播：列车现在停车等候通车)。列车现在大约晚点××小时××分。请您谅解。

④因自然灾害造成线路中断，列车绕道运行时，列车广播通告：

旅客朋友们：

我是××次列车列车长，受××(洪水、山体滑坡、泥石流……)影响，前方线路中断，铁路部门正在积极组织抢修。本次列车将绕经××线(××线……)运行。请票面到站为××站(××站……)的旅客在××站下车办理退票手续。请您谅解。

⑤因自然灾害造成线路中断，列车中途停止运行时，列车广播通告：

旅客朋友们：

我是××次列车列车长，受××(洪水、山体滑坡、泥石流……)影响，××至××线路中断，铁路部门正在积极组织抢修。列车将在××站停止运行。请去往××站以远的旅客在前方停车站下车办理退票手续。请您谅解。

⑥因铁路交通事故影响、设备故障等造成列车晚点时，列车通告：

旅客朋友们：

我是××次列车列车长(××站站长)，因××原因，列车现在大约晚点××小时××分。给您造成不便，向您表示诚挚的歉意。

⑦因铁路交通事故影响、设备故障等造成线路中断，列车晚点时，列车通告：

旅客朋友们：

我是××次列车列车长，因××原因，前方线路中断，铁路部门正在积极组织抢修。（列车停车时还需广播：列车现在停车等候通车，）列车现在大约晚点××小时××分。给您造成不便，向您表示诚挚的歉意。

⑧因铁路交通事故影响、设备故障等造成线路中断，列车绕道运行时，列车广播通告：

旅客朋友们：

我是××次列车列车长，因××原因，前方线路中断，铁路部门正在积极组织抢修。本次列车将绕经××线（××线……）运行，请票面到站为××站（××站……）的旅客在××站下车办理退票手续。给您造成不便，向您表示诚挚的歉意。

⑨因铁路交通事故影响、设备故障等造成线路中断，列车中途停止运行时，列车广播通告：

旅客朋友们：

我是××次列车列车长，因××原因，××至××线路中断，铁路部门正在积极组织抢修。列车将在××站停止运行。请去往××站以远的旅客在前方停车站下车办理退票手续。给您造成不便，向您表示诚挚的歉意。

（4）确保安全

乘警加强车厢巡视，保证旅客人身、财产安全，乘务员要坚守岗位、加强巡视，遇临时停车时，看守车门，在未接到通知之前严禁打开车门让旅客下车。列车终到遇旅客拒不下车，按有关处置办法配合处置。

（5）保障饮食

餐车人员做好饮食保障，确保食品质量，发生餐料短缺时，餐车长（列车长）要及时与前方车站取得联系，及时补料，确保旅客饮食供应。

（6）妥善安置

遇列车晚点影响部分中转换乘旅客后续行程时，列车应编制客运记录交车站，为中转换乘旅客办理改签或退票；遇有部分未到站旅客要求中途站下车，列车应一并为其办理，针对部分重点旅客要求提前下车，应告知其安全注意事项。

（7）拍发电报

列车应拍发电报，告知前方停车站做好晚点列车的上水及旅客乘降组织。

五、列车终到晚点旅客拒绝下车的应急处置

遇有旅客因列车终到晚点拒绝下车时，按下列方法处置：

（1）列车长协同乘警迅速到现场做好解释工作，取得旅客谅解，维护车内秩序，避免事态扩大。

（2）向段值班领导及派班室汇报情况，请求指示，必要时通知有关调度。

（3）与车站值班员联系，协助站方领导解决。

任务工作单

学习情境五　列车常见突发事件处置	班级			
学习项目三　列车发生晚点延误的应急处理	姓名		学号	
	日期		评分	

1. 写出列车终到晚点旅客拒绝下车的应急处置。

2. 写出列车晚点的报告程序。

3. 实战演练

【情境描述】 2019 年 8 月 20 日 13 时 14 分，武汉开往广州的 K1103 次列车行驶到武汉至长沙区间时，因前方水害断道，导致列车在岳阳站停车 8h。在此期间，有 11 名旅客要求在岳阳站提前下车并要求铁路办理退票，列车终到广州晚点 9 小时 12 分，32 名持联程票旅客无法乘坐接续列车，请就上述案例模拟现场处置，旅客个人及车票信息自拟。

【任务实施】 要求分小组模拟该场景进行角色扮演实战演练，根据所学知识和实际情况灵活变通处理。

【考核方式】 教师点评、小组互评、自我反思（见下表）

演练评分标准参考表

序号	评 分 项 目	满　　分	得　　分
1	事件演练的完整性	20	
2	场景设计的代表性	30	
3	演练人员的现场反应与处理能力	30	
4	事后反思	20	
总分			

学习项目四　列车发生食物中毒或疫情的应急处理

项目说明

本项目主要学习列车发生食物中毒或疫情的应急处理。通过对列车发生食物中毒或疫情的应急处理等相关内容的学习,加深学生对列车发生食物中毒或疫情的应急处理的理解,培养塑造学生对相应问题时的应急处置能力。

适用岗位

列车员、列车值班员、列车长、餐服员等岗位。

教学目标

1. 知识目标

掌握列车发生食物中毒或疫情时的应急处置流程。

2. 能力目标

培养学生在处置列车发生食物中毒或疫情的应急处置能力。

3. 素质目标

培养学生面对列车发生食物中毒或疫情时能够独当一面的心理素质和能力,同时培养学生良好的团队协作能力。

案例导学

Z95 次列车 39 名旅客食物中毒送医

【案例分析】7 月 23 日凌晨,24 名乘坐北京西开往重庆西 Z95 次列车的旅客,因出现呕吐、恶心、腹痛等症状,被紧急移交郑州火车站,并迅速送往市内 5 家医院进行救治。经卫生部门初步诊断,为细菌性集体食物中毒。

据了解,24 名发病旅客均为四川省内江市第二中学赴京旅行团队的返程学生。该团队共有师生 392 人,于 7 月 22 日在外用完午餐后乘车,晚餐为旅行社准备的方便食品。

Z95 次列车上的其他旅客,包括在车上用餐的带队老师,未出现上述症状。

另悉,Z95 次列车在郑州火车站发车后,又有 15 名旅客后续发病,先后在汉口站、恩施站移交救治。

(资料来源:http://news.cnr.cn/native/gd/20190723/t20190723_524702988.shtml)

[案例思考]

请就上述案例分析,列车应如何做好旅客饮食卫生卡控。

相关知识

课前回顾

1. 传染病可分为哪几类？
2. 列车上发生食物中毒的原因有哪些？

一、旅客发生食物中毒的应急处置

1. 处置要点和流程

处置要点及流程有：迅速报告、积极救治、封存保留证物、收集取证。

2. 处置措施

(1)迅速报告

列车长要迅速了解情况后，在 2h 内把事件情况向所在局客调、客运处、铁路卫生监督、疾病控制部门、前方车站和调度室汇报。

报告内容：发生时间、发生地点、发生单位、中毒人数、可疑中毒食品名称等。

(2)积极救治

列车应立即广播寻医，组织救治。并对食物中毒者进行登记，内容包括：姓名、性别、年龄、身份证号码、到达站、联系方式等。需交站送医院救治时，视情况做好移交准备。

(3)封存保留证物

餐车长应组织立即封存导致或者可能导致食物中毒的食品及其原料、工具及用具、设备设施；禁止继续食用、出售剩余的可疑食品，做好现场保护，封存食品；保留可疑中毒食品或可疑污染食品剩余物；保留患者呕吐物、排泄物；等待卫生执法监督、疾病控制、医疗等相关部门到达现场，配合调查处理。

(4)收集取证

列车长、餐车长会同乘警及时对事件进行调查记录，并取证。

3. 应急备品配置(表 5-1)

应急备品配置表　　表 5-1

序号	名　称	数量	摆放地点	管理人	管理部门	联系方式
1	箱包	1 个	广播室	兼职广播员	担当车队	
2	玻璃体温计	2 支	应急箱	兼职广播员		
3	消毒喷雾器	1 个	应急箱	兼职广播员		
4	防护眼镜	5 副	应急箱	兼职广播员		

续上表

序号	名　称	数量	摆放地点	管理人	管理部门	联系方式
5	一次性防护服	5套	应急箱	兼职广播员	担当车队	
6	一次性乳胶手套	20双	应急箱	兼职广播员		
7	一次性口罩	2包	应急箱	兼职广播员		
8	一次性鞋套	20双	应急箱	兼职广播员		

二、旅客列车发生疫情的应急处置

1. 应急组织指挥机构

为加强对旅客列车突发公共卫生事件应急处置的领导和组织工作，列车成立客运应急工作领导小组(以下简称领导小组)。

(1)成立应急领导小组

组长：列车长。

组员：列车员、餐饮人员、车辆乘务员、乘警、行邮人员。

(2)成立工作组

根据任务分工，成立协调工作组、抢救工作组、防护工作组。

协调工作组成员：由列车长任组长，餐车工作人员为组员，具体组成人员由列车长安排。

抢救工作组成员：由列车长或值班员任组长，列车员为组员，具体组成人员由列车长安排。

防护工作组成员：以乘警(长)为组长，乘警为组员。

2. 工作职责

(1)领导小组工作职责

负责做好旅客列车突发公共卫生事件的应急处置工作。

(2)各工作组职责

协调工作组：及时向有关部门上报信息并联系卫生防疫部门，按上级指示和要求开展应急处置工作。

抢救工作组：负责救护伤员，并做好统计工作，做好伤员安置工作。

防护工作组：负责对伤员和受影响人员进行防护隔离，做好车厢旅客和工作人员的防护工作，维护好现场秩序，防止发生旅客骚动；安抚旅客情绪，防止事态扩散。必要时按列车长指示，通过广播指导旅客做好安全防护。

各班组要根据所值乘列车编组、人员配属、乘务组织及工作实际，适时删减或调整以上分工及职责。

3. 信息报告制度

(1)报告程序(图5-2)

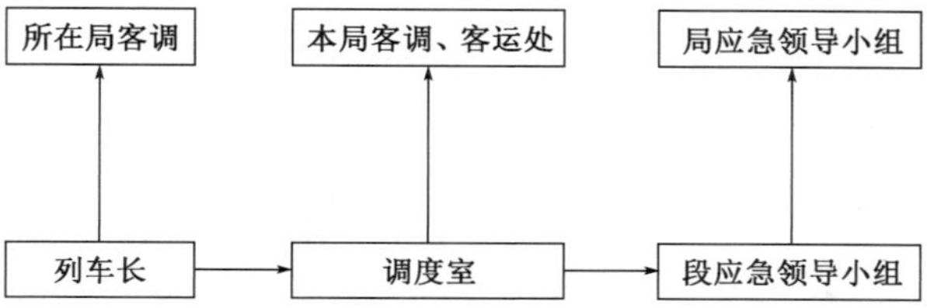

图 5-2　应急报告程序

(2)报告内容

报告内容有:车次、时间、运行地点、发病人数、与病人密切接触人员简况及主要症状、旅行目的站、病人所在车厢号等。

4. 现场应急处置措施

(1)处置要点和流程

处置要点和流程有:迅速报告、紧急救援、安全防护、收集取证、安抚旅客。

(2)处置措施

①迅速报告。

列车长要迅速了解情况,向所在局客调和调度室汇报。

②紧急救援。

列车长立即赶到现场,如病人或疑似病人数量在 3 人以下时,利用本车厢乘务室将病人或疑似病人与其他旅客隔离;如人数较多时,对整节车厢或车厢的部分进行隔离。乘务员做好病人资料登记,同时做好自身防护,并协助乘警控制旅客的流动。对密切接触者(指病人或疑似病人所在硬座、软座或硬卧车厢的旅客、软卧同包厢的旅客、同行人员以及有关乘务人员)进行登记,内容包括:姓名、性别、年龄、身份证号码、到达站、联系方式等。广播找到的医生、红十字救护人员应利用应急药箱对感染病人做救治。病人或疑似病人及密切接触者下交时,列车长应将登记资料一并交卫生防疫部门。对密切接触病人或疑似病人的乘务人员同时进行隔离,与其他密切接触者一起下交,由卫生防疫部门安排进行医学观察。

③安全防护。

对于安排有病人或疑似病人的车厢,车厢乘务员要切实负责,做好旅客看护工作,协同乘警维护好车内秩序,防止受感染旅客离开约束范围,造成事态进一步扩大。对于事发车厢,车厢列车员及前往处理的列车工作人员首先要做好自我防护。若本车厢将进行隔离处理时,乘务员要做好车门看守工作,防止其他车厢旅客进入或本车厢旅客进入其他车厢。

④收集取证。

列车长会同乘警对事件进行调查记录,并取证。

⑤安抚旅客。

各车厢列车员要及时安抚本车厢旅客,取得旅客配合。列车长要重点做好对病人或疑似病人的解释安抚工作。必要时,通过广播对旅客做好解释工作。

任务工作单

学习情境五　列车常见突发事件处置	班级			
学习项目四　列车发生食物中毒或疫情的应急处理	姓名		学号	
	日期		评分	

1. 写出旅客发生食物中毒的应急处置要点和流程。

2. 写出旅客列车发生疫情报告程序。

3. 实战演练

【情境描述(案例均为模拟案例)**】** 2019年8月19日12时13分,北京西开往成都的K1103次列车行驶到宝鸡至广元区间时,3名旅客突然出现呕吐、发烧、脱水症状,请就上述案例模拟现场处置,旅客个人及车票信息自拟。

【任务实施】 要求分小组模拟该场景进行角色扮演实战演练,根据列车火灾爆炸处理的主要流程和实际情况灵活变通处理。

【考核方式】 教师点评、小组互评、自我反思(见下表)

演练评分标准参考表

序号	评 分 项 目	满　　分	得　　分
1	事件演练的完整性	20	
2	场景设计的代表性	30	
3	演练人员的现场反应与处理能力	30	
4	事后反思	20	
总分			

学习项目五　列车设备故障的应急处理

项目说明

本项目主要学习列车设备故障的应急处理的主要流程。通过对列车设备故障的应急处理的学习，加深学生对列车设备故障的应急处理基础知识的理解，培养塑造学生在处置相应问题时的应急处置能力。

适用岗位

铁路列车岗位列车员、列车值班员、列车长、餐服员等岗位。

教学目标

1. 知识目标

掌握列车设备故障应急处理的主要流程。

2. 能力目标

能在列车发生设备故障时做出正确的判断以及采取及时有效的措施。

3. 素质目标

培养学生处理列车设备故障时沉着冷静的心理素质和现场作业能力，同时培养学生良好的团队协作能力。

案例导学

高铁列车外层车窗被男子用弹弓击碎

【案例情况】2015 年 4 月 29 日下午，G236 次列车刚离开潍坊站 10 多分钟，突然一声响，1 号车厢 7D 座位旁的车窗玻璃被击碎。所幸高铁是双层玻璃，外层玻璃粉碎后内层玻璃完好，没有旅客受伤，列车也没有因受到这次“袭击”而减速、停车。

随后，青岛铁路公安处通过官方微博回应，称 3 月 29 日 17 时许，G236 次列车在潍坊到昌乐间一车窗玻璃被击碎。经青岛铁路警方调查，查获一唐姓无业男子及携带弹弓一把。该唐姓男子供认用弹弓打鸟时误击列车的违法事实。

（资料来源：http://news.sina.com.cn/s/p/2015-04-01/105931669629.shtml）

[案例思考]

根据上述案例，思考铁路运输企业应如何加强对路外人员袭击列车的卡控。

相关知识

课前回顾

1. 客运记录的含义?
2. 拍发铁路电报主送方、抄送方有什么规定?

一、旅客列车设备故障应急处置

1. 应急组织指挥机构

(1)成立应急领导小组

为加强旅客列车遇设备故障应急处置的领导和组织工作,列车成立客运工作领导小组(以下简称领导小组)。

组长:列车长。

组员:列车员、餐饮人员、车辆乘务员、乘警、行邮人员。

(2)成立工作组

根据任务分工,成立设备检修工作组、处置服务工作组、安全警卫工作组、生活供应工作组。

设备检修工作组成员:由检车长负责,车辆乘务员为组员。

处置服务工作组成员:由列车长负责,列车员为组员,具体组成人员由列车长安排。

安全警卫工作组成员:由乘警(长)负责,乘警为组员。

生活供应工作组成员:由餐车长负责,餐车其他工作人员为组员。

2. 工作职责

(1)领导小组工作职责

负责做好旅客列车设备故障的应急处置工作。

(2)各工作组职责

设备检修工作组:检查造成列车设备故障原因,及时修复。

处置服务工作组:坚守岗位,加强巡视,并做好安全宣传、服务和稳定工作,根据实际需要进行处置。

安全警卫工作组:负责巡视车厢,维护车内秩序,安抚旅客情绪。

生活供应工作组:对列车餐料、饮用水的现状进行统计,努力做好旅客饮食供应工作。

各班组要根据所值乘列车编组、人员配属、乘务组织及工作实际,适时删减或调整以上分工及职责。

3. 信息报告制度

(1)报告程序(图5-3)

(2)报告内容

报告内容包括时间、地点、列车种类、车次、旅客情况、设备故障原因的初步判断、事件发生后采取的措施及控制情况、是否需要救援、报告单位、报告人、联系方式及其他情况。

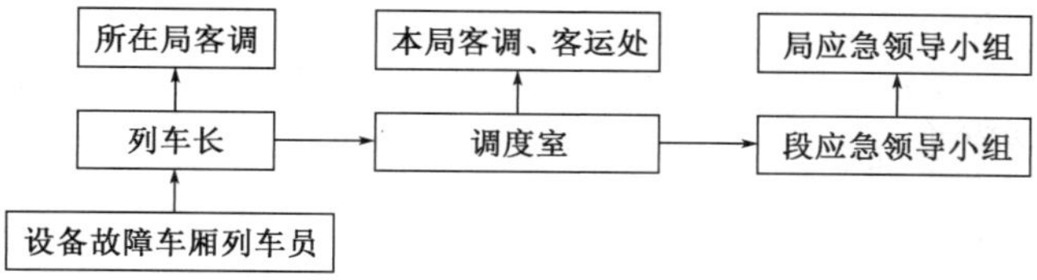

图 5-3　报告程序

4. 现场应急处置措施

(1) 旅客列车空调故障

动车组空调系统故障应急处置

①处置要点和流程:及时反应、上报信息,全力抢修、加强服务,寻求协助、维持秩序。

②处置措施。

a. 及时反应、上报信息

列车长负责空调故障信息的传递、上报工作,督促车辆人员立即进行检修。如短时不能排除故障,安排乘警、列车员维持秩序、宣传解释、安抚旅客和车厢巡视等工作,及时处置突发情况。经检车人员检查后,把发生故障原因、严重程度和列车基本情况按照信息报告程序向调度室汇报。

b. 全力抢修、加强服务

在设备检修组抢修过程中,服务工作组要加强列车服务工作,为旅客送开水,同时加强对车厢的巡视,做好旅客问询解答工作,超出能力范围的汇报列车长处理,对情绪激动的旅客要耐心解释,努力做好旅客的息诉工作。要根据车内温度情况,在列车长同意后,打开车窗进行透气,并进行看守,对乘坐在窗户旁边的旅客进行安全宣传。

c. 寻求协助、维持秩序

如个别车厢发生空调故障,可向周围空调设备良好的车厢疏散旅客,将影响降到最低;如空调故障无法修复或长时间空调故障,旅客要求退还空调费时,要按规定拍发电报(城际列车电话向调度室汇报)、填制客运记录。乘警要加强车厢巡视,向旅客宣传安全注意事项,确保旅客人身财产安全,对旅客提出的问题耐心解答。

(2) 列车遇车窗玻璃破损的处置

①巡视汇报。

a. 列车员发现列车车窗(门)玻璃破损后,要记录发现时间并立即向列车长汇报:"××列车长,×号车厢运行方向×侧车窗(门)玻璃破损"。列车长接到汇报后,会同车辆乘务员(随车机械师)、乘警前往进行检查。

b. 根据车辆乘务员对破损玻璃的判断,对暂无脱落风险的,值乘列车员要注意观察变化情况,有异常时及时通知车辆乘务员检查。列车长了解基本情况后立即按照信息汇报流程向调度室进行汇报,汇报信息包括发现人、发现时间、运行区间、位置、车种、车厢号、车号、运行方向(左或右侧)、处理情况(必须包括停车处理或不停车处理)。调度室接到列车长汇报后,按照信息汇报流程向局客运处、客调、安监室汇报。

②信息汇报及拍发电报。

a. 在局管内发生旅客列车车窗(门)玻璃破损,按照信息汇报流程向派班室汇报(不得拍发电报),派班室向局客运处、客调、安监室汇报,信息内容按第一条执行。

b. 在局管外发生旅客列车车窗(门)玻璃破损,造成车内旅客受伤或客车设备设施损毁且在处理后(包括不停车处理和停车处理,下同)仍影响列车行车安全时,在前方有电报所的车站拍发电报。拍发电报前要及时用电话将事件情况向当地客调报告。

玻璃被击碎后造成车内旅客受伤时,拍发电报主送:事发区间就近车站派出所、受伤人员下交车站;抄送:事发局、局客运处、安监室、公安局,客运段、车辆段。

旅客列车车窗(门)玻璃破损,造成客车设备设施损毁且在处理后仍影响列车行车安全时,由检车长编制电报内容并签字后交列车长,盖列车长名章后拍发电报。拍发电报主送:事发局、客运处、车辆处;抄送:客运段、车辆段。

③在局管外发生旅客列车车窗(门)玻璃破损,没有造成车内旅客受伤、客车设备设施损毁或客车设备设施损毁但在处理后不影响行车安全时,按照信息汇报流程向派班室、当地客调汇报(不得拍发电报)。处理完毕后向派班室、当地客调汇报时应有"检车人员判断不影响行车安全"的内容。

④停车处理。

停车处理时,值乘车厢列车员及列车长对车辆乘务员下车处理时开启的车门要做好看守工作,处理完毕后要再次对车门进行检查。对加装木板封堵的车窗,列车员要彻底清除车内破碎玻璃,避免划伤旅客,对周围旅客进行安全宣传并加强巡视,发现木板松动等异常及时通知车辆乘务员处理。动车组列车车窗玻璃破损需要在前方站更换车底时,列车长及列车员要会同车站做好更换车底旅客的宣传解释及转移工作。

⑤其他要求。

a. 发生车窗(门)玻璃破损,列车长要严格按照《中国铁路总公司关于做好旅客列车车窗玻璃破损应急处置工作的通知》(铁总运〔2015〕81号)文件要求处理。同时车班要对破碎玻璃进行拍照,收集旅客旁证。如有击打物,要拍照留证。

b. 三乘汇报信息要统一。

c. 列车终到前,列车长在《三乘检查记录》中对玻璃破损进行记录,对班组列车长始发入库时对玻璃更换情况进行确认。

d. 车队要对拍发电报的玻璃破损事件进行重点掌握,并将处置情况在3h内报派班室,派班室按信息流程进行处理。车班返程后及时将相关材料交本单位安全管理部门。

(3)车门无法关闭的应急处置

①列车站停时的应急处置。

a. 列车启动前发现车门无法关闭时,列车工作人员立即呼叫车辆乘务员(或站台工作人员)通知司机不得开车,同时迅速通知车辆乘务员到场处理。

b. 车门无法关闭但列车已启动时,列车工作人员应立即使用紧急制动阀停车,同时迅速通知车辆乘务员到场处理。

c. 旅客未乘降完毕列车启动时,车站工作人员发现后应立即按规定通知司机停车;列车工作人员发现时应迅速呼叫车辆乘务员或站台工作人员通知司机停车,不具备呼叫条件时,使用对讲机呼叫列车上的工作人员,车上有值乘人员听到呼叫后,应立即使用紧急制动阀停车。站车工作人员应坚持"宁漏勿扒"的原则,立即劝阻疏散正在乘降的旅客到安全白线以内,列车员应在确保人身安全的前提下,尽可能及时撤下安全踏板。

d. 客运乘务人员应熟练掌握本趟列车办客站和到开时刻、技术停点等业务知识。遇列车非正常停车时，能判明临时停车时要坚守岗位，加强巡视；不能判明时，应及时向列车长或其他列车员询问确认，必要时通过车辆乘务员与司机确认。

e. 列车到站停稳后，列车员应确认所在车厢是否停靠站台，如发现未正常停靠站台（普速线路受站台长度限制不能停靠站台等正常乘降组织情况除外），严禁打开车门（因变更股道、站台施工等特殊情况多个车厢或全列均不停靠站台需车站与列车联控应急处置除外），立即报告列车长，并迅速组织旅客向相邻靠站台的车厢车门进行乘降，列车长同时通报车站协助组织乘降。

②列车运行中车门无法关闭的应急处置。

a. 列车工作人员发现车门开启（含旅客报告）时，按照“谁发现、谁锁闭”的原则，由发现者立即锁闭车门，并向列车长通报情况，“三乘”对车门状态进行确认。

b. 车站工作人员发现车门开启时，应通过车站值班员（助理值班员）呼叫列车司机或车辆乘务员（呼叫车辆乘务员无应答时，呼叫司机通知车辆乘务员），车辆乘务员应及时就近锁闭或通知列车长指派就近列车员锁闭，“三乘”对车门状态进行确认。

c. 本条 a、b 款情形中，如车辆乘务员现场确认车门无法正常关闭的，列车长、车辆乘务员分别向所在地客运调度、车辆调度汇报，在前方站停车处理，其间由列车长指派工作人员做好防护；如遇车门口有人员难以疏散、扒车、坠落等严重危及人身、行车安全时，列车上首先到达车门现场的工作人员应迅速果断使用紧急制动阀停车。

（4）旅客列车车门故障的应急处置

①处置要点和流程：开车前应急处置、开车后及途中应急处置、信息传递、全力抢修、紧急制动、上报信息。

②处置措施。

a. 开车前应急处置。

在列车开车前发现车门无法关闭时，列车员要及时将信息通知车辆乘务员进行修复，并汇报列车长。若临近开车仍无法修复时，列车长要及时与车站（必要时可直接与客调联系）联系，要求调整开车时间。

b. 开车后及途中应急处置。

若出现列车起动车门无法关闭或运行途中车门打开无法关闭的情况时，要立即向列车长报告信息，同时及时疏散周围的旅客，并坚守岗位，做好防护，锁闭故障车门临近的端门和中门，防止旅客通过。在处置过程中，列车员要站在安全位置，确保自身安全。

③紧急制动。

危及旅客及作业人员人身安全时，应使用紧急制动阀停车（使用时应按照《技规》相关要求）开展救助，完毕后及时组织恢复列车运行。

④信息传递。

一是列车员直接使用无线对讲设备通知列车长；二是无线对讲设备故障或未配备无线对讲设备时，请周围的旅客帮助呼叫相邻车厢的列车员进行信息传递；三是无线对讲设备故障或未配备无线对讲设备，周围又无旅客和其他工作人员时，列车员将端门及中门锁闭，封闭该空间后迅速赶往相邻车厢传递信息，信息传递完毕后立即返回该车门处值守。

⑤全力抢修。

列车长收到信息后要及时会同车辆乘务员，迅速赶到现场，采取措施对设备进行修复，如设备无法修复时，由检车人员及时通知司机停车处理或请求取消停车。

(5)列车广播机故障

①处置要点和流程：积极抢修、口播作业、维修分界。

②处置措施。

a. 积极抢修。

列车运行途中发生广播设备故障时，列车员应及时向列车长报告情况，属于车辆部门维修的设备，由车辆乘务员检查处理；属于电务部门维修的设备或不能判明的故障，由列车长联系广播工区，在广播工区人员的指导下进行处理。退乘后应书面向广播工区、广播指导说明情况备查。广播机发生故障后，严禁任何人代替广播工区维修人员开机检修。

b. 口播作业。

广播设备故障后广播员改用口播，不能口播时，各车厢乘务员口头做好各项安全、服务宣传(特别是到站前通告)。

c. 维修分界。

下列设备由电务部门(广播工区)负责维修：广播机、话筒、广播机至配电盘的配线、喇叭、变压器。

下列设备由车辆部门(检车)负责维修：广播室及其备品、配电箱及接线端子、车顶天线、车厢广播连线、广播电源、喇叭框架、音量调节器、开关。

(6)餐车电磁灶故障

①处置要点和流程：解释沟通、积极抢修、做好衔接、及时供应。

②处置措施。

a. 解释沟通。

电磁灶故障无法正常供应时，要积极主动做好有需求旅客的解释沟通工作。

b. 积极抢修。

列车长要及时通知车辆乘务员进行处理，列车无法处理时，要求车辆乘务员向车辆段汇报，由车辆段请求厂家处理，说明故障原因、电磁灶型号，由厂家在中途站进行维修更换。

c. 做好衔接。

只有一台电磁凹灶故障时，餐车要提前做好供应准备和各环节衔接工作，保证主食供应。

d. 及时供应。

两台电磁凹灶故障时，使用平灶煮面条、稀饭等进行供应。两台电磁凹灶及平灶都有故障时，请示段同意后联系料点上成品食物进行供应。

(7)集便器厕所故障

①处置要点和流程：挂故障牌、积极抢修、做好宣传、联系吸污、开启直排。

②处置措施。

a. 挂故障牌。

列车集便器厕所满箱或故障时，列车员应锁闭厕所门，悬挂故障牌，及时报告列车长。

b. 积极抢修。

列车长要及时通知车辆乘务员进行处理，列车无法处理时，要求车辆乘务员向车辆段汇报并请求厂家进行维修,说明故障原因。

c. 做好宣传。

列车员巡视车厢,做好本车厢厕所故障宣传,引导旅客到相邻车厢使用厕所。

d. 联系吸污。

集便式厕所超过半数不能正常使用时,列车长应报告当地客调,请求就近安排在具备条件的车站,采用地面固定或移动吸污方式进行吸污作业。

e. 开启直排。

如无法安排地面固定或移动吸污作业,需开启集便式厕所应急直排功能时,列车长接到当地客调发布调度命令后,要求车辆乘务员开启直排。列车员应提前放置水桶及厕所刷,加强巡视,及时补水,及时冲刷厕所积便。禁止使用硬物伸入吸污口强行疏通,防止损坏吸污设备。在未吸污前,车班可使用垃圾袋或其他容器暂时解决旅客无法如厕的问题。

(8)电茶炉故障

①处置要点和流程:挂故障牌、积极抢修、做好服务。

②处置措施。

a. 挂故障牌。

电茶炉故障时,列车员应停止使用电茶炉,悬挂故障牌,及时报告列车长。

b. 积极抢修。

列车长要及时通知车辆乘务员进行处理,列车无法处理时,要求车辆乘务员向车辆段汇报并请求厂家进行维修,说明故障原因。

c. 做好服务。

列车员巡视车厢,做好本车厢电茶炉故障宣传,用真空壶接开水后为本车厢旅客送水或引导旅客到相邻车厢电茶炉接开水,并交代注意事项。

(9)站车交互系统故障

①处置要点和流程:及时汇报、积极抢修、启用备机、使用乘车人数通知单。

②处置措施。

a. 及时汇报。

设备在运行中出现故障或有损坏,车班第一时间向车队及派班室汇报。

b. 积极抢修。

车队干部在线进行指导车班修复设备故障,如车队无法在线维护故障问题,可让车班直接与乘务科设备维护员联系进行处理。

c. 启用备机。

如因设备硬件故障导致设备无法使用,由车队向乘务科汇报并启用备用设备。

d. 使用乘车人数通知单。

当网络通道、地面系统或列车运行途中主、备终端设备均发生故障时,列车长应向故障发生地所属铁路局客运处报告,由该局客运处顺序通报列车运行前方各局,通知前方各停靠站打印并递交乘车人数通知单。

(10)对讲机故障

①处置要点和流程:及时送修、信息畅通、确保安全。

②处置措施。

a. 无线对讲机发生故障或损坏等情况时，值乘班组返程后将相关情况报告派班室，由派班室调用备用对讲机补充，确保出乘班组正常使用。

b. 两端乘务员有信息时要及时通知无对讲机的乘务员，确保信息畅通。

c. 如两端乘务员对讲机故障或损坏时，应由其他车厢调配对讲机给两端乘务员使用，确保列车安全。

(11)笔记本电脑(平板电脑)、打印机故障

①处置要点和流程：积极送修、台账填记。

②处置措施。

a. 积极送修。笔记本电脑(平板电脑)、打印机故障无法排除时，应立即关闭系统及电源，做好故障登记。退乘后送 KMIS 维修，维修期间 KMIS 调配可正常使用设备给车班(笔记本电脑无备用时，用平板电脑或电子书代替)，保证车班日常工作的正常开展，车班电脑维修完毕后交车班，将 KMIS 设备换回。

b. 台账填记。笔记本电脑(平板电脑)、打印机故障时，车班在笔记本电脑上填记的台账资料改用手工填记。

任务工作单

学习情境五　列车常见突发事件处置	班级			
学习项目五　列车设备故障的应急处理	姓名		学号	
	日期		评分	

1. 写出列车运行中车门无法关闭的应急处置。

2. 写出旅客列车空调故障时的应急处置。

3. 实战演练

【情境描述(模拟案例)】 2019 年 8 月 19 日 09 时 10 分，成都开往长沙的 K1102 次列车行驶到湘潭至长沙区间时，15 车厢空调故障，经现场抢修后仍无法修复，部分旅客情绪激动。请就上述案例模拟现场处置，旅客个人及车票信息自拟。

【任务实施】 要求分小组模拟该场景进行角色扮演实战演练，根据所学知识和实际情况灵活变通处理。

【考核方式】 教师点评、小组互评、自我反思(见下表)

演练评分标准参考表

序号	评 分 项 目	满　　分	得　　分
1	事件演练的完整性	20	
2	场景设计的代表性	30	
3	演练人员的现场反应与处理能力	30	
4	事后反思	20	
总分			

学习项目六　列车反恐防爆的应急处置

项目说明

本项目主要学习列车反恐防爆应急处置的主要流程。通过对应急组织指挥机构、工作职责、应急装备配置及定位、信息报告制度、现场应急处置措施等内容的学习，加深学生对列车反恐防爆应急处置基础知识的理解，培养塑造学生在处置相应问题时的应急处置能力。

适用岗位

列车员、列车值班员、列车长、餐服员等岗位。

教学目标

1. 知识目标

掌握列车反恐防爆应急处置的主要流程。

2. 能力目标

能对列车发生的暴恐时间做出正确的判断以及采取及时有效的措施。

3. 素质目标

培养学生在列车发生暴恐事件时沉着冷静的心理素质和现场作业能力，同时培养学生良好的团队协作能力。

案例导学

阿姆斯特丹至巴黎国际列车发生恐怖袭击

【案例情况】2015 年 8 月 21 日晚 6 时许，在一列从荷兰阿姆斯特丹开往法国巴黎的国际高速列车上发生了一起枪击案，造成 2 人重伤，1 人轻伤。

据当地媒体报道，26 岁的嫌犯是摩洛哥裔，他可能在布鲁塞尔登上此班南下的国际列车。当列车行驶到比利时与法国边境地区时，嫌犯在一等车厢手持卡拉什尼科夫冲锋枪射击，造成两名乘客重伤，另一名乘客轻伤。枪击案嫌犯后被列车上的乘客制服并在法国北部的阿拉斯火车站被警方逮捕。

据悉，受重伤的两名乘客是驻扎在荷兰阿姆斯特丹着便衣出行的美国海军陆战队队员，一人被枪弹击中，另一人被匕首刺伤。目前尚不清楚嫌犯是专门针对美国军人采取恐怖行动还是另有行动计划。警方从嫌犯的背包中还搜出 9 只上满子弹的弹夹、一把手枪、一把匕首，以及剃须刀片等。法国警方出于安全考虑对全车乘客进行了安检。警方宣称，从此次恐怖袭击的现场来看，这更像是一次“独狼”行动。

比利时首相米歇尔将此次案件定性为“恐怖行动”，当即责成情报和安全战略委员会制定新的反恐政策,采取“看得见和看不见的具体行动措施”,同时加强国际列车的安检和护照检查。米歇尔还与法国总统奥朗德进行了电话沟通,强调加强国际反恐合作。

(资料来源:http://world.people.com.cn/n/2015/0823/c157278-27502114.html)

[案例思考]

上述案例对我国铁路旅客运输安全带来哪些启示?

相关知识

课前回顾

1. 三品的定义?列举常见的三品。
2. 列车查危防爆的主要内容。

一、应急组织指挥机构

为加强对暴力恐怖事件应急处置的领导和组织工作,列车成立客运应急工作领导小组(以下简称领导小组)。

1. 成立应急领导小组

领导小组由组长和组员组成。组长由列车长和乘警长担任,条件允许的情况下吸纳安全员作为组长。组员由列车员、餐饮工作人员、车辆乘务员、乘警、行李员、邮政押运人员组成。

2. 成立工作组

根据任务分工,成立指挥工作组、警戒工作组、打击工作组、疏散工作组、抢救工作组。

指挥工作组成员:由列车长、乘警(长)任组长。

警戒工作组成员:由乘警长任组长,乘警、事发及相邻车厢列车员为组员。

打击工作组成员:由乘警长任组长,乘警为组员。

疏散工作组成员:由列车长任组长,列车员、乘警、车辆乘务员为组员。

抢救工作组成员:由列车长或值班员任组长,列车员、餐车工作人员为组员。

二、工作职责

1. 领导小组工作职责

完成对暴力恐怖事件的应急处置,确保职工和旅客的生命财产安全。

2. 各工作组职责

指挥工作组:对列车发生暴恐事件处置工作统一指挥,各小组必须服从命令,根据分工相互配合,协同合作。

警戒工作组:列车员配合乘警负责维护现场秩序,设立警戒。

打击工作组:负责对恐怖分子或其他违法犯罪嫌疑人依法采取强制措施。必要时,车班可派员配合。

疏散工作组:立即赶赴现场,负责对旅客进行宣传和疏散。

抢救工作组:负责对受伤旅客和工作人员进行救治,如伤情严重应及时向有关部门请求帮助。

各班组要根据所值乘列车编组、人员配属、乘务组织及工作实际,适时调整以上分工及职责。

三、应急装备配置及定位

(1)防暴器材清单:防暴箱1个,防暴胸叉1支,防暴颈叉1支,防刺背心3件,防割手套3双,防暴棍3根,束缚带3根,钢棍4根,橡胶棍13根,共计9类32件。

(2)其他列车防暴器材清单:防暴箱1个,防暴胸叉1支,防暴颈叉1支,防刺背心3件,防割手套3双,防暴棍3根,束缚带3根,共计7类15件。

(3)定位管理:防刺背心、防割手套、防暴棍、束缚带放在防暴箱内,有餐车的车底防暴箱放置在餐车,无餐车的车底防暴箱放置在列车办公席,防暴腰叉、胸叉放置在软卧乘务室或广播室。钢棍放置在餐车相邻车厢洁具棍内,橡胶棍放置在各车厢乘务室。

(4)防暴器材由列车长负责管理,当班列车长、乘警长、餐车长要对防暴器材做好监控,保证锁闭及开启正常。定位车厢乘务员对摆放于车厢的防暴器材进行检查及监控,发现丢失及损坏及时报告列车长。防暴箱钥匙由列车长保管,班组接车时对防暴器材清点交接,在防暴器材交接台账签字确认。

四、信息报告制度

1. 报告程序(图5-4)

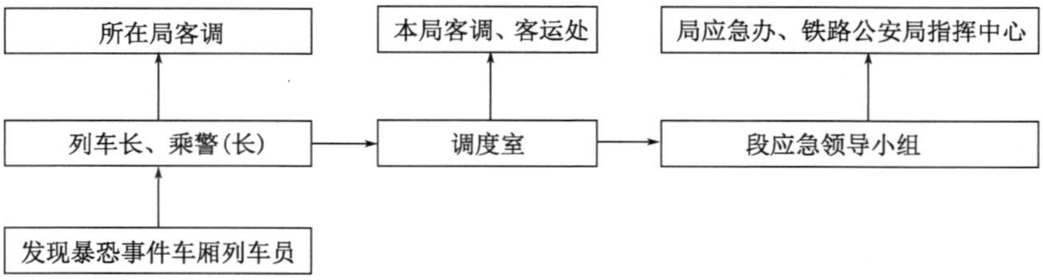

图5-4　报告程序

2. 报告内容

暴恐事件发生的时间、地点,列车车次,涉及人员,简要经过,车内人员受伤及救助情况,报告单位,报告人,联系方式等。

五、现场应急处置措施

1. 列车发生暴恐事件

(1)处置要点和流程

暴恐事件处置要点和流程:立即报告、疏散旅客、有效打击、设置警戒、抢救旅客、按章处理、协助取证、恢复秩序、做好宣传。

(2)处置措施

①立即报告。

列车内发生暴恐事件时,列车员要立即将信息报告列车长、乘警(长),注意犯罪分子作案手段和逃离方向,提供犯罪分子的人数及体貌特征。列车长接报后,要立即组织乘警(长)赶赴现场。同时,汇报调度室及列车运行地所属局客调。列车长接到列车前方站发生暴恐事件信息时,在到达车站时应联系车站客运人员,共同确定并组织好旅客乘降事宜。

②疏散旅客。

事发或相邻车厢列车员应迅速组织本车厢旅客向安全位置疏散,尽力阻止旅客携带大件行李逃生。动员其他旅客尽快离开,不要围观聚集。需向车下疏散时,列车长要统一指挥,待列车停稳后从运行左侧车门或右侧无临线的开阔地疏散,并安排专人进行防护,维护秩序。处置过程中,要充分利用车内各处所的车门和器具,在保护好人身安全的同时,控制事态扩大。

③有效打击。

由列车乘警或支援公安对恐怖分子和其他违法犯罪嫌疑人采取强制措施,实施有效打击。

④设置警戒。

由乘警长、乘警设立警戒。事发及相邻车厢列车员配合乘警共同做好现场秩序维护,保护现场,稳定旅客情绪,以免发生混乱。

⑤抢救旅客。

在做好旅客情绪安抚工作的同时,对受伤旅客及时组织寻找医务工作者协助救治。对危重伤员要尽力抢救,同时通知当地车站(或前方站)联系当地120,编制客运记录交站送医院救治。

⑥按章处理。

列车长组织编制广播内容,正确做好有关信息公告及宣传解释工作,积极稳定旅客情绪。同时,按规定处理在列车上发生的旅客伤害事故,做好受伤及其他相关旅客、行李的移交工作。

⑦协助取证。

在处置过程中,注意保护好现场,不得擅自移动现场任何物品,积极配合公安机关了解情况,提供线索,协助调查。同时,要认真清点疏散旅客和伤员人数、伤害程度、车票、财物、旅客姓名、性别、年龄、单位、地址、身份证号码及其他证件,并做好详细记录。对旅客根据车票恢复原始座位,登记造册。

⑧恢复秩序。

在保护好现场的情况下,列车长要及时组织旅客回到车厢,锁闭车门,并联系恢复列车运行。事件发生车厢待乘警收集证据完成后,经乘警同意方可乘坐。该车厢旅客行李在乘警同意后,由列车长组织旅客有序领取。

⑨做好宣传。

事件发生后,列车所有人员要自觉遵守路局相关规定,不得擅自散播信息,对外信息发布、新闻报道必须经上级宣传部门同意，注意防止不实信息传播。

2. 列车上发现不明爆炸物

(1)处置要点和流程

列车上发现不明爆炸物的处置要点及流程：迅速报告、疏散旅客、收集证据、恢复秩序。

(2)处置措施

①迅速报告。

发现不明爆炸物，列车员要立即向列车长、乘警报告信息。列车长接到信息后，要立即组织乘警赶赴现场。同时，立即向调度室及列车运行地所属局客调报告简要情况。若已发生爆炸，立即按列车爆炸相关预案进行存处置，处置完毕后，要会同乘警核对信息内容后再行汇报详情。

②疏散旅客。

各车厢列车员要通力配合，立即将旅客疏散到安全的车厢，并维护车内秩序。需向车下疏散时，要得到列车长的通知，待列车停稳后从运行左侧车门或右侧无临线的开阔地疏散，并安排专人进行防护，维护秩序。

③收集证据。

列车工作人员要做好犯罪现场的保护，以便乘警采集证据、证物。同时要注意收集相关的音像、视频证据。

④恢复秩序。

在保护好现场的情况下，列车长要及时组织旅客回到车厢，锁闭车门，并联系恢复列车运行。事件发生车厢待乘警收集证据完成后，经乘警同意方可乘坐；该车厢的旅客行李在乘警同意后，由列车长组织旅客有序领取。

3. 列车上发生抢夺、抢劫事件

(1)处置要点和流程

列车上发生抢夺、抢劫事件处置要点和流程：迅速报告、控制事态、救治伤员、收集证据、恢复秩序。

(2)处置措施

①迅速报告。

列车上发生抢夺、抢劫事件，列车员要立即向列车长、乘警报告信息。列车长接到信息后，要立即组织乘警赶赴现场。同时，立即向调度室及列车运行地所属局客调报告简要情况。处置完毕后，要会同乘警核对信息内容后再行汇报详情。

②控制事态。

列车员要维护好现场秩序，安抚旅客情绪，防止人员骚乱情况出现。

③救治伤员。

列车要利用列车药箱对伤员进行救治，并通过列车广播及扩音设备寻找医务工作者协助救治。对不能继续旅行的伤员，列车长要联系当地客调，向就近车站移交。经救治，可以继续旅行的伤员，征求伤员意见后可到达旅客旅行目的地移交。

④收集证据。

列车工作人员要做好犯罪现场的保护,以便乘警采集证据、证物。同时要注意收集相关的音像、视频证据。

⑤恢复秩序。

在保护好现场的情况下,列车长要及时组织旅客回到车厢。事件发生车厢待乘警收集证据完成后,经乘警同意方可乘坐;该车厢的旅客行李在乘警同意后,由列车长组织旅客有序领取。

4. 列车上发生投毒事件

(1)处置要点和流程

列车上发生投毒事件的处置要点和流程:迅速报告、控制事态、收集证据、移交中毒人员、恢复秩序。

(2)处置措施

①迅速报告。

发现列车上发生投毒事件,列车员要立即向列车长、乘警报告信息。列车长接到信息后,要立即组织乘警赶赴现场。同时,立即向调度室及列车运行地所属局客调报告简要情况。处置完毕后,要会同乘警核对信息内容后再行汇报详情。

②控制事态。

配合乘警组织封锁现场,严禁他人进出,等待专业机构到达后进行处置。不得随意安排人员接触毒源和中毒旅客,有中毒迹象或可能接触过毒源的旅客要选择适当位置进行隔离。避免事件升级。

③收集证据。

积极配合乘警对现场人员进行排查,收集证据,列车工作人员要注意收集相关的音像、视频证据。

④移交中毒人员。

列车长要联系客调,请求其联系专业机构接收、救治中毒人员。

⑤恢复秩序。

经专业机构对现场清理后,列车长要将旅客均衡安置到各车厢。旅客携带品须经专业机构确认没问题后方能交还旅客。

5. 列车上发生绑架、挟持人质事件

(1)处置要点和流程

列车上发生绑架、挟持人质事件处理要点和流程:迅速报告、控制事态、救治伤员、配合取证、恢复秩序。

(2)处置措施

①迅速报告。

列车上发生绑架、挟持人质事件,列车员要立即向列车长、乘警报告信息。列车长接到信息后,要立即赶赴控制事态,并通知乘警赶赴现场。同时,立即向调度室及列车运行地所属局客调报告简要情况。处置完毕后,要会同乘警核对信息内容后再行汇报详情。

②控制事态。

乘务员在保证自身和人质安全的情况下,组织疏散旅客,稳定犯罪嫌疑人情绪,劝导其停止犯罪行为,努力避免人质被伤害。

③救治伤员。

如有人员被伤害要积极组织救治,视受伤情况交站送医院进行救治。

④配合取证。

协助乘警开展调查取证等工作,对车内旅客进行信息登记,同时注意防止不实信息传播。

⑤恢复秩序。

在保护好现场的情况下,列车长要及时组织旅客回到车厢。该车厢的旅客行李在乘警和旅客确认后,由列车长组织旅客有序领取。

六、应急备品配置(表5-2)

应急备品配置 表5-2

序号	名称	数量	摆放地点	管理人	管理部门
1	应急照明手电	3个	广播室	列车长	担当车队
2	应急药箱	1个	广播室	兼职广播员	
3	录音式对讲机(列车长专用)	1台	当班列车长随身携带	列车长	
4	对讲机(特快、快速旅客列车)	1台(每当班列车员)	当班列车员随身携带	列车员	
5	对讲机(普通旅客列车)	4台(每班组)	按照实际列车编组由列车长安排对讲机摆放位置,由列车员随身携带	列车员	担当车队
6	对讲机(餐车)	1台	餐车	餐车长	
7	手持安检仪	2个	办公席	列车长	
8	防爆毯	1块(直通快车)	餐车	乘警	
9	防暴箱	1个	餐车(列车办公席)	列车长	
10	防暴胸叉	1支	软卧乘务室(广播室)	列车员	
11	防暴颈叉	1支	软卧乘务室(广播室)	列车员	
12	防刺背心	3件	防暴箱内	列车长	
13	防割手套	3双	防暴箱内	列车长	
14	防暴棍	3根	防暴箱内	列车长	
15	束缚带	3根	防暴箱内	列车长	
16	橡胶棍	1根(每单元车厢)	乘务室	列车员	
17	防爆钢棍	4根	软卧、硬座	列车员	

任务工作单

<table>
<tr><td>学习情境五　列车常见突发事件处置</td><td>班级</td><td colspan="3"></td></tr>
<tr><td rowspan="2">学习项目六　列车反恐防爆应急处置</td><td>姓名</td><td></td><td>学号</td><td></td></tr>
<tr><td>日期</td><td></td><td>评分</td><td></td></tr>
</table>

1. 写出列车上发生绑架、挟持人质事件的处置要点和流程。

2. 写出列车上发生投毒事件的处置要点和流程。

3. 实战演练

【情境描述(模拟案例)**】** 2019 年 8 月 3 日 09 时 10 分,在 A 站开往的 M 站的 K×××次列车行驶到 D 至 E 区间时,列车进行安全检查时发现一旅行包内有疑似爆炸物,请就上述案例模拟现场处置。

【任务实施】 要求分小组模拟该场景进行角色扮演实战演练,根据所学知识和实际情况灵活变通处理。

【考核方式】 教师点评、小组互评、自我反思(见下表)

演练评分标准参考表

序号	评 分 项 目	满　　分	得　　分
1	事件演练的完整性	20	
2	场景设计的代表性	30	
3	演练人员的现场反应与处理能力	30	
4	事后反思	20	
总分			

学习项目七　列车发生其他紧急情况的应急处理

项目说明

本项目主要学习旅客列车发生其他紧急情况应急处理的主要流程。通过对上述内容的学习，加深学生对旅客列车发生其他紧急情况时应急处理基础知识的理解，培养塑造学生在处置相应问题时的应急处置能力。

适用岗位

列车员、列车值班员、列车长、餐服员等岗位。

教学目标

1. 知识目标

掌握旅客列车发生其他紧急情况应急处理的主要流程。

2. 能力目标

能对旅客列车发生其他紧急情况做出正确的判断以及采取及时有效的措施。

3. 素质目标

培养学生处理旅客列车发生其他紧急情况时沉着冷静的心理素质和现场作业能力，同时培养学生良好的团队协作能力。

案例导学

内蒙古 5 趟列车因洪水冲毁桥梁停运 3800 余人滞留

【案例分析】内蒙古中东部地区连降大到暴雨，洪水冲断了内蒙古集宁至通辽铁路；宝木吐—巴彦塔拉 623km + 939m 处一座 8 孔桥东侧第一桥墩被洪水冲毁，导致 5 趟列车停运，3800 余旅客滞留。

来自呼和浩特铁路局的消息称，内蒙古境内停运的 5 趟列车，其中 2 趟分别返回出发地呼和浩特和包头；铁路方面为旅客办理了退票、改签。另外 2 趟在集宁和哲里木之间运行的列车，全部乘客由汽车分别转运到目的地哲里木和集宁；1816/3 次（包头—哈尔滨）的列车，有 170 人在集通线途中下车，另有约 300 多人到集宁南站办理了退票改签。

（资料来源：https://news.qq.com/a/20110726/001163.htm）

［案例思考］

铁路运输企业为应对洪水断道，应做好哪些应急处置？

相关知识

课前回顾

1. 承运人责任造成旅客改签的处理规定。
2. 承运人责任造成旅客退票的处理规定。

一、旅客列车防洪应急处置

1. 应急组织指挥机构

(1)成立应急领导小组

为加强对旅客列车因发生水害断道塌方中途受阻应急处置的领导和组织工作,列车成立客运工作领导小组(以下简称领导小组)。

组长由列车长担任,组员分别由列车员、餐饮人员、车辆乘务员、乘警、行邮人员构成。

(2)成立工作组

根据任务分工,成立宣传服务组工作组、转移抢救工作组、生活供应工作组、治安防范组工作组和处置防护工作组。

宣传服务工作组成员:由列车长任组长,列车员为组员,具体组成人员由列车长安排。

转移抢救工作组成员:由列车长或值班员任组长,列车员为组员,具体组成人员由列车长或值班员安排。

生活供应工作组成员:餐车长或售货员任组长,餐车其他工作人员为组员。

治安防范工作组成员:乘警(长)任组长,乘警为组员。

处置防护工作组成员:检车长任组长,车辆乘务员为组员。

2. 工作职责

(1)领导小组工作职责

负责旅客列车因发生水害断道塌方中途受阻时的处置工作。

(2)各工作组职责

宣传服务工作组:及时向旅客通报情况和宣传安全注意事项及列车运行变化情况,做好宣传解释工作,按照规章办理旅客乘车相关事宜。

转移抢救工作组:发生车辆设备受损、需要转移时,有序转移旅客到安全地带,遇旅客伤害和旅客疾病时,及时进行救治。

生活供应工作组:做好预防断道,餐料备足工作。发生水害断道列车受阻时,要计划周密,保证旅客饮食供应。如遇管内列车未编挂餐车,车班必要时通过上级或车站或请求当地政府协调解决旅客饮食供应。

治安防范工作组:做好治安保卫工作,防止盗抢事件的发生,及时调解纠纷,防止冲突,安抚旅客情绪,维护列车正常秩序。

处置防护工作组:按上级指示和命令,对受阻车列进行设置防护,需要使用人力制动机时,由检车长指挥,列车长组织对列车进行制动,列车需移动或折返时,做好列车防护和宣传解释工作,确保列车安全。

各班组要根据所值乘列车编组、人员配属、乘务组织及工作实际,适时删减或调整以上分工及职责。

3. 信息报告制度

(1)报告程序(图 5-5)

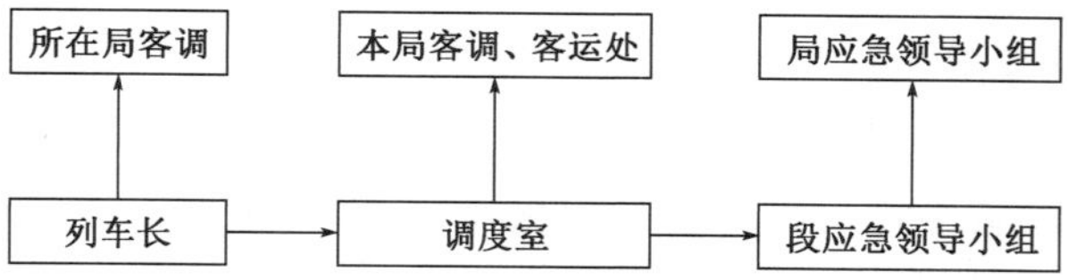

图 5-5　报告程序

(2)报告内容

旅客列车发生水害断道的时间、地点、列车车次、位置、车内旅客人数、行包装载情况、人员和列车受灾情况、列车餐料、油料储备情况、报告人、联系方式。灾害发生后,列车长要将信息迅速上报客调、派班室和所属车队,最迟不得超过发现灾害后 30min。灾害现场情况每 1 小时向派班室汇报 1 次。

4. 现场应急处置措施

(1)处置要点和流程

预防断道,备足餐料;中断行车,立即报告;接受命令,服从领导;宣传巡视,妥善安置;坚守岗位、做好保卫。

(2)处置措施

①预防断道、备足餐料。

如编组中有空调发电车时,班组出乘前,检车长应做好空调车补油和计划用油;餐车长做好要料计划,备足大米、面条等易保存的干制品餐料;列车长协调好车站补水,以保证列车受阻时旅客饮食及开水供应。

②中断行车、立即报告。

因水害中断行车时,列车长要及时了解情况,并按报告内容向调度室详细报告列车受阻情况及灾情,听取指示,做好记录。根据情况布置任务,及时开展工作。

③接受命令、服从领导。

因水害中断行车时,车班要及时与当地政府、车站和调度联系,请求协助,并严格按照《铁路旅客运输规程》和《铁路旅客运输办理细则》第五章第一、二节有关规定办理旅客及行李包裹事宜,并服从当地客调的命令。

④宣传巡视、妥善安置。

利用广播,按照晚点通告要求(详见《旅客列车严重晚点应急预案》)向旅客进行通告,必要时由列车长亲自用广播向旅客解释道歉,乘务员要加强口头解释,稳定旅客情绪,保持车内秩序,努力以优质服务取得旅客的谅解,努力保证旅客饮水、饭菜供应、列车供电以及列车、车站厕所使用,尽力解决旅客换乘和旅客安置问题;挂有集便厕所的列车,乘务员要对厕所使用状态进行监控,发现液位仪显示满、厕所无法使用时,及时汇报列车长,列车长发现超过半数厕所无法使用时,要将此信息及时汇报本局及当局客调,请求在具备条件的车站安排吸污。在局管内无法安排地面固定或移动吸污作业,需开启集便式厕所应急直排功能时,乘务员应提前放置水桶及厕所刷,加强巡视,及时补水,及时冲刷厕所积便。禁止使用硬物伸入吸污口强行疏通,防止损坏吸污设备。在未吸污前,车班可使用垃圾袋或其他容器暂时解决旅客无法如厕的问题;检车员要勤巡视车厢,全面检查车辆、空调及设备状况,确保旅客运输安全。

⑤坚守岗位、做好保卫。

遇车辆及其他设备受到损坏,需转移旅客时,列车长立即向受阻站(区间)所属客调汇报,无法通电话时,要通过车辆乘务员联系司机,通过无线调度电台向最近车站报告。进行旅客转移时,要注意稳定旅客情绪,维护转移秩序;要避开邻线或留足安全距离(提速区段的安全距离必须在2m以上)。旅客转移后要尽力保障旅客的服务和生活需要。中途需甩车时,安排有安全责任意识和有经验的工作人员守车。

5. 应急备品配置(表5-3)

列车防洪应急备品配置 表5-3

序号	名　　称	数　　量	摆放地点	管　理　人	管理部门
1	应急照明手电	3个	广播室	列车长	担当车队
2	应急扩音器	2个	广播室	列车长	

二、旅客列车停运应急处置

1. 应急组织指挥机构

(1)成立应急领导小组

为及时、有效处置因自然灾害、线路故障等原因引起的突发性列车停运,加强对突发性列车停运应急处置的领导和组织工作,成立列车应急工作领导小组(以下简称领导小组)。

组长:列车长。

组员:列车员、餐饮人员、车辆乘务员、乘警、行邮人员。

(2)成立工作组

根据任务分工,成立看车工作组、纪律维护工作组。

看车工作组成员:由列车长或值班员任意1人任看车组长,列车员1名、餐车炊事员及服务员各1名为看车组员。

纪律维护工作组成员:由列车长任组长,乘警长、检车长、餐车长为组员,具体组成人员由列车长安排。

2. 工作职责

(1)领导小组工作职责

车班根据现场实际,按照段应急领导小组的有关指示做好列车停运处置工作。

(2)各工作组职责

看车工作组:在看车组长的带领下,按照《库内看车一次作业标准》做好停留车底看守,定时向领导小组汇报车底情况。

纪律维护工作组:负责维护滞留班组的待班纪律。

各班组要根据所值乘列车编组、人员配属、乘务组织及工作实际,适时删减或调整以上分工及职责。

3. 信息报告制度

(1)报告程序(图5-6)

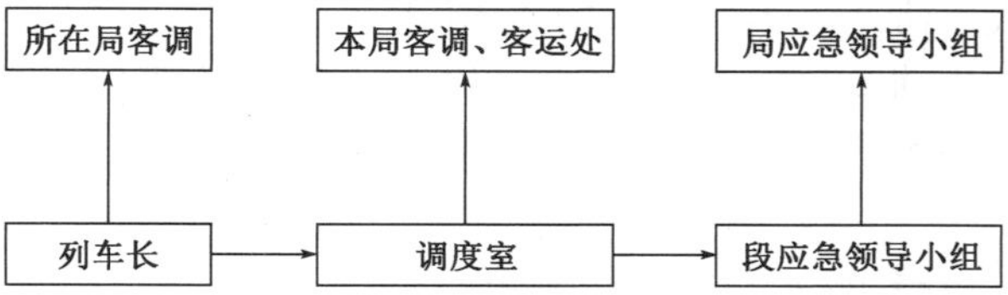

图5-6　列车停运信息报告程序

(2)报告内容

①列车长向调度室及车队汇报:××××年××月××日××开××次列车长××汇报:××月××日接××站通知,××日××次列车停运,车底预计停放位置,停留工作人员情况(乘务××人、车辆××人、乘警××人),车底计划开行××日××次。

②列车长向当局客调请示:××月××日到达××站××次列车长××请示,为方便我车安排后续工作,特询问我车车底停放位置及后续开行安排,请指示。

4. 现场应急处置措施

(1)处置要点和流程

列车停运处置要点和流程:互通信息、看守车底、严格待班、恢复运行。

(2)处置措施

①互通信息。接到当局客调、车站或调度室关于列车停运通知后,列车长要及时与当局客调、车站和调度室保持信息互通,确定停运后车底停留地点并了解后续车底运用情况,做好停运工作安排。停运列车于每天16:00—17:00向调度室及车队汇报停运滞留班组待班情况。接到折返站或客调通知恢复开行通知时,立即汇报车队及调度室。

②看守车底。停运列车车底在始发及折返站停留时,按照《库内看车一次作业标准》做好停留车底看守,按规定巡视,杜绝库停列车火灾爆炸事故的发生,确保库内停留车底的消防安全。

③严格待班。需要在折返站入住公寓时,由列车长请示车队联系折返站公寓相关事宜。因列车停运滞留待班的班组,特别是在折返站滞留的班组,要严格遵守待班纪律,严禁私自外出游玩。列车长、乘警长、检车长、餐车长分别对所属人员待班纪律进行监督,确保停运列车恢复运行时,能够立即组织人员值乘。

④恢复运行。列车恢复运行后,按照出乘报到时间准时出乘。

三、旅客列车突发公共卫生事件应急预案

1. 应急组织指挥机构

为加强对旅客列车突发公共卫生事件应急处置的领导和组织工作，列车成立客运应急工作领导小组(以下简称领导小组)。

(1)成立应急领导小组

组长由列车长担任，组员由列车员、餐饮人员、车辆乘务员、乘警、行邮人员组成。

(2)成立工作组

根据任务分工，成立协调工作组、抢救工作组、防护工作组。

协调工作组成员：由列车长任组长，餐车工作人员为组员，具体组成人员由列车长安排。

抢救工作组成员：由列车长或值班员任组长，列车员为组员，具体组成人员由列车长安排。

防护工作组成员：以乘警(长)为组长，乘警为组员。

2. 工作职责

(1)领导小组工作职责

负责做好旅客列车突发公共卫生事件的应急处置工作。

(2)各工作组职责

协调工作组：及时向有关部门上报信息并联系卫生防疫部门，按上级指示和要求开展应急处置工作。

抢救工作组：负责救护伤员，并做好统计工作，做好伤员安置工作。

防护工作组：负责对伤员和受影响人员进行防护隔离，做好车厢旅客和工作人员的防护工作，维护好现场秩序，防止发生旅客骚动，安抚旅客情绪，防止事态扩散。必要时按列车长指示，通过广播指导旅客做好安全防护。

各班组要根据所值乘列车编组、人员配属、乘务组织及工作实际，适时删减或调整以上分工及职责。

3. 信息报告制度

(1)报告程序(图5-7)

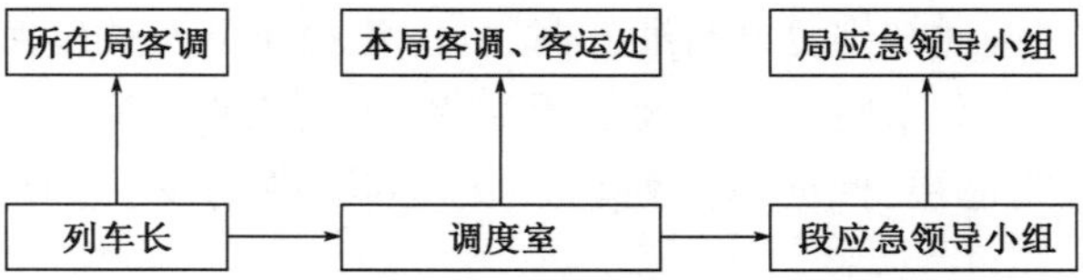

图5-7　列车突发公共卫生事件报告程序

(2)报告内容

相关报告内容包括：车次、时间、运行地点、发病人数、与病人密切接触人员简况及主要症状、旅行目的站、病人所在车厢号等。

4. 现场应急处置措施

(1)普通情况下的处置

①处置要点和流程:迅速报告、紧急救援、安全防护、收集取证、安抚旅客。

②处置措施。

a. 迅速报告。列车长要迅速了解情况,向所在局客调和调度室汇报。

b. 紧急救援。列车长立即赶到现场,如病人或疑似病人数量在 3 人以下时,利用本车厢乘务室将病人或疑似病人与其他旅客隔离;如人数较多时,对整节车厢或车厢的部分进行隔离,乘务员做好病人资料登记,同时做好自身防护,并协助乘警控制旅客的流动。对密切接触者(指病人或疑似病人所在硬座、软座或硬卧车厢的旅客、软卧同包厢的旅客、同行人员以及有关乘务人员)进行登记,内容包括姓名、性别、年龄、身份证号码、到达站、联系方式等。广播找到的医生、红十字会培训救护人员应利用应急药箱对感染病人做救治。病人或疑似病人及密切接触者下交时,列车长应将登记资料一并交卫生防疫部门。对密切接触病人或疑似病人的乘务人员同时进行隔离,与其他密切接触者一起下交,由卫生防疫部门安排进行医学观察。

c. 安全防护。对于安排有病人或疑似病人的车厢,车厢乘务员要切实负责,做好旅客看护工作,协同乘警共同维护好车内秩序,防止受感染旅客离开约束范围,造成事态进一步扩大。对于事发车厢,车厢列车员及前往处理的列车工作人员首先要做好自我防护。若本车厢将进行隔离处理,乘务员要做好车门看守工作,防止其他车厢旅客进入或本车厢旅客进入其他车厢。

d. 收集取证。列车长会同乘警对事件进行调查记录,并取证。

e. 安抚旅客。各车厢列车员要及时安抚本车厢旅客,取得旅客配合。列车长要重点做好对病人或疑似病人的解释安抚工作。必要时,通过广播对旅客做好解释工作。

四、旅客列车长大隧道突发事件应急预案

1. 应急组织指挥机构

(1)成立应急领导小组

为加强对旅客列车长大隧道突发事件应急处置的领导和组织工作,列车成立客运应急工作领导小组(以下简称领导小组)。

组长由列车长担任,组员由列车员、餐饮人员、车辆乘务员、乘警、行邮人员组成。

(2)成立工作组

根据任务分工,成立抢险工作组、疏散工作组、安全警卫工作组、生活供应工作组。

抢险工作组成员:由列车长任组长,列车员及车辆乘务员为组员,具体组成人员由列车长安排。

疏散工作组成员:由列车长或值班员任组长,列车员为组员,具体组成人员由列车长或值班员安排。

安全警卫工作组成员:由乘警(长)任组长,乘警为组员。

生活供应工作组成员:由餐车长或售货员任组长,餐车其他工作人员为组员。

2. 工作职责

(1)领导小组工作职责

完成对旅客列车长大隧道突发事件的应急处置,确保列车和旅客生命财产安全,治安秩序有序可控。

(2)各工作组职责

抢险工作组:坚守岗位,加强巡视,并做好安全宣传和服务工作,根据实际需要进行处置。

疏散工作组:需转移旅客时,组织、带领旅客从最安全方向或最近径路疏散,并做好伤员的紧急救护。

安全警卫工作组:加强巡视和列车治安、防火、防盗工作,及时消除隐患,确保列车和旅客生命财产安全及治安秩序有序可控。

生活供应工作组:对列车餐料、饮水的现状进行统计,努力做好旅客饮食供应工作。

各班组要根据所值乘列车编组、人员配属、乘务组织及工作实际,适时调整以上分工及职责。

3. 信息报告制度

(1)报告程序(图5-8)

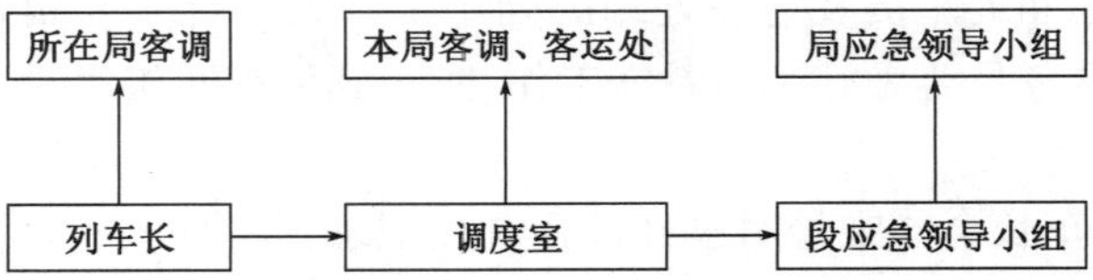

图5-8　列车长大隧道突发事件报告程序

(2)报告内容

事件发生时间、地点、区间(千米、米)、线路条件(单线、复线);简要经过;列车车次、车型、机车类型;目前状况、旅客情况,伤亡人数(是否涉及境外人员)、伤员伤势程度及救助情况;车辆设备损坏及对行车的影响情况;事故原因的初步判断,事故发生后采取的措施及控制情况;是否需要救援;报告单位、报告人、联系方式及其他情况。

4. 现场应急处置措施

(1)处置要点和流程

列车长大隧道突发事件处置要点和流程:状态监控,预防预警;了解情况,迅速报告;宣传巡视,维持秩序;协调指挥,妥善处置;加强服务,做好解释;设置防护,组织疏散。

(2)处置措施

①状态监控,预防预警。

列车在运行途中要认真做好"三乘检查"工作,配齐应急备品,确保客车消防、电器、应急等设备设施数量齐全、使用正常。列车进入隧道后,各车厢乘务员要加强巡视,做好宣传,非空调列车动员旅客关闭车窗和严禁向外抛掷杂物。

②了解情况,迅速报告。

a. 列车在长大隧道内遇紧急制动停车时,列车长应及时向车辆乘务员了解停车原因,如列车乘务组使用紧急制动阀停车时，由车辆乘务员向机车乘务员讲明情况。

b. 旅客列车内发生突发事件，“三长”应迅速了解、判明情况。如不影响列车继续运行，由“三长”进行应急处置。如影响列车继续运行，但不危及列车安全时，可由车辆乘务员与机车乘务员联系，按有关规定限速运行至隧道外或前方车站停车处置。如危及列车安全，可由车辆乘务员与机车乘务员联系，要求紧急停车，或直接使用紧急制动阀迫使列车紧急停车。

c. 遇列车在长大隧道内停车不能继续运行或车内发生突发事件列车被迫停车不能继续运行时，由列车长统一指挥开展应急处置工作。列车长必须立即向相关人员了解停车原因、判明情况，在第一时间向调度室和所在局客调报告，并不间断汇报处置情况、救援需求等信息。如隧道内手机无信号时，可通过车辆乘务员联系司机向就近车站报告情况，情况危急且无法联系上机车乘务员时，列车长应亲自或指派胜任人员使用区间通话柱电话向列车调度员或两端车站值班员报告。在听取指示的同时，按照旅客列车非正常停车处置措施，立即组织各岗位人员迅速开展应急处置工作。

③宣传巡视，维持秩序。

各车厢列车乘务员要坚守岗位，加强车门、车窗等重点部位的巡查，列车长可根据实际情况，利用广播向旅客解释和表示歉意(广播内容简洁明了，切忌对事件过度宣传)。列车乘务员在做好安全宣传、稳定旅客情绪的同时，配合乘警维持好车内秩序，防止出现混乱。如发生群体事件，列车乘务员要迅速汇报列车长、乘警，并做好自身防护。列车长要配合乘警果断处置，避免事件扩大，必要时要向上级和当地政府报告，请求救援。

④协调指挥，妥善处置。

列车发生突发情况时，列车长要按照职责分工加强协调指挥，有序组织应急处置工作。列车停于隧道内时，列车长要安排列车乘务人员封锁车门、车窗，做好旅客宣传解释工作，稳定旅客情绪。使用内燃机车牵引的空调旅客列车或用内燃机车参与救援的其他旅客列车在隧道内发生故障时，列车长应督促检车员临时关闭空调机组，避免燃烧不完全的有害气体由空调吸风口进入车厢，影响服务质量甚至危及生命安全。出隧道后需开窗透气时，要做好对开启车窗的监控。车内停电时，要迅速联系检车员启动应急照明。应急照明无法启动时，使用班组应急手电筒和动员旅客使用携带的手电筒照明，严禁在车内使用明火照明。遇烟雾或烟尘倒灌至车内或起火时，列车长要立即通知检车员关闭列车空调，迅速组织处置。

⑤加强服务，做好解释。

隧道内发生旅客列车突发事件后，列车乘务人员要做好旅客安抚和宣传解释工作，防止激化矛盾。各车厢乘务员加强服务和口头解释工作，稳定旅客情绪。遇旅客受伤或发生急病时，要立即采取广播寻医、自救等方式组织救治，并汇报请求医疗支援。餐售人员要积极做好旅客的饮食供应等服务保障工作，确保旅客情绪稳定。

⑥设置防护，组织疏散。

旅客列车在长大隧道内发生突发事件，危及旅客生命安全的情况下，列车长为旅客疏散现场指挥总负责人，组织召开“三乘”会议，综合各方面情况，制定旅客疏散方案，从最安全方向或最近径路组织旅客有序疏散。如与外界联系中断，列车长可根据现场环境，结合本预案提供的长大隧道基本情况表及事态发展情况，在确保人员安全的前提下，组织旅客有序疏散转移。

a. 确认现场环境。

由列车长指派人员向机车乘务员、车站值班员或列车调度员了解列车在长大隧道内的具体位置及区间封锁情况，派人察看隧道内危险源、疏散径路等。无法联系上机车乘务员、车站值班员或列车调度员时，可查看线路标志（公里标、半公里标、百米标），确定列车所处位置，并结合本预案提供的长大隧道基本情况表，确定疏散最短径路。

b. 采取防溜措施。

需采取防溜措施时，列车员在检车员的组织下拧紧车辆人力制动机，并由车辆乘务员确认拧紧完毕。

c. 明确疏散方向。

遇突发事件危及旅客生命安全时，列车长要迅速组织将旅客疏散到安全区域。问题严重需向车下转移旅客时，要通过车辆乘务员向司机了解隧道的最近出口，应选择远离危险源或离隧道洞口较近的方向。在确认相邻隧道区间已经封锁的情况下，应将旅客果断疏散到没有发生事故一侧隧道内等候救援。在未确认相邻隧道区间是否封闭时，或在单线隧道内，应在保证安全的前提下，将旅客向离洞口较近的方向疏散，或向远离危险源的方向疏散。

d. 统一疏散行动。

列车长应迅速组织将旅客疏散的命令、疏散方向、安全注意事项等传达至列车上所有乘务员，并利用列车广播通知旅客服从统一指挥，有序疏散。如广播线路中断，由乘务员利用应急扩音器进行指挥。疏散时，应带上配备的应急照明手电。各乘务员负责本节车厢旅客的引导、安全防护，被疏散旅客的最前端和后端要保持有列车工作人员，随时指挥，防止旅客盲目疏散和发生其他意外伤害。疏散过程中，要注意人员安全，稳定旅客情绪，动员旅客放弃较大的行李物品。

e. 设置安全防护。

旅客下车前，应提前安排人员到车下做好引导准备。车上乘务员要迅速开启车厢两端车门，指挥旅客有序疏散。遇发生火灾、爆炸事故或烟雾较大情况时，列车乘务人员要指导旅客用湿毛巾、手帕、衣物等捂住口鼻，迅速组织旅客向远离危险源的方向疏散；起火车厢及相邻两端车厢乘务员，要在确保自身安全的情况下，阻止旅客靠近危险源。车门无法开启时，可使用安全锤等工具砸碎车窗，在保证自身安全的情况下，迅速组织旅客向远离危险源的方向疏散。疏散前行时，应尽量选择靠近隧道壁行走，复线区段要避免旅客横穿邻线，并告知旅客严禁在线路上奔跑、停留，防止发生拥挤、踩踏等事件。疏散转移完毕的车厢，应对车厢再次进行检查，确认旅客全部下车转移。

f. 集中妥善安置。

旅客疏散下车后，列车工作人员要始终处于疏散旅客的最前端和后端，防止旅客在线路上奔跑、停留，防止发生拥挤、踩踏。同时，组织旅客有序疏散出隧道，寻找安全、平坦的集结场所统一集中安置。

g. 集中安置注意事项。

列车长和已到达现场的救援人员要组织在旅客安置点与列车间设置防护，阻止旅客返回列车取拿行李，列车乘警要组织开展秩序维护工作。旅客集中安置后，列车长和已到达现场的救援人员要组织对旅客人数进行清点，发动旅客开展互助自救，并组织对受伤旅客进行救护。列车长和已到达现场的救援人员要及时收集统计疏散旅客人数、有无人员伤亡情况、饮食品储备情况等动态，与所在局客调保持联系，及时报告处置进展和请求救援。

五、旅客列车变更车底应急预案

1. 应急组织指挥机构

(1)成立应急领导小组

为及时、有效处置因车辆故障等原因引起的变更车底，加强对列车变更车底应急处置的领导和组织工作，成立列车应急工作领导小组(以下简称领导小组)。

组长由列车长担任，组员由列车员、餐饮人员、车辆乘务员、乘警、行邮人员等组成。

(2)成立工作组

根据任务分工，成立宣传处置工作组、生活保障工作组、治安保卫工作组、安全防护工作组。

宣传处置工作组成员：由列车长任组长，列车员为组员，具体组成人员由列车长安排。

生活保障工作组成员：由餐车长或售货员任组长，餐车其他工作人员为组员。

治安保卫工作组成员：由乘警(长)任组长，乘警为组员。

安全防护工作组成员：由检车长任组长，检车员为组员。

2. 工作职责

(1)领导小组工作职责

根据现场实际，及时启动相关预案，按照段应急领导小组的有关指示做好列车变更车底处置工作。

(2)各工作组职责

宣传处置工作组：及时向旅客进行宣传解释、致歉并做好车底变更相关处置工作。

生活保障工作组：做好变更车底下的饮食供应工作。

治安保卫工作组：做好治安保卫工作，安抚旅客情绪，维护列车正常秩序。

安全防护工作组：做好列车变更车底时的安全防护工作。

各班组要根据所值乘列车编组、人员配属、乘务组织及工作实际，适时删减或调整以上分工及职责。

3. 信息报告制度

(1)报告程序(图 5-9)

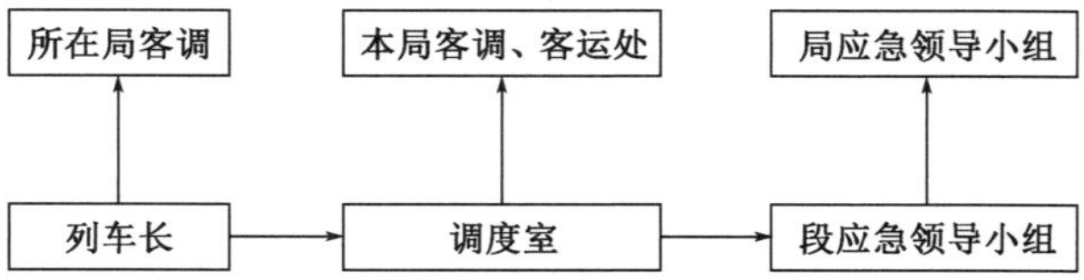

图 5-9　列车变更车底报告程序

(2)报告内容

相关报告内容包括：旅客列车发生变更车底的原因、时间、地点、列车车次、位置、车内旅客人数、行包装载情况、变更车底简要概况、报告人、联系方式。

4. 现场应急处置措施

(1)处置要点和流程

信息汇报、宣传服务、安全转移、巡视检查、信息互通、看守车底。

(2)处置措施

①信息汇报。

列车因车辆故障,接到当局客调电话需更换车底时,列车长应及时了解故障原因,并记录相关信息,向调度室汇报,听从指示。

②宣传服务。

拟定广播词向旅客解释和表示歉意,各车厢乘务人员做好本车厢旅客的安抚和服务工作。

③安全转移。

变更车底车厢乘务员要引导旅客向两边车厢进行疏散,如两边车厢无法容纳旅客,检车乘务员负责在做好安全防护的同时,由列车员负责引导,可向车下安全地段或靠站台方向转移,同时注意邻线列车。

④巡视检查。

车底变更后,列车长要召集三乘人员对变更车厢进行巡视,检查各项服务备品是否配备到位、安全设施设备是否作用良好。

⑤信息互通。

变更车底后列车长要拍发电报至后面车站,便于车站做好进站上车工作。列车乘务员对上车旅客做好引导和解释工作。

⑥看守车底。

故障车的茶炉、采暖炉熄火、电器断电(采暖期内对采暖炉及水箱排水),收取故障车的备品、卧具,并视具体情况指派专人看车。

六、旅客列车变更径路应急预案

1. 应急组织指挥机构

(1)成立应急领导小组

为及时、有效处置因自然灾害、线路故障等原因引起的列车折返、迂回绕道等变更径路的特殊情况,加强对列车变更径路应急处置的领导和组织工作,成立列车应急工作领导小组(以下简称领导小组)。

组长:列车长。

组员:列车员、餐饮人员、车辆乘务员、乘警、行邮人员。

(2)成立工作组

根据任务分工,成立宣传处置工作组、生活保障工作组、治安保卫工作组、设备维护工作组。

宣传处置工作组成员:由列车长任组长,列车员为组员。

生活保障工作组成员:由餐车长或售货员任组长,餐车其他工作人员为组员。

治安保卫工作组成员：由乘警（长）任组长，乘警为组员。

设备维护工作组成员：由检车长任组长，检车员为组员。

2. 工作职责

（1）领导小组工作职责

根据现场实际，及时启动相关预案，按照段应急领导小组的有关指示做好列车变更径路处置工作。

（2）各工作组职责

宣传处置工作组：及时向旅客进行宣传解释、致歉并做好服务工作。

生活保障工作组：做好变更径路下的饮食供应工作。

治安保卫工作组：做好治安保卫工作，安抚旅客情绪，维护列车正常秩序。

设备维护工作组：确保列车服务设施设备齐全且作用良好。

3. 信息报告制度

（1）报告程序（图 5-10）

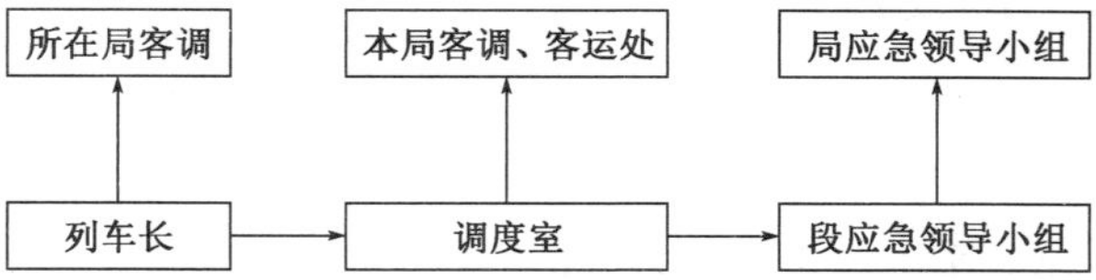

图 5-10　列车变更径路报告程序

（2）报告内容

①列车长向调度室及车队汇报：××××年××月××日××站开××次列车长××汇报：××月××日接××通知，××日××次列车运行至××站后折返（从××线绕道迂回），车内人数××人，餐料情况……，饮用水情况……

②列车长向当局客调请示：××月××日××站开××次列车长××请示，因××次列车到达××站后折返（迂回），经统计列车有××名旅客准备在××站下车中转，请提前通知车站做好交接准备。

4. 现场应急处置措施

（1）处置要点和流程

列车变更径路处置要点和流程：互通信息、宣传服务、保障供应、编制记录、维护秩序、站车交接。

（2）处置措施

①互通信息。

接到当局客调、车站或调度室关于列车折返、迂回等变更径路的通知后，列车长要及时与当局客调、车站和调度室保持信息互通，时时追踪径路变更情况。

②宣传服务。

列车长立即组织列车员双班作业，统一宣传口径，按照值乘车厢对旅客进行宣传解释、致歉并做好服务工作，稳定旅客情绪，保持车内环境卫生，对列车餐料、饮用水的现状进行统计，确保旅客饮食供应正常。编组中有空调发电车时，要了解发电车的用油量，需补充燃油时提前联系相关车站。

③保障供应。

发现餐料、饮用水不足时，应提前与段应急领导小组及车站联系，在有条件的车站组织餐料采购，尽量满足旅客的需求。必要时可以汇报客调，请求当地政府帮助。

④编制记录。

列车在做好基础服务的同时，动员旅客按照行程安排选择在中途站下车、随车返回或迂回并做好登记。值班员协助列车长进行汇总，提前编制好客运记录，做好移交准备。

⑤维护秩序。

乘警、列车员加强车厢巡视，发现旅客情绪不稳、蓄意撺掇闹事等情况，及时采取措施，保证安全。

⑥站车交接。

统计非正常到站下车旅客人数，与车站做好交接。

七、旅客酒醉闹事的处置

(1)发现酗酒闹事人员时，迅速报告列车长、通知乘警，同时，清除旅客周边铁器、利器等物品。

(2)好言相劝，避免与旅客发生冲突，防止事态扩大。

(3)列车长收到信息后，要及时会同乘警赶到现场，配合乘警进行处置。必要时采取约束措施。

(4)在处置过程中，要配合乘警进行取证。

(5)按段信息管理相关要求汇报信息。

八、有人扒乘列车时的处置

(1)发现有人扒上开动的列车(边门)时，工作人员应立即报告列车长，同时疏散周围的旅客，坚守岗位，并注意观察扒乘人员的动态。

(2)列车长接到信息后，及时赶赴现场进行救助，遇扒车人在列车两端端门处时，在保证安全的前提下，应好言相劝，消除其恐惧心理，慢慢打开车门，让其进入车内。若扒车人在列车两端端门以外的其他位置时，列车长要立即通知检车员，要求停车处理；必要时应使用紧急制动阀停车[应按照《铁路技术管理规程》(简称《技规》)相关要求使用]，将扒车人带入车内。

(3)列车长会同乘警对情况进行详细了解取证，并注意采集视频、音频资料。

(4)按段信息管理相关要求汇报信息。

九、电气化区段发现车顶有人(异物)的处置

(1)列车工作人员在电气化区段发现车顶有人或有异物影响行车安全时，应立即通知检车员，及时联系车站值班员，通知调度员，由调度员安排列车在就近车站进行处置，严禁列车作业人员自行使用杆状物或登车顶处理。

（2）停车后，在车站的处置由车站负责牵头组织实施或由上级指定相关人员实施，列车对处置要积极配合。

（3）列车停在非营业站时，列车长要通知各车厢列车员做好宣传，并严格执行临时停车各项管理要求，严禁开车门观看。各岗位作业人员坚守岗位，不得脱岗。

（4）按段信息管理相关要求汇报信息。

任务工作单

<table>
<tr><td rowspan="1">学习情境五　列车常见突发事件处置</td><td>班级</td><td colspan="3"></td></tr>
<tr><td rowspan="2">学习项目七　列车发生其他紧急情况的应急处理</td><td>姓名</td><td></td><td>学号</td><td></td></tr>
<tr><td>日期</td><td></td><td>评分</td><td></td></tr>
</table>

1. 写出列车防洪应急处置要点和流程。

2. 写出列车停运应急处置要点和流程。

3. 实战演练

【情境描述（模拟案例）】 2019 年 8 月 2 日 9 时 10 分，在 A 站开往 M 站的 K×××次列车行驶到 D 至 E 区间时，因前方洪水断道，接调度命令，列车原线路返回发站，车内有 1500 名旅客，500 人要求在 D 站下车自行旅行，且要求在 D 站退票，其余旅客要求返回发站办理车票改签。请就上述案例模拟现场处置。

【任务实施】 要求分小组模拟该场景进行角色扮演实战演练，根据所学知识和实际情况灵活变通处理。

【考核方式】 教师点评、小组互评、自我反思（见下表）

演练评分标准参考表

序号	评 分 项 目	满　　分	得　　分
1	事件演练的完整性	20	
2	场景设计的代表性	30	
3	演练人员的现场反应与处理能力	30	
4	事后反思	20	
总分			

学习情境六　车站常见突发事件处置

学习项目一　车站发生恐怖袭击事件或治安事件的应急处理

项目说明

本项目主要学习车站发生恐怖袭击事件或治安事件应急处理的主要流程。通过对上述内容的学习，加深学生对车站发生恐怖袭击事件或治安事件应急处理基础知识的理解，培养塑造学生在处置相应问题时的应急处置能力。

适用岗位

铁路客运车站岗位客运员、客运值班员、值班站长等岗位。

教学目标

1. 知识目标

掌握车站发生恐怖袭击事件或治安事件应急处理的主要流程。

2. 能力目标

能对车站发生恐怖袭击事件或治安事件做出正确的判断以及采取及时有效的措施。

3. 素质目标

培养学生在处理车站发生的恐怖袭击事件或治安事件时沉着冷静的心理素质和现场作业能力，同时培养学生良好的团队协作能力。

案例导学

昆明站3·1恐怖袭击

【案例分析】2014年3月1日21时20分左右，云南省昆明市昆明火车站发生了一起由分裂势力组织策划的无差别砍杀恐怖袭击事件。一伙歹徒冲进昆明火车站广场、售票厅，见人就砍。歹徒手持刀具、统一着装。十多辆警车赶赴现场抓捕嫌疑人，车站派出所的民警出警处置，随后特警赶到，当场击毙4名暴徒、抓获1人。

2014年3月6日，涉及案件的女暴徒已经被抓获并招供，她们如实交代了作案的动机和作案全过程。昆明市政府新闻办认定，这是一起由分裂势力一手策划组织的严重暴力恐怖事件。

[案例思考]

上述案例对铁路运输企业加强反恐防爆有哪些启示?

相关知识

课前回顾

1. 列车发生暴恐袭击时的报告内容。
2. 列车发生暴恐事件的处置要点和流程。

一、车站可能发生恐怖袭击的情况

(1)利用爆炸、劫持火车、杀人、放火等手段在车站范围内制造破坏活动。

(2)利用爆炸、纵火、劫持等手段袭击破坏车站范围内的站、车、线、行车调度中心以及供水、供电等要害部位和重点场所。

(3)利用劫持、绑架等手段威胁旅客人身安全。

(4)群体性冲击,阻碍、拦车断道危及行车安全。

(5)严重投毒,以及列车车辆承运不明原因的剧毒品、化学品、放射性物品严重泄漏。

二、应急处理流程

1. 立即汇报

车站接到疑似恐怖袭击事件或已经发生恐怖袭击事件时,公安和客运系统要分别逐级快速上报。大站一般汇报流程:现场工作人员及时上报给值班员(值班站长),由值班员(值班站长)按照逐级汇报流程上报本车间值班干部,值班干部汇报联合值班室,联合值班室向站长值班室、客运科和安全技术科等相关科室汇报,站长值班室向站领导汇报。必要时经站领导批准向路局客服调度汇报。客运科通知公安部门(中间站由站领导联系公安干警)增派警力协助车站维护秩序。派专人接听电话了解现场信息,在站领导和客运科长指挥下,向客运处值班人员汇报情况。

2. 现场处置

客运车间主任(中间站站长)应立即赶赴现场,迅速组织开展抢险救援和现场指挥工作。值班员(值班站长)立即组织现场客运人员清理无关人员,维护现场秩序,保护现场,配合公安部门调查处理。如需要救护车或消防车时,值班员(值班站长)派专人进行联络,引导救护和消防人员进站,协助做好相关救援工作。根据不同部位,安排副主任(副站长)指挥旅客按照应急疏散预案将旅客疏散至安全区域,结合广播宣传,稳定旅客情绪,消除旅客恐慌心理。必要时根据情况迅速派员封锁列车、站台、地道,防止无关人员进入。必要时,经站长批准,客运车间(中间站)通知相关部门停止供电、供水、供气,切断通风、空调等一系列紧急措施。

3. 安全卡控

在应急预案处理过程中要加强对人身安全的卡控,严禁违反相关规定,按规定做好劳动防护工作。

4. 事后处置

恐怖事件处理完毕,现场工作人员配合保洁车间做好清洁工作,配合设备维修部门做好设备维修恢复工作,配合公安部门做好调查取证等工作。

任务工作单

<table>
<tr><td>学习情境六　车站常见突发事件处置</td><td>班级</td><td colspan="3"></td></tr>
<tr><td rowspan="2">学习项目一　车站发生恐怖袭击事件或治安事件的应急处理</td><td>姓名</td><td></td><td>学号</td><td></td></tr>
<tr><td>日期</td><td></td><td>评分</td><td></td></tr>
</table>

1. 写出车站发生恐怖袭击时的汇报流程。

2. 实战演练

【情境描述(模拟案例)】 2019 年 8 月 2 日 9 时 10 分,恐怖分子在 M 站广场发动恐怖袭击。请就上述案例模拟现场处置。

【任务实施】 要求模拟该场景分小组进行角色扮演实战演练,根据所学知识和实际情况灵活变通处理。

【考核方式】 教师点评、小组互评、自我反思(见下表)

演练评分标准参考表

序号	评 分 项 目	满　　分	得　　分
1	事件演练的完整性	20	
2	场景设计的代表性	30	
3	演练人员的现场反应与处理能力	30	
4	事后反思	20	
总分			

学习项目二　车站设备无法正常使用时的应急处理

项目说明

本项目主要学习车站检票口闸机故障应急处置程序、出站口检票闸机故障应急处置程序、引导揭示系统故障应急处置程序的主要流程。通过对上述内容的学习，加深学生对车站设备无法正常使用时应急处理基础知识的理解，培养学生对相应问题的应急处置能力。

适用岗位

铁路客运车站岗位客运员、客运值班员、值班站长等岗位。

教学目标

1. 知识目标

掌握车站检票口闸机故障应急处置程序、出站口检票闸机故障应急处置程序、引导揭示系统故障应急处置程序的主要流程。

2. 能力目标

能对车站设备故障做出正确的判断以及采取及时有效的措施。

3. 素质目标

培养学生在处理车站设备无法正常使用时沉着冷静的心理素质和现场作业能力，同时培养学生良好的团队协作能力。

案例导学

车站设备故障

【案例分析】2019 年 1 月 18 日 16 时 32 分左右，某铁路局下属特等客运站 A 站进站闸机故障，因恰逢春运旅客出行高峰期，当天进站旅客达到 30 万人。故障发生后，车站立即启动应急预案，第一时间改用人工检票，并安排专人带领旅客进站候车，车站民警及支援春运武警执勤人员积极协助维护现场秩序。由于反应及时、措施得当，未造成旅客滞留，后经设备维修部门抢修，设备于 17 时 50 分左右恢复正常使用。

[案例思考]

通过分析上述案例，阐述铁路运输企业应如何应对车站设备故障？

相关知识

课前回顾

1. 客运服务人员作业通用标准中“三要、四心、五主动”是如何规定的？
2. 特殊重点旅客的定义是什么？

一、检票口闸机故障应急处置程序

1. 立即汇报

发生检票口闸机故障时，应按照逐级汇报制度向上一级部门汇报。客运车间客运人员发现故障后，及时汇报给客运车间值班员或中间站值班长，客运车间值班员或中间站值班长按照逐级汇报原则汇报给联合值班室，由联合值班室通知信息技术科、客运科、站长值班室等相关科室，站长值班室向值班站领导汇报，在值班站长指示下，由联合值班室宣布启动应急预案。

2. 协助处置

客运科通知派出所，中间站由站领导联系公安干警，派出所应增派警力协助车站维护秩序，公安干警要配合客运车间值班员或者值班站长和客运人员维护好旅客检票秩序。派专人接听电话了解现场信息，在站领导和客运科长指挥下，向客运处汇报情况。

3. 人工检票

客运车间值班员或中间站值班站长将自动闸机调整为通行状态，提前安排其他岗点人员到检票口，采用人工检票，加大人工检票力度，负责做好情况记录和信息反馈。

4. 安全卡控

进站口检票改为人工验票作业时，应注意加强对进站旅客的安全卡控，安排专人引导旅客进站，做好旅客尤其是重点旅客检票进站的人身安全卡控，防止由于大客流状态下旅客拥堵进站通道造成旅客人身伤害。

5. 设备修复

客运车间值班干部及时通知信息技术科赶赴现场进行设备修复。修复应选择在车站未检票或者旅客检票人数较少的时间段进行，杜绝在旅客大量检票进站的同时进行设备修复，杜绝因时间安排不当影响旅客进站乘车的情况。

二、出站口检票闸机故障应急处置程序

1. 立即汇报

客运车间客运员发现故障后，及时汇报给客运车间值班员或中间站值班站长，客运车间

值班员或中间站值班站长汇报给值班干部、联合值班室，联合值班室负责向客运科、站长值班室等相关科室汇报，站长值班室向站领导汇报；在站领导指示下，宣布启动应急预案。

2. 协助处理

客运科通知派出所，中间站由站领导联系公安干警，派出所应增派警力协助车站维护秩序，公安干警配合客运车间值班员或中间站值班站长和客运员维护好旅客检票秩序。派专人接听电话了解现场信息，在站领导和客运科长指挥下，保证检票、放行秩序。

3. 人工验票

客运车间值班员或中间站值班站长将自动闸机调整为通行状态，视情况抽调其他岗位作业人员支援出站口，采用人工方式查验车票。在人工验票状态下，保证旅客有序出站的同时，应注意车票的查验和追补，防止运输收入的流失。

4. 安全卡控

出站口验票改为人工验票作业时，应注意加强对出站旅客的安全卡控，安排专人引导旅客进站，做好旅客尤其是重点旅客检票出站的人身安全卡控，防止由于大客流状态下旅客拥堵出站通道造成旅客人身伤害。

5. 修复设备

客运车间值班干部及时通知信息技术科赶赴现场进行设备的修复。修复应选择在旅客列车未到站或者到站较少的时间段进行，杜绝在旅客大量验票进站的同时进行设备修复，杜绝因时间安排不当影响旅客出站的情况。

三、引导揭示系统故障应急处置程序

1. 立即汇报

车站引导揭示系统发生故障时，客运车间客运员应及时汇报给客运车间值班员或中间站值班站长，客运车间值班员或中间站值班站长汇报给值班干部、联合值班室，联合值班室负责向客运科、站长值班室等相关科室汇报，站长值班室向站领导汇报。在站领导指示下，宣布应急预案启动。

2. 协助处理

客运科通知派出所，中间站由站领导联系公安干警，派出所应增派警力协助车站维护秩序，公安干警配合客运车间值班员或中间站值班站长和客运员、售票员维护好旅客购票、候车、检票和出站秩序。派专人接听电话了解现场信息，在站领导和客运科长指挥下，保证旅客上下车及出入站秩序。

3. 现场处置

(1)客运车间客运员在进站大厅、候车区、检票口、出站口等处准备好临时引导揭示牌，随时向旅客公告服务信息。售票员在售票处内引导旅客购票并解答旅客问询。

(2)客运员利用小区广播(便携式扩音器)，加强广播宣传；图定列车开车前40min，由联合值班室提前与客服调度联系，确认列车能否正常发车，确认具体运行信息后，联合值班室要通过车站广播和小区广播及时向旅客进行公告。

(3)客运车间值班员或中间站值班站长抽调人员提前上岗,引导旅客进站、候车、检票、乘降、出站。

(4)引导揭示标志故障时,应加强对站内旅客的安全卡控,做好站内旅客安全宣传和引导,指派专人在天桥、地道、站台等安全事故易发区域流动执勤卡控,加强对重点旅客的安全宣传与引导,防止由于旅客漏听乘车通知带来的强行闯关乘车、趴车等安全隐患。

(5)客运车间值班干部及时通知信息技术科赶赴现场进行设备的修复,修复设备应注意时机的选择,以免影响车站正常作业。

四、广播系统故障应急处置程序

1. 高铁车站应急处置程序

(1)客运员发现故障后,及时汇报给客运车间值班员或中间站值班站长,客运车间值班员或中间站值班站长汇报值班干部、联合值班室,联合值班室负责向客运科、站长值班室等相关科室汇报,站长值班室向站领导汇报;在站领导指示下,宣布应急预案启动。

(2)客运车间或者中间站值班干部应在接到信息后第一时间赶赴现场,协助现场开展作业,派出所干警要配合值班员或者值班站长和客运员维护好旅客检票秩序。

(3)客运车间或者中间站抽调其他岗位人员提前上岗,客运人员负责加强售票厅、候车区、进出站口、通道、站台等处的执岗力量,视情况采取提前预检、专人带队、引导上车、快速疏散等措施,确保旅客在正确位置候车、安全乘降。

(4)客运车间值班员或中间站值班站长要按照图定广播计划,利用小区广播及时向旅客广播候车、检票、停检等服务信息,组织旅客有序候车、排队检票。值班员或者值班站长要在图定列车检票前或终到列车到达前15min,加强与运转车间或者高速场的联系沟通,确认列车到发时刻及停靠站台,并及时通告相关岗位作业人员(注:有些高速站不设运转车间,只配备运转工作人员与高铁车站客服人员保持联系)。

(5)客运车间值班干部及时通知信息技术科赶赴现场进行设备的修复,修复设备应注意时机的选择,以免影响车站正常作业。

2. 普速车站发生广播系统故障时一线岗位应急处置程序

(1)始发列车

①旅客检票时,广播室要利用对讲机通知各候车室放行旅客。

②值班站长接待处在每趟列车放行前及放行过程中,利用手持喇叭进行宣传引导。

③各候车室对本候车室放行的列车进行不间断宣传。

(2)到达列车

①广播室在接到操纵台到达列车要牌通告后,通知值班站长接待处做好广播准备。

②广播室利用对讲机通知站台值班员,做好接车准备。

③广播室利用对讲机通知出站口值班员做好接车准备。

④出站口工作人员利用手持喇叭通告接站旅客列车到达时间。

⑤值班站长接待处利用广播对出站口进行不间断广播宣传。

⑥站台工作人员利用喇叭对下车旅客和接站旅客进行不间断宣传,引导旅客出站。

任务工作单

学习情境六　车站常见突发事件处置	班级			
学习项目二　车站设备无法正常使用时的应急处理	姓名		学号	
	日期		评分	

1. 写出引导揭示系统故障应急处置程序。

2. 写出出站口检票闸机故障应急处置程序。

3. 实战演练

【情境描述(模拟案例)**】**　2019 年 8 月 3 日 9 时 10 分,南方某局下属特等客运站 M 站发生车站广播系统故障,当日进站乘车旅客大约 50 万人。请就上述案例模拟现场处置。

【任务实施】　要求分小组模拟该场景进行角色扮演实战演练,根据所学知识和实际情况灵活变通处理。

【考核方式】　教师点评、小组互评、自我反思(见下表)

演练评分标准参考表

序号	评 分 项 目	满　　分	得　　分
1	事件演练的完整性	20	
2	场景设计的代表性	30	
3	演练人员的现场反应与处理能力	30	
4	事后反思	20	
总分			

学习项目三　车站发生大规模晚点及滞留的应急处理

项目说明

本项目主要学习车站发生大规模晚点及滞留的应急处置程序。通过对上述内容的学习,加深学生对车站发生大规模晚点及滞留的应急处理基础知识的理解,培养塑造学生在处置相应问题时的应急处置能力。

适用岗位

铁路客运车站岗位客运员、客运值班员、值班站长等岗位。

教学目标

1. 知识目标

掌握高铁车站应急处置程序、普速车站各岗位应急方案的主要流程。

2. 能力目标

能对车站发生大规模晚点及滞留的应急处理做出正确的判断以及采取及时有效的措施。

3. 素质目标

培养学生处理车站发生大规模晚点及滞留的应急处理时沉着冷静的心理素质和现场作业能力,同时培养学生良好的团队协作能力。

案例导学

暴雨导致成都火车站内旅客滞留

【案例分析】2018 年 7 月 2 日,一场暴雨袭击了四川成都,导致宝成铁路、西成高铁这两条四川北上大通道受到影响,多趟火车晚点或者停运。在成都火车站,无论是售票大厅还是候车厅,到处都是人头攒动,座无虚席。

[案例思考]

假如你是铁路职工,请问如何做好滞留旅客处置工作?

相关知识

课前回顾

1. 铁路车站如何做好全面服务、重点照顾?
2. 客运服务礼貌十字用语是哪些?

一、高铁车站应急处置程序

1. 信息通报

客运车间值班员或者中间站站场向客运车间联合值班室汇报，联合值班室向客运科、站长值班室汇报，站长值班室通知站领导，按照站领导指示，联合值班室宣布应急预案启动。

2. 协助处置

客运科通知公安部门，中间站由站领导直接联系公安干警，铁路公安部门应增派警力协助车站维护秩序，必要时车站应请求地方政府、公安部门给予支援。派专人了解现场信息，在站领导和客运科长指挥下，向客运处汇报情况。客运科负责通知保洁车间进行卫生清理。如有必要，视情况联系地方医疗机构，请求地方医疗机构派员协助车站做好大客流情况下旅客突发疾病的救治工作，保障候车旅客的人身安全。

3. 现场处置

(1) 售票车间及时增开退票、改签窗口；遇列车编组变化或其他命令不符的情况及时联系客调，提前制定解决方案。

(2) 客运车间增设进站验票口，重点照顾老、幼、病、残、孕等重点旅客。

(3) 及时更新车站车况信息，密切关注 LED 信息显示系统显示状况，LED 信息显示系统信息由联合值班室输入，信息输入要及时准确。在候车区放置临时车次牌，候车室工作人员要随时和联合值班室、站台联系，做好提前放行的准备。

(4) 普通车站应提前对车站广场进行清理，清理出固定区域作为旅客临时候车区，临时候车区要设置简易栅栏并安排专人引导，同时应设置开水供应、旅客如厕等服务，如图 6-1、图 6-2所示；高架候车室检票口要预想充分，提前在前方旅客走行通道分割出适当区域作为旅客临时候车区，临时候车区要设置隔离栅栏并有专人引导，缓冲旅客进站压力。

图 6-1 车站临时候车区

图 6-2 车站临时候车区开水供应处

4. 安全卡控

在应急预案处理过程中要加强对人身安全的卡控，严禁违反相关规定，按规定做好劳动防护工作。尤其是站内旅客较多的情况下，极易发生旅客人身伤害，应做好对候车旅客的安全宣传及卡控，客运工作人员应不间断巡视候车区域，加强对旅客尤其是重点旅客的安全宣传，加强对电茶炉、天桥、地道、站台的安全巡视，及时纠正旅客的不安全行为，防范旅客人身伤害的发生。执勤民警应加强站内治安保卫工作，防止出现治安案件。

5. 宣传解释

采取广播宣传与口头宣传的形式，车站广播定时播报最新乘车信息及致歉，方便旅客掌握乘车注意事项，缓解旅客不满情绪。客运人员应采取口头宣传解释的形式向旅客解释，态度要和蔼，工作耐心，尽力向旅客解释滞留的原因，以便取得旅客谅解，防止因不知情而引发的旅客投诉。

党委宣传负责联系新闻媒体，协调地方政府，利用电视、广播、报纸等媒体广泛宣传，引导旅客理性选择交通工具。

6. 热情服务

客运人员应按照旅客运输服务质量规范要求做好旅客服务工作，缓解旅客因长时间滞留产生的不良情绪。全力做好照明、采暖、制冷及用水供应等服务工作，防止出现旅客不良投诉。

7. 候车室滞留旅客过多的应对措施

候车室滞留旅客过多时，应采取如下措施：

(1)在候车室适当位置开辟临时候车区，提高候车室利用率，并派专人盯控。

(2)机关干部或客运员可将始发车旅客提前列队，带至站台提前上车，采取“以车代候”的方法，确保旅客人身安全。

(3)立即关闭进站通道，防止旅客持续进站与站内客流叠加带来的站内拥堵。

二、普速车站各岗位应急方案

1. 进站口应急方案

(1)进站口前设立验票口，所有旅客必须凭票进站。

(2)验票由机关干部、武警战士和公安干警负责。

(3)在进站口由后勤负责安放护栏，公安负责拉警戒线，确保旅客进站有序，避免进出站旅客对流，确保安全。

(4)广播室要不间断向旅客宣传车站采取的措施和注意事项。

(5)利用各种引导揭示牌及时向旅客公告车站启动的预警方案的内容、采取的相应措施和注意事项。

2. 候车室应急使用方案

(1)启用所有候车室

由客管中心负责通知多经和后勤部门，多经部门必须在短时间内腾空平时占用的候车和旅客通道，后勤部门负责恢复卫生，客运部门负责摆放座椅。启用应急进出站通道和站前临时候车区，取消候车室特色服务功能，改为普通候车室，并在适当位置安装引导揭示标志。

(2)候车组织

各候车室旅客放行工作由客运车间负责，做好提前放行准备，放行时间原则上不少于规定放行的最大时间。

①如旅客较多，队尾排到候车室外、或候车室显示屏出现故障时，客运必须在候车室门口、检票口或临时候车区放置车次牌，确保旅客有序候车。

②在各候车室门口、楼梯处要安排一名车站工作人员负责疏导旅客，缓解各候车室的压力。

③主要通道要安排一名客运人员负责疏导旅客，避免出现旅客对流和下错站台的情况。

④候车室工作人员要维护好候车室秩序，向旅客做好宣传工作，随时与广播室和站台联系。

(3)信息提示

①电子显示屏要随时显示列车候车信息、晚点信息。适当增加标语牌，显示注意事项和提示旅客内容。候车室检票口显示屏显示检票车次时要间隔显示，取消连续显示，需要变屏时由候车室值班员通知广播室，由广播室调整。

②运转车间和设备车间要确保输入内容正确，设备要提前录入车次。检票前，客运车间各候车室班长负责检查车次、所在站台与通道和站台上的显示信息是否一致，当发现不正确时及时向广播室汇报，由广播室向设备车间或运转车间通告，及时修改。

(4)广播宣传

①车站广播要不间断广播车站公告、旅客注意事项和候车情况，重点广播由客运车间负责通知广播室广播。

②客运人员人工广播要根据车间应急组织方案及时向旅客宣传相关事项，引导旅客乘车。

3. 站台应急组织方案

(1)人员安排

由客运车间负责组织接送车工作，如遇特殊情况，由领导组负责通知机关干部、武警战士，由客运值班主任通知其他客运员增派力量，确保站台安全有序。

(2)组织方案

①放行旅客，原则上不少于规定最长放行时间。列车靠台后，站台值班员要提前和列车长联系，让列车提前开门，做好放行准备，并主动与候车室联系，待列车开门后，才可将旅客放行至站台上车。

②当候车室候车旅客较多时，可提前组织专人将旅客带领至站台上，缓解候车室压力，同时需做好安全卡控工作。在站停留时间较长的列车，站台值班员要提前与列车联系，协调列车提前开门，以便于提前放行旅客；当列车在站停留时间少于30min时，在列车未到达的前提下，客运车间及时与运转车间联系，明确列车停靠站台，确保同站台相邻股道没有旅客上下时，确保有足够的人员组织的前提下，可将旅客提前放行到站台上，缓解候车室压力；当列车车底因故上线较晚，上线时间距离开车时间不足30min时，客运车间向主管站长请示同意后，在客运车间及时与运转联系，明确列车停靠站台，确保同站台相邻股道没有旅客上下

时可将旅客提前放行到站台上。

4. 广播引导应急方案

(1)广播系统

由客运车间负责广播系统正常使用，增加一名广播班长，专门负责与运转车间联系正晚点信息，及时将信息传递给车站、车间、当班值班主任。负责应急广播词的录制(广播词由业务科负责编写)，监控应急广播播报情况。能根据现场情况灵活地不间断向广场、候车室、出站口和站台等地对旅客广播车站相关措施和注意事项。

(2)电子显示系统

由设备车间负责设备系统正常使用，内容由客运车间负责输入，设备车间负责把关，根据实际需要随时调整显示内容，将最新、最及时的内容向旅客发布。

任务工作单

<table>
<tr><td>学习情境六　车站常见突发事件处置</td><td>班级</td><td colspan="3"></td></tr>
<tr><td rowspan="2">学习项目三　车站发生大规模晚点及滞留的应急处理</td><td>姓名</td><td></td><td>学号</td><td></td></tr>
<tr><td>日期</td><td></td><td>评分</td><td></td></tr>
</table>

1. 写出普速车站进站口应急方案应急处置程序。

2. 写出高铁车站发生旅客滞留时应急处置程序。

3. 实战演练

【情境描述(模拟案例)】 2019 年 8 月 3 日 9 时 10 分，突降暴雨导致部分列车晚点或停运，受此影响，南方某局下属特等客运站 M 站发生旅客大面积滞留，截至当日 11 时，站内滞留旅客已达 2 万，预计当日进站乘车旅客大约 25 万人。请就上述案例模拟现场处置。

【任务实施】 要求分小组模拟该场景进行角色扮演实战演练，根据所学知识和实际情况灵活变通处理。

【考核方式】 教师点评、小组互评、自我反思(见下表)

演练评分标准参考表

序号	评 分 项 目	满　分	得　分
1	事件演练的完整性	20	
2	场景设计的代表性	30	
3	演练人员的现场反应与处理能力	30	
4	事后反思	20	
总分			

学习项目四　车站发现上访人员的应急处理

项目说明

本项目主要学习车站发现上访人员的应急处置程序。通过对上述内容的学习，加深学生对车站发现上访人员的应急处置程序基础知识的理解，培养塑造学生在处置相应问题时的应急处置能力。

适用岗位

铁路客运车站岗位客运员、客运值班员、值班站长等岗位。

教学目标

1. 知识目标

掌握车站发现上访人员的应急处置程序的主要流程。

2. 能力目标

能对车站发现上访人员的应急处置做出正确的判断以及采取及时有效的措施。

3. 素质目标

培养学生对车站发现上访人员应急处理时沉着冷静的心理素质和现场作业能力，同时培养学生良好的团队协作能力。

案例导学

部分群众集体上访　围堵火车站

【案例分析】20××年9月3日，湘西自治州吉首市福大房地产公司未能按承诺兑现付息，导致该公司部分集资者到州政府上访，引发群众围观。当晚10时许，部分群众向火车站聚集，正在湘西调研的省委常委、政法委书记李某率州委州政府负责人赶赴现场，进行耐心细致的解释说服工作，至当晚11时许，上访者及围观群众散去。

[案例思考]

假如你是案例事发车站铁路职工，你如何处理上述事件？

相关知识

课前回顾

客运服务人员作业过程中处理旅客问询和投诉的要求是什么？

一、信息汇报

发生上访人员集体围攻售票厅、进站验票口等场所时，在场客运员按照逐级汇报制度及时向客运值班员或者值班站长汇报，客运值班员或者值班站长分别向车间干部、车值班站领导汇报，在站领导指示下，联合值班室宣布应急预案启动。客运科及时通知派出所，中间站由站领导通知公安干警，车站党群部门。

二、现场处置

(1)客运、售票车间(中间站)干部要及时赶赴事发现场或接待场所陪访，要按政策、规定和上级要求有理有据，深入细致地做出解释答复或提出处理意见。

(2)客运车间、售票车间(中间站)接待人员在接待上访人员时，要态度热情，方法得当，对来访人提出的问题，要及时调查了解，弄清情况，按照政策规定给予答复；情况不明、政策不清时，应向来访人说明原因，不能随意表态、答复。

(3)车站信访部门要做好笔录，并进行归纳整理，向车站领导报告。

三、维持秩序

驻站公安负责做好维持秩序和安全保卫工作，如事态难以稳定或有加剧的苗头时，应增加警力，控制事态发展，防止局面恶化，酿成事端。

四、上访人员情绪激动时的应急处置

(1)当上访人员情绪激动、难以疏导和控制时，要注意工作方法，避免矛盾激化，待上访人员情绪稳定后再进行接谈。

(2)当上访人员集体或异常上访、上访人员对答复不满或难以疏控，有进京上访的可能时，客运车间，售票车间(中间站)应立即向信访部门接待人员汇报情况，并由信访部门接待人员整理信息，报请车站领导同意后向上级机关报告。要发挥包保网络的作用，全力做好上访人员的控制疏导工作。

任务工作单

学习情境六　车站常见突发事件处置	班级			
学习项目四　车站发现上访人员的应急处理	姓名		学号	
	日期		评分	

1. 写出车站发现上访人员时信息汇报流程。

2. 写出车站发现上访人员时的现场流程。

3. 实战演练

【情境描述(模拟案例)】 2019 年 8 月 3 日 9 时 10 分,北方某局下属车站发现上访旅客 10 人,其中两名旅客年龄超过 70 岁。请就上述案例模拟现场处置。

【任务实施】 要求分小组模拟该场景进行角色扮演实战演练,根据所学知识和实际情况灵活变通处理。

【考核方式】 教师点评、小组互评、自我反思(见下表)

演练评分标准参考表

序号	评 分 项 目	满　　分	得　　分
1	事件演练的完整性	20	
2	场景设计的代表性	30	
3	演练人员的现场反应与处理能力	30	
4	事后反思	20	
总分			

学习项目五　遇严重超员弹簧压死的应急处理

项目说明

本项目主要学习遇严重超员弹簧压死的应急处置程序。通过对上述内容的学习，加深学生对遇严重超员、弹簧压死的应急处置程序基础知识的理解，培养塑造学生在处置相应问题时的应急处置能力。

适用岗位

铁路客运车站岗位客运员、客运值班员、值班站长以及旅客列车客运乘务等岗位。

教学目标

1. 知识目标

掌握遇严重超员弹簧压死的应急处置程序。

2. 能力目标

能对列车严重超员导致弹簧压死的情况做出正确的判断以及采取及时有效的措施。

3. 素质目标

培养学生对遇严重超员弹簧压死应急处理时沉着冷静的心理素质和现场作业能力，同时培养学生良好的团队协作能力。

案例导学

列车超员导致弹簧压死

【案例分析】20××年2月13日0时18分，田东车站派出所接到本站运转值班员电话称："接调度通知，即将到达田东站的柳州—重庆的Z1×次列车机后第1、第2节硬座车厢严重超员，造成承重弹簧压死，需要在该站对旅客进行疏导分流。"接报后，该所立即启动应急预案，仅用5min，所长王某便组织6名民警和5名保安队员赶到田东站站台，做好接车准备。

列车到达后，民警和车站客运工作人员分成4个小组，手持喇叭，迅速登上严重超员的1、2节硬座车厢，对旅客进行宣传动员、疏散分流。经过十多分钟的紧张工作，终于将超员的一百多名旅客疏散到其他硬座车厢，使这两节车厢的承重弹簧恢复正常。

在整个疏导过程中，由于民警和车站客运部门宣传到位，措施得力，旅客积极配合，没有发生旅客骚动，也没有旅客在田东站下车滞留。

[案例思考]

上述案例中，列车工作人员应做好哪些工作？

相关知识

课前回顾

客运人员面对旅客问询时的服务要求有哪些?

一、信息汇报

遇到旅客严重超员,出现弹簧压死险情时,客运工作人员要立即向客运车间值班干部报告。车间值班干部接到报告后,要立即向应急领导小组报告,并组织人员赶赴现场;应急领导小组接到报告后,要立即组织客运、售票车间领导赶赴现场,协助现场处置。

二、宣传解释

做好旅客的宣传解释工作,告知弹簧压死强行发车对运输安全及旅客人身安全的影响,宣传组织旅客下车改签换乘其他列车或者办理退票,尽力化解旅客不满情绪,最大限度地满足换乘及退票旅客的要求。

三、组织开车

车站确定列车弹簧恢复、不影响正常行车的情况,应尽快组织列车开行,减少因弹簧压死带来的晚点对运输秩序的影响和干扰。

任务工作单

学习情境六　车站常见突发事件处置	班级			
学习项目五　遇严重超员弹簧压死的应急处理	姓名		学号	
	日期		评分	

1. 写出遇严重超员弹簧压死时的信息汇报流程。

2. 写出遇严重超员弹簧压死时应如何做好宣传解释。

3. 实战演练

【情境描述(模拟案例)】 2019 年 8 月 3 日 9 时 10 分,K 次列车停靠 M 站时,该站上车旅客较多加上列车超员严重,导致硬座车厢 13 ~ 15 车厢弹簧压死。请就上述案例模拟现场处置。

【任务实施】 要求分小组模拟该场景进行角色扮演实战演练,根据所学知识和实际情况灵活变通处理。

【考核方式】 教师点评、小组互评、自我反思(见下表)

演练评分标准参考表

序号	评 分 项 目	满　分	得　分
1	事件演练的完整性	20	
2	场景设计的代表性	30	
3	演练人员的现场反应与处理能力	30	
4	事后反思	20	
总分			

学习项目六　突发公共卫生事件的应急处理

项目说明

本项目主要学习突发公共卫生事件的应急处置程序。通过对上述内容的学习，加深学生对突发公共卫生事件的应急处置程序基础知识的理解，培养塑造学生在处置相应问题时的应急处置能力。

适用岗位

铁路客运车站岗位客运员、客运值班员、值班站长等岗位。

教学目标

1.知识目标

掌握突发公共卫生事件的应急处置程序。

2.能力目标

能对突发公共卫生事件做出正确的判断以及采取及时有效的措施。

3.素质目标

培养学生处理突发公共卫生事件时沉着冷静的心理素质和现场作业能力，同时培养学生良好的团队协作能力。

案例导学

旅客在站内出现食物中毒　车站积极处置

【案例分析】2018 年 2 月 13 日 15 时 18 分，旅客张某、李某、王某一行三人自 M 站进站乘车，在车站候车过程中三人均出现不同程度的呕吐、脱水、发烧等症状，车站立即予以现场救助并安排患者送医处理，同时第一时间通知卫生防疫部门处理。经卫生防疫部门对旅客呕吐物检验，确认旅客为食物中毒，后经了解，旅客食物中毒系三名旅客进站前实用了站外某餐馆的食物所致。经医院救治，三名旅客均恢复良好。

[案例思考]

通过分析上述案例，阐述车站如何加强旅客饮食卫生安全卡控。

相关知识

课前回顾

简述铁路客运车站食品供应管理要求。

一、铁路突发公共卫生事件基础知识

铁路突发公共卫生事件一般是指突然发生重大传染病疫情、群体性不明原因疾病，造成或可能造成社会公共健康严重损害，并有可能通过铁路传播的事件。

铁路应预防、控制、规范突发公共卫生事件应急处置工作，最大限度减少或降低突发公共卫生事件的发生频次和危害程度，防控各类疾病疫情通过铁路传播，确保广大旅客、铁路职工及家属的身体健康和生命安全，努力维护铁路正常的运输生产秩序。一般情况如在车站、列车发生的3人及以上集体性或者造成人员死亡的食物中毒；局管内单位内部发生的3人及以上集体性职业中毒、食物中毒、传染病暴发流行时应及时启动相关应急预案。

二、应急处置原则

坚持以人为本、科学应对、统一指挥、分工协作、有效处置的理念，落实领导负责、分级负责、系统负责、岗位负责的制度，采取防治结合、专群兼容、路地联控的方法，达到突发公共卫生事件早发现、早预防、早报告、早处置的目的。

三、车站发生重大突发性传染病疫情应急处置程序

1. 信息汇报

高铁车站发生重大突发性传染病疫情时，事件现场客运工作人员要立即向客运值班员或者值班站长汇报，客运值班员或者值班站长向客运车间值班干部报告。车间值班干部接到报告后，要立即向应急领导小组报告，并组织人员赶赴现场，应急领导小组接到报告后，要立即组织客运、售票车间领导赶赴现场，协助现场处置。客运科通知派出所（中间站由站领导联系公安干警）增派警力，协助车站维护秩序。派专人接听电话了解现场信息，在站领导和客运科长指挥下，向客运处汇报情况，报告内容：发生地点、发生时间、联络方式、发病人数、影响范围及采取措施等情况。客运车间主任（中间站站长）负责联系防疫部门，请求防疫部门协助处理。

2. 隔离封锁

客运人员及驻站保洁人员要积极配合防疫部门，对传染病患者进行隔离，防止扩散，同时记录发病旅客基本信息。公安部门应确保区域封锁、旅客隔离和疏散等工作正常开展。

3. 秩序维护

由值班员（值班站长）及指定客运员，佩戴口罩、手套，负责稳定旅客情绪，维持现场秩

序，并配合卫生防疫部门、公安部门进行调查取证，如实提供有关材料。

4. 消毒处理

保洁车间要配合卫生防疫部门对病人可能污染的范围场所进行清理消毒。

5. 安全防护

在应急预案处理过程中要加强对人身安全的卡控，严禁违反相关规定，按规定做好劳动防护工作。

6. 后续处理

做好患病旅客及同行人的车票改签及退票工作。

任务工作单

学习情境六　车站常见突发事件处置	班级			
学习项目六　突发公共卫生事件的应急处理	姓名		学号	
	日期		评分	

1. 写出铁路突发公共卫生事件的基础知识。

2. 写出车站发生重大突发性传染病疫情的应急处置程序。

3. 实战演练

【情境描述(模拟案例)**】** 2019年2月13日15时18分，旅客张某、李某、王某一行三人自M站进站乘车，在车站候车过程中三人均出现不同程度的呕吐、脱水、发烧等症状。请就上述案例模拟现场处置。

【任务实施】 要求分小组模拟该场景进行角色扮演实战演练，根据所学知识和实际情况灵活变通处理。

【考核方式】 教师点评、小组互评、自我反思(见下表)

演练评分标准参考表

序号	评 分 项 目	满　　分	得　　分
1	事件演练的完整性	20	
2	场景设计的代表性	30	
3	演练人员的现场反应与处理能力	30	
4	事后反思	20	
总分			

学习项目七　车站发生其他紧急情况的应急处理

项目说明

本项目主要学习车站发生其他紧急情况的应急处置程序。通过对上述内容的学习，加深学生对车站发生其他紧急情况的应急处置程序基础知识的理解，培养塑造学生在处置相应问题时的应急处置能力。

适用岗位

铁路客运车站岗位客运员、客运值班员、值班站长等岗位。

教学目标

1. 知识目标

掌握车站发生其他紧急情况的应急处置程序。

2. 能力目标

能对车站发生其他紧急情况时做出正确的判断以及采取及时有效的措施。

3. 素质目标

培养学生处理车站发生其他紧急情况应急处理时沉着冷静的心理素质和现场作业能力，同时也培养学生良好的团队协作能力。

案例导学

冻雨天气导致旅客大量滞留广州火车站

【案例分析】20××年春运高峰恰逢南方地区发生罕见冻雨，导致京广铁路线路行车中断数日，至2月1日，北上列车交通开始陆续恢复，广州火车站闻讯前来的旅客急剧增多，火车站广场及其周边地区滞留的旅客人数超过了26万。2月1日21时左右，火车站广场外人群快速向广场方向拥去，当时在场的民警、解放军和武警官兵尽全力维持秩序，疏散人群，车站采取应急措施，确保旅客安全乘车。

[案例思考]

通过分析上述案例，阐述车站如何应对极端天气条件下的旅客滞留问题？

相关知识

课前回顾

发生线路中断旅客要求退票的处理程序是什么？

一、高铁车站站台紧急停车的应急处理

1. 高铁车站站台紧急停车的应急处理程序

当客运车间、各中间站站台客运人员发现危及旅客人身安全或行车安全等非正常情况时，按以下要求执行：

（1）紧急呼叫

动车组停站或刚刚启动，车站客运人员发现危及旅客人身安全或行车安全的情况需紧急叫停列车时，将电台调至动车组司机频点，呼叫司机停车。呼叫用语为"××次司机，请立即停车。××站客运值班员（客运员）报告。"

（2）立即停车

司机在接到紧急呼叫时，如列车没有启动则不启动，如列车已启动要立即紧急制动停车，同时应答呼叫者"××次司机明白"，呼叫者通过电台告知司机停车事由，并配合列车及时做好应急处置。

（3）重新开车

紧急事件处置完毕后，呼叫者通知列车长，报告用语规范如下：

呼叫者："××次列车长，紧急情况处理完毕，××站客运值班员（客运员）。"列车长："××次列车长明白"。由列车长通知司机紧急事件处置完毕，同时按规定程序通知司机（机械师）关闭车门，司机按规定程序开车。

2. 站台紧急停车注意事项

（1）车站办理动车组客运业务时，动车组在站启动的范围为自客运营业站开车后至列车尾部过出站信号机前。

（2）除发现动车组列车危及旅客人身安全或行车安全等特殊情况时，严禁使用动车组司机频点进行通话联系，避免影响动车组行车安全。

（3）高铁车站可录音手持电台配置单位和数量：办理动车组列车站台的客运值班员，每个站台 2 部。

（4）高铁车站站台职工需要牢记电台频点设置及用途。举例如下：

①大站。

1 信道——既有客运异频频点。

2 信道——高速异频频点。

3 信道——普速异频频点。

4 信道——动车组司机频点。

5 信道——原有客运单频频点。

6 信道——列车乘务员频点。

②中间站。

a. 可录音手持电台。

1 信道——既有客运频点。

2 信道——备用客运频点。

3 信道——动车组司机频点。

4 信道——列车乘务员频点。

b. 普通客运电台。

1 信道——既有客运频点。

③高速场站台人员日常作业联系使用 2 信道（高速异频频点），特殊情况下需联系司机时，转换为 4 信道（动车组司机频点），待特殊情况处置完毕应立即转换回 2 信道（高速异频频点）。

④中间站站台客运作业人员日常作业联系使用 1 信道，特殊情况下需联系司机时，转换为 3 信道（动车组司机频点），待特殊情况处置完毕应立即转换回 1 信道。

⑤办理普速旅客列车客运业务时，发生紧急情况与司机的联系方式按现行规定办理。

二、旅客列车无法上水的应急处理

1. 无法上水情况确认

当上水员发现不能上水后，应立即根据现场情况，初步判断不能上水的原因。

2. 联系汇报

(1)上水员立即将现场情况上报客运车间。客运车间立即汇报联合值班室、客运科、安技科、站长值班室等相关科室，值班室向站领导汇报。

(2)联合值班室通知设备厂家及供电段等，对故障进行排查。

(3)涉及高速列车时客运科立即通知联合值班室将现场情况向铁路局（集团）公司客服调度进行汇报，请求指示；涉及普速列车立即通知计划室将现场情况向铁路局（集团）公司客调进行汇报，请求协调，并将情况及时以书面形式向铁路局（集团）公司客运处汇报。

3. 处置措施

(1)客运车间立即通知商服车间为不能上水的高速动车组列车补充瓶装矿泉水。

(2)客运车间主管干部或上水值班员与列车长联系，通报情况。

(3)请求铁路局（集团）公司客服调度或路局客调协调其他上水站临时补水。

(4)联合值班室及时联系设备厂家赶赴车站进行维修。

(5)在应急预案处理过程中要加强对人身安全的卡控，严禁违反相关规定，按规定做好劳动防护工作。

三、车站内突发停电的应急处理

当车站内突发停电时会严重影响运输秩序，给车站客流组织及其他组织工作造成很大困难,车站应及时启动突发事件应急预案,保证尽快恢复正常运输秩序。

1. 客运车间应急处理

(1)客运车间值班员或中间站值班站长按照逐级汇报流程上报客运车间、中间站值班干部,值班干部向联合值班室汇报,联合值班室向站长值班室、客运科、信息技术科等相关科室汇报,站长值班室向站领导汇报。

(2)客运科通知公安部门(中间站由站领导联系公安干警)增派警力协助车站维护秩序。派专人接听电话了解现场信息,在站领导和客运科长指挥下,向客运处汇报情况。

(3)联合值班室及时联系抢修部门恢复供电。

(4)客运车间或中间站启用移动式应急照明设备,安排专人在进站验票口、候车室、检票口、地道口、楼梯口、出站口进行照明。

(5)客运车间或者中间站检票人员引导旅客在规定候车区候车,站台工作人员加强宣传,提示旅客安全乘降,出站口补票间立即锁门。

(6)客运车间值班员或者中间站值班站长随时和车站联合值班室联系,了解旅客列车的到、发时间和股道占用情况。

(7)客运车间或者中间站安排专人在候车通道、检票口电梯处用小区广播引导进站旅客分区候车,并做好宣传、引导和控制检票口,并通知公安配合维持秩序。

(8)客运车间或者中间站抽调专人在站台出站通道,携带喇叭、照明设备,用手持话筒加强宣传,引导旅客顺利出站。

(9)在应急预案处理过程中要加强对人身安全的卡控,严禁违反相关规定,按规定做好劳动防护工作。

2. 售票车间应急处理

(1)值班员按照逐级汇报流程上报本车间值班干部,值班干部通知联合值班室,联合值班室通知站长值班室、客运科、信息技术科等相关科室。

(2)所有售票室立即锁闭,启用应急照明设备,使售票厅尽快恢复照明。

(3)联合值班室及时联系抢修部门恢复供电,确定停电影响售票设备情况。

(4)立即安排联劳干部,组织人员立即到售票厅,稳定旅客情绪,维护现场秩序。

(5)客运科负责通知派出所,各中间站负责通知公安干警。

四、发生机动车、拖车掉下站台的应急处理

牵引车、拖车等在站台行驶过程中掉下站台时,会直接危及行车安全,因此,车站应及时启动应急预案,尽快排除股道障碍,保证行车安全。

1. 信息通报

(1)站台车辆掉下站台且没有办理线路占用时,由站台车辆负责人直接通知车站外勤值班人员,外勤值班人员上报行车值班员,封锁相关线路,将线路两端道岔扳向不能进入上述线路位置,扣戴明示帽。车辆负责人上报本车间,车间上报联合值班室,联合值班室通知站台值班室、客运科、安技科等相关科室,联合值班室宣布应急预案启动。

(2)列车已经接近,来不及采取措施时,站台车辆负责人直接通知外勤值班人员,外勤值

班人员昼间使用红色信号旗发出紧急停车信号，夜间使用红色信号灯发出紧急停车信号，电台呼叫司机紧急停车。随后，车辆负责人上报本车间，车间上报联合值班室，联合值班室通知站台值班室，安技科、客运科等相关科室，联合值班室宣布应急预案启动。

2. 应急处置程序

(1)赶赴现场

相关车间干部应立即组织领班、工长赶赴现场，并根据现场情况，联系行装等其他车间干部取用备品，以最快的速度及时赶赴现场实施救援。

(2)加强防护

实施救援前，要与外勤取得联系，进一步确认线路状况及列车动态，实施防护。通过外勤，随时与行车楼取得联系，以确保万无一失。

(3)实施求援

①机动车辆未完全掉下站台时，可用叉车叉机动车或拖车的前部使其抬高到站台以上，下垫固定，再叉后部抬高至站台以上，可将机动车直接开出站台边缘；拖车可将前部抬起垫好，将挂把连挂到机动车上，再抬后部，抬起后即可拉出站台边缘。

②拖车完全翻下站台时，应以人力将其翻正，使用杠子、绳索，将其顺向线路方向移动，拉到安全区域后再行处理。

(4)及时汇报

将机动车辆掉下站台问题处理完毕，确认将一切设备、车辆移至线路限界以外后，相关车间现场干部应及时通知外勤值班员，外勤值班员通知行车值班员，报告线路恢复正常。

3. 应急备品

大绳至少 2 条，钢丝绳 1 条、撬棍 4 根、渡板。备品应固定存放并由专人保管，备品损坏后，要随时补充和完善。

五、站内长时间临时停车的应急处理

(1)客运车间或者中间站现场客运人员接调度通知或在站发生长时间临时停车时，按照逐级汇报原则，汇报客运车间值班员(或中间站值班站长)、客运车间(或中间站)干部、联合值班室、站长值班室、客运科、安技科等相关科室，站长值班室向站领导汇报。

(2)站台值班员(或值班站长)与运转车间、客服调度联系了解列车临时停车原因及开车时刻。

(3)站台值班员与列车长电台(频道 6)联系，了解列车基本情况，经调度许可向列车通报停车原因及开车时刻，按照列车要求，商服公司(中间站)做好应急食品的供应。

(4)客运车间(或中间站)要指派专人对临时停车列车进行防护，随时注意列车车门是否开启和有无人员下车情况。

(5)开启车门的列车，客运车间(中间站)增加防护人员，对列车长开具客运记录，需中途下车停止旅行或意外伤害的旅客，按照相关规定办理。

(6)根据铁路局(集团)公司客服调度指示，具备发车条件时，由调度部门通知运转车间，客运车间(中间站)做好旅客安排，做好开车准备。

六、旅客列车临时停运的应急处理

旅客列车临时停运的原因较多，如因不良天气、设备设施故障或线路中断造成旅客列车停运等，如图 6-3 所示，尤其高速铁路旅客列车，受天气因素影响比较大。大雨、暴雨等原因也可能导致出站口旅客大量聚集，因此不论是列车临时停运还是客流暂时拥堵，都会给铁路车站客运组织工作造成较大困难，必要时需启动应急预案。

图 6-3　大雪导致列车停运

1. 联系汇报

客运科立即将停运调度命令转发安技科、站长值班室及客运车间、售票车间及各中间站。并记录停运列车车票发售及停站情况，站长值班室立即将列车停运情况向站领导汇报（有涉及站长亲自接车或组织内容的调度命令，还应向站长进行汇报）。

2. 处置措施

（1）当发生列车停运启动应急预案时，客运车间、售票车间及各中间站应立即通知车间干部，做好列车停运应急处置工作。

（2）客运科总计划接到列车停运调度命令后，立即与铁路局（集团）公司客调进行核实，并对停运列车车票发售和停站情况进行统计，为停运列车所涉及的车间（中间站）提供数据。并通知派出所，所涉及中间站直接通知当地派出所，负责维护秩序。

（3）宣传部门、客运科按照铁路局（集团）公司宣传部新闻通稿要求，拟定列车停运宣传公告，下发至相关车间（中间站）。

（4）客运各车间（中间站）积极与驻站公安联系，在候车厅、检票口、售票处等区域增设警力，确保站内治安秩序平稳有序。

（5）售票车间（中间站）对停运列车停止发售车票，增加退票窗口和改签窗口，准备好充足的退票款，并在售票厅内安排专人引导旅客办理退票、改签。同时，要安排主管干部在售票厅做好旅客解释问询工作。

（6）客运各车间（中间站）根据拟定的停运宣传公告，在售票处公告屏、候车区进站大屏、移动显示屏对旅客进行公告，并利用车站广播在不晚于停运列车原开点前 2 小时，反复对旅客进行广播宣传。同时，在各进站口处设置临时车次牌，安排专人提前卡住进站渠道，及时引导停运列车旅客到售票处办理退票、改签。在候车区增设流动岗，随时查验候车区有无停运列车旅客候车，并及时将其引导至售票处办理退票、改签。

(7)客运车间(中间站)对有乘坐其他列车来站换乘停运列车的旅客，应提前与旅客来站所乘列车车长进行联系，及时了解换乘旅客人数，请求列车长在车上做好列车停运的解释及旅客集中组织工作。列车到站后，要提前安排专人到站台引导换乘旅客到售票处办理退票、改签。

(8)当售票车间(中间站)退票款不足时，应及时请示车站计财科，由计财科请示铁路局(集团)公司同意后，用当日汇局款垫付退票款，应急响应结束后由售票车间(中间站)进行归还。

(9)在应急预案处理过程中要加强对人身安全的卡控，严禁违反相关规定，按规定做好劳动防护工作。

3. 普速车站一线工作岗位职责

(1)客运员、检票员职责

①服从客运值班站长、值班员的命令和指挥，积极做好对旅客的宣传工作，安定旅客情绪，维护乘、候车秩序。

②积极协助滞留旅客解决饮水、饮食、休息及其他实际困难。

③加强旅客候车、站台乘降安全防护，防止因拥挤而发生危险。

④积极引导和组织站台上的中转旅客安全乘车、签证、候车；及时清理闲杂人员，同时对旅客遗弃杂物做到随脏随扫，保持站台清洁。

(2)出站组织工作

①在列车集中到达，出站旅客因暴雨等天气原因无法出站，在出站厅和地道积压时，值班员要立即汇报值班站长，组织做好旅客候车室的转移准备。

②候车室工作人员听到通知后，立即开启通道栏杆，引导旅客进入候车室。

③值班站长要组织广播室、候车室值班员，按规定线路引导出站，具体路线按照车站具体情况科学安排。如其站路线安排：出站口—站台—候车室—前厅出口。

④站台值班员要做好旅客的防护和清理。

七、列车不能接入固定站台的应急处理

当因受设备限制旅客列车全列或尾部不能全部接入站台，经与运转(普速)或客服调度(高速)、列车司机联系(频道6)，仍不能将列车接入站台时，应及时启动相应的应急预案。

1. 旅客列车全列不能接入站台的应急处置程序

(1)客运车间(中间站)站台客运人员发现所接旅客列车全列未接入站台，应立即向值班员(值班站长)进行汇报，值班员(值班站长)按照逐级汇报流程向车间(中间站)值班干部、站长值班室、客运科、安技科等相关科室进行汇报，站长值班室向站领导汇报。

(2)客运主管站长、车间(中间站)值班干部、值班员(值班站长)立即赶赴现场指导协调现场作业。

(3)值班员(值班站长)使用手持电台(频道6)与列车长进行联系，通报车站应急处置措施，做好旅客情绪安抚及宣传引导工作。

(4)值班员(值班站长)调集班内人员携带梯子赶往站台,向安技科汇报同意后,按照指定径路下至线路,在列车车门处安放梯子。

(5)值班员(值班站长)指定专人负责旅客下车、上车的安全防护工作和对列车车门开启情况进行盯控,防止有旅客跳车。

(6)指派不少于3名客运人员登上列车,配合列车工作人员在列车首部、中部和尾部宣传,引导旅客经梯子下车。

(7)旅客下车完毕后,指派专人引导上车旅客经由固定梯子登乘列车,由车内行至旅客车票所在车厢。

(8)旅客乘降完毕后,客运人员下车撤离梯子,与列车长进行联系,通报乘降作业完毕,按照指定径路返回站台。

(9)指派专人盯控列车情况,直至列车开出站台为止。

(10)在应急预案处理过程中要加强对人身安全的卡控,严禁违反相关规定,按规定做好劳动防护工作。

2.旅客列车尾部不能接入站台的应急处置程序

(1)客运车间(中间站)站台客运人员发现所接旅客列车尾部未接入站台,应立即向值班员或者值班站长进行汇报,值班员(值班站长)按照逐级汇报流程向车间(中间站)值班干部、站长值班室、客运科等相关科室进行汇报,站长值班室向站领导汇报。

(2)客运主管站长、车间(中间站)值班干部、值班员(值班站长)立即赶赴现场指导协调现场作业。

(3)值班员(值班站长)使用手持电台(频道6)与列车长进行联系,通报车站应急处置措施,做好旅客情绪安抚及宣传引导工作。

(4)值班员(值班站长)调集班内人员赶赴站台,指派不少于3名客运人员登上列车,配合列车工作人员在列车首部、中部和尾部宣传引导旅客经由在站台上开启的车门下车。

(5)旅客下车完毕后,指派专人引导上车旅客经由在站台上开启的车门登乘列车,由车内行至旅客车票所在车厢。

(6)值班员(值班站长)指定专人对列车车门开启情况进行盯控,防止有旅客跳车。

(7)旅客乘降完毕后,客运人员下车返回站台,与列车长进行联系,通报乘降作业完毕。

(8)指派专人盯控列车情况,直至列车开出站台为止。

八、大风天气客运组织的应急处理

大风天气会给铁路客运工作组织造成很大困难,甚至造成运输事故,尤其是高速运行的动车组列车,对风速的敏感性较高。动车组列车在环境风速不大于15m/s时,可以正常速度运行;风速不大于20m/s时,限速300km/h;风速不大于25m/s时,限速200km/h;风速不大于30m/s时,限速120km/h;风速大于30m/s时,严禁动车组列车进入风区。因此,铁路系统应该提前预知预想,做好大风天气的客运组织应急处理工作。

1.开展风险研判,明确作业难点

(1)关注天气变化情况

客运系统干部、职工要及时接受铁路局(集团)公司所发的气象预报,随时关注天气变化情况。当天气预报播报有大风等天气时，要做好人员安排等准备工作，遇有大风天气，对客运现场作业造成影响时，车间、中间站值班干部立即到现场指挥，并根据现场实际安排足够人力支持。

(2)明确现场作业难点

按照安全风险预警研判要求，对大风天气客运现场作业存在的难点进行风险研判。大风天气存在的作业难点通常有如下几点：

①旅客帽子、围巾、携带品，刮落站台、道心或悬挂接触网，危及行车安全或存在触电危险。

②接触网有悬挂物，存在触电危险。

③站台存在可移动物品时可能危及行车安全。

④列车晚点、停运，造成旅客情绪不稳。

2. 针对作业难点，加强作业组织

(1)清理危及安全物品

遇大风天气，客运车间、各中间站值班干部要对站台、雨棚、接触网、线路等部位进行巡视，查找有无可移动物品、悬挂刮落物品以及随时可能脱落物品，发现异常情况时，立即进行逐级汇报，并通知保洁部门进行清理。情况紧急时，可通知车站运转或中间站应急值守人员拦停列车。

(2)进行列车动态监控

客运车间、各中间站值班干部、客运值班员应与铁路局(集团)公司客服调度进行联系，随时了解掌握本站到发列车的正晚点及运行情况，及时将列车实时情况反馈现场作业人员，并对后续的客运、售票应急处置作业进行部署。如发现有列车晚点、停运或客流大量积压情况时，应立即启动本站旅客列车停运应急预案、旅客列车晚点处置程序。

(3)联系确认客流情况

客运车间、各中间站值班干部针对受大风天气影响的列车，应及时与车站计划室联系，确认受影响列车的客流情况，及时联系受影响列车，了解列车运行状况及车内旅客情绪，并通报现场作业人员，对客流较大到站列车提前预想，制订组织方案。当发生旅客情绪不稳，到站不下车时，应立即启动本站旅客不下车、占用车底的应急处置预案。

(4)有效利用广播宣传

①合理高效地利用广播宣传，及时向旅客通告现场及列车到发、运行情况，并利用车站广播和小区广播系统在候车区、检票口、售票处和站台区域循环播放大风天气，旅客站台禁止戴帽子、系紧围巾、拿好个人物品，严禁站台奔跑等安全宣传提示内容。

②因大风天气影响列车正常运行，造成大面积晚点时，联合值班室和中间站要利用车站广播和小区广播向旅客播放致歉词，稳定旅客情绪，争取旅客的配合，消除不利影响。候车区加强现场巡视，现场工作人员要主动、耐心做好服务解释工作，解决旅客实际困难。

(5)加强旅客乘降组织

①加强设备检查。

客运人员出场前应确认便携式扩音器、小区广播，电台设备情况良好，提前检查自动扶梯、接触网、雨棚、天桥等设备设施情况，发现异常及时逐级汇报。遇电梯故障时，应立即启动本站电梯故障应急处置预案。

②检票口工作人员在列车检票前,要利用小区广播和便携式扩音器对旅客进行乘车站台、车次宣传,防止旅客误乘、漏乘,必须用电台与站台客运员联系,确认具备检票条件后,方可进行检票作业。遇列车晚点或客流较大等情况时,可采取提前预检的方式,组织旅客在通道集中候车,应安排专人对集中候车旅客进行盯控。停检后及时与站台接车人员确认旅客检票进站、有无旅客赶车等情况,确保站台接车人员掌握乘车客流情况。

③加强站台盯控。

a. 客运车间及中间站值班干部应及时上岗,对站台作业进行组织盯控,视情况组织人员到站台进行联劳协作,在站台进站扶梯口、出站扶梯口及站台两端安排客运人员引导旅客有序排队候车。

b. 客运值班员、站台客运员严格落实站台旅客乘降组织要求,利用小区广播、便携式扩音器对站台乘降旅客进行大风天气旅客站台禁止戴帽、系紧围巾、拿好个人物品、严禁站台奔跑等安全提示和排队候车宣传组织。

c. 加强旅客进入站台后的位置引导,盯控站台旅客、个人物品携带等情况的安全盯控工作,及时制止旅客异常及危险行为。

④加强乘降组织。

a. 列车进站停稳后,站台客运员要积极组织旅客有序乘降,按照先下后上的原则,加强重点旅客、车挡连接处和重联动车组连接处旅客的组织和安全防护,提示旅客注意安全。

b. 可根据大风天气情况引导旅客在就近车厢处先行上车,自列车内部行至旅客所乘车厢。

c. 时刻关注站台列车及旅客动向,对在站台角落、进站通道等部位躲避大风的旅客,要做好上车的提示工作,待所负责车厢或区域乘降组织完毕,无旅客上下车、无任何旅客人身伤害隐患时,用电台向客运值班员报告旅客乘降组织完毕。

d. 停检后,站台客运值班员、客运员要与检票员联系,确认检票和赶车情况,确认站台乘降组织完毕后方可向列车长汇报乘降完毕,关闭车门(普速场客运值班员与运转发车人员联系发车)。

e. 列车开车出站后,站台客运人员要对站台进行清理,对滞留旅客要劝离出站,确认站台无任何闲杂人后方可撤岗。

3. 引导媒体积极报道

当遇大风天气导致列车晚点、设备损坏,对旅客检票、候车和乘降造成影响时客运车间及中间站书记要第一时间赶赴现场,全面负责安抚旅客及引导媒体正面宣传报道工作,避免负面报道的发生。当遇有人员进行拍照、采访时,要尽量进行劝阻和制止,同时,第一时间向车站党委宣传负责人进行汇报,没有车站党委宣传负责人的同意,任何人不得接受采访。

4. 旅客意外伤害处置

当发生旅客滑倒、摔伤、触电等人身伤害时,客运值班员要确认旅客身体状况,如存在身体伤害,应按照旅客人身伤害事故处理规定办理。

5. 安全防护

在应急预案处理过程中要加强对人身安全的卡控,严禁违反相关规定,按规定做好劳动防护工作。

九、大雾天气客运组织的应急处理

1. 开展风险研判,明确作业难点

(1)关注天气变化情况

客运系统干部、职工要每日收听天气预报,随时关注天气变化情况。当天气预报播报有大雾等天气时,要做好人员安排等准备工作,遇有大雾天气,对客运现场作业造成影响时,车间、中间站值班干部立即到现场指挥,并根据现场实际安排足够人力支持。

(2)明确现场作业难点

按照安全风险预警研判要求,对大雾天气客运现场作业存在的难点进行风险研判:

①可能产生雾闪,存在触电危险。

②瞭望条件降低,不利于乘降组织及旅客动向掌握。

③列车晚点、停运,造成旅客情绪不稳。

2. 针对作业难点,加强作业组织

(1)进行列车动态监控。

客运车间、各中间站值班干部应与铁路局(集团)公司客服调度进行联系,随时了解掌握本站到发列车的晚点及运行情况,及时将列车实时情况反馈现场作业人员,并对后续的客运车间售票应急处置作业进行部署。如发现有列车晚点、停运或客流大量积压情况时,应立即启动旅客列车停运应急处置预案、旅客列车晚点处置程序。

(2)联系确认客流情况。

客运车间、各中间站值班干部针对受大雾天气影响的列车,应及时与车站计划室联系,确认受影响列车的客流情况,及时联系受影响列车,了解列车运行状况及车内旅客情绪,并通报现场作业人员,对客流较大列车提前预想,制定组织方案。当发生旅客情绪不稳、到站不下车等情况时,应立即启动本站旅客不下车、占用车底应急处置预案。

(3)有效利用广播宣传。

合理高效地利用广播宣传,及时向旅客通告现场及列车到发、运行情况,并利用车站广播和小区广播系统在候车区、检票口、售票处和站台区域循环播放大雾天气旅客站台应排队候车、严禁站台奔跑、注意脚下安全、远离列车受电弓等安全宣传提示内容。

因大雾天气影响列车正常运行,造成大面积晚点时,联合值班室和中间站要利用车站广播和小区广播向旅客播放致歉词,稳定旅客情绪,争取旅客的配合,消除不利影响。候车区加强现场巡视,现场工作人员要主动、耐心做好服务解释工作,解决旅客实际困难。

(4)加强旅客乘降组织。

①三个方面加强。

a. 加强设备检查。客运人员出场前应确认便携式扩音器、小区广播、电台设备情况良好。客运人员应提前出场检查自动扶梯、站台、雨棚等设备设施情况,发现异常及时汇报。遇电梯故障时,应立即启动本站电梯故障应急处置预案。

b. 加强检票作业。检票口工作人员在列车检票前,要利用小区广播和便携式扩音器对旅客进行乘车站台、车次宣传,防止旅客误乘、漏乘,必须用电台与站台客运人员联系,确认具备检票条件后,方可进行检票作业。遇列车晚点或客流较大等情况时,可采取提前预检的方式,组织旅客在通道处集中候车,应安排专人对集中候车旅客进行盯控。停检后及时与站台接车人员确认旅客检票进站、有无旅客赶车等情况,确保站台接车人员掌握乘车客流情况。

c. 加强站台盯控。客运车间及中间站值班干部应及时上岗,对站台作业进行组织盯控,视情况组织人员到站台进行联劳协作,在站台进站扶梯口、出站扶梯口及站台两端安排客运人员引导旅客有序排队候车。针对站台瞭望条件降低的情况,客运车间及中间站干部要重点提示站台各运人员加强对旅客进入站台后的位置引导及安全盯控,时刻关注站台旅客及列车动向,加强电台联络,及时制止旅客异常及危险行为,重点组织在列车受电弓车厢上车的旅客到该车厢相邻车厢远端车门处排队候车。客运值班员、站台客运员严格落实站台旅客乘降组织要求,利用小区广播、便携式扩音器对站台乘降旅客播放雾天注意地面湿滑、严禁站台奔跑、注意脚下安全、远离列车受电弓等安全提示和排队候车等宣传提示内容。

(5)加强乘降组织。

①列车进站停稳后,站台客运员要积极组织旅客有序乘降,按照先下后上的原则,加强对重点旅客、车厢连接处、重联动车组连接处、受电弓车厢旅客的组织和安全防护,提示旅客注意安全。

②根据大雾天气情况引导在列车受电弓车厢上车的旅客到该车厢相邻车厢远端车门处上车。

③时刻关注站台列车及旅客动向,对在站台角落、进站通道等部位的旅客,要做好上车的提示工作,待所负责车厢或区域乘降组织完毕,无旅客上下车、无任何旅客人身伤害隐患时,用电台向客运值班员报告旅客乘降组织完毕。

④停检后,站台客运值班员、客运员要与检票员联系确认检票和赶车情况,确认无赶车旅客,站台乘降组织完毕后方可向列车长汇报乘降完毕,关闭车门(普速场客运值班员与运转发车人员联系发车)。

(6)列车开车出站后,站台客运人员要对站台进行清理,对滞留旅客要劝离出站,确认站台无任何闲杂人后方可撤岗。

3. 引导媒体积极报道

当遇大雾天气导致列车晚点、设备损坏,对旅客检票、候车和乘降造成影响时,车间及中间站书记要第一时间赶赴现场,全面负责安抚旅客及引导媒体正面宣传报道工作,避免负面报道的发生。当遇有人员进行拍照、采访时,要尽量进行劝阻和制止,同时,第一时间向车站党委宣传负责人进行汇报,没有车站党委负责人的同意,任何人不得接受采访。

4. 旅客意外伤害处置

当发生旅客滑倒、摔伤、触电等人身伤害时,客运值班员要确认旅客身体状况,如存在身体伤害,应按照旅客人身伤害事故处理规定办理。

5. 安全防护

在应急预案处理过程中要加强对人身安全的卡控,严禁违反相关规定,按规定做好劳动防护工作。

十、大雪天气客运组织的应急处理

（1）有关科室要将列车停运、绕行、晚点等公告信息及时进行发布，告知旅客，由联合值班室负责收集客运各车间、各公司、各中间站信息，并及时进行通报。

（2）售票厅要增开退票、改签窗口，必要时高速铁路高架候车室售票窗口全部为改签、退票窗口，准备足够的找零款，为旅客办理退、改业务。

（3）打开所有进站口，落实进站验票措施，情况紧急时采用人工验证验票方式，遇客流聚集时，可启用广场、出站地道等临时候车区域，将2h以后各次列车旅客引导到临时候车区。

（4）进站广场可采用隔离带隔离的方法，引导旅客有序进站。

（5）在候车室检票口、电梯、通道等处所进行不间断的宣传广播，通告列车到发情况。遇列车晚点或停运，要诚恳地向旅客致歉。

（6）在站台提示旅客下雪天气注意地面积雪，严禁旅客随车奔跑，注意地面湿滑，要注意组织在站台角落、出站通道等处避雪的中转旅客，由地下通道或高架桥出站。

（7）对晚点时间较长，如6h以上的列车，凡是旅客家住本市区的，可采用留下联系方式、回家等候的方式，减轻车站候车压力。

（8）车站尽力做好上水工作，遇大到暴雪影响视线时，要停止上水作业。

（9）出现大到暴雪时，应急办公室负责人可联系驻站军代表负责人，说明旅客滞留情况，调集武警官兵，由应急办公室、客运相关部门如客运车间等安排具体岗位，协助做好除雪防冻工作。

（10）连续降雪超过12h，后勤车间要及时通知食堂为职工准备热饭热菜。

（11）劳服公司要针对滞留旅客情况，调集储备食品为旅客分发。根据电报要求或车站领导指示，为列车上的旅客提供饼干、火腿肠、矿泉水等食物。

十一、发生洪涝时的应急处理

1. 信息沟通及报送

站长值班室要坚持24h值班，每天收听天气预报，及时将天气变化通知站领导，确保信息畅通。天气预报有雨情时，站长值班室要及时通知站领导、各相关科室及各车间（中间站）公司值班室，要求正职亲自值班，做好人员安排，做好防洪准备。大、暴雨水害发生2h内启用应急通信，要及时报送相关信息。必要时每小时向铁路局（集团）公司防洪指挥部办公室报告水害现场抢险情况，将现场图片和图像发送到铁路局（集团）公司防洪应急指挥部办公室。

信息报送内容包括：水害发生的时间、地点、雨情、水情、灾情、处置情况、预计抢通时间、水害现场图片图像、现场抢险所需路料品名、数量、到站、卸车地点等。灾情包括线路、桥隧、涵渠、接触网、附属设施等受灾体的受灾范围、损害程度、水害直接损失、影响列车车次、人员伤亡等情况。

2. 售票组织

（1）售票车间要合理安排，增加退票、改签窗口，准备好足够的找零款。

(2)售票厅压力过大时,售票车间干部和科室包保干部要协同机关干部、派出所干警,到现场维持秩序,拉警戒带,采取"掐段放行"的分流措施,防止旅客拥挤踩踏。

(3)列车不能继续运行时,售票厅、候车室要将停办营业和恢复营业的信息及时向旅客公告。

3. 候车组织

(1)客运车间要合理规划安排候车室,做好滞留旅客的宣传、安置及疏解。各候车室要安排干部专门盯控。

(2)客运车间要在各个候车室安排专门客运员,回答旅客问询,方便旅客购物、饮水、就医、如厕及提供旅客前往其他地点所乘的公交车信息。

(3)高铁站要为各个候车室滞留旅客配备足够的方便食品、饮水等生活用品。

(4)保洁车间要加大候车室的清扫次数,通知防疫部门对重点部位进行消毒,为旅客提供良好的候车环境。

(5)发生旅客人身伤害或突发疾病时,相关车间(中间站)、公司干部立即到达现场,通知医疗点工作人员,采取抢救措施。同时,收集旁证、物证,编制客运记录,按照旅客人身伤害或疾病处理有关规定办理。

(6)应急处置处理过程中要加强对人身安全的卡控,严禁违反相关规定,按规定做好劳动防护工作。

(7)客站区组织

由工作人员将旅客提前带入站台,避免客流叠加或上错站台。遇旅客滞留时,客运车间应打开有关通道备用门方便旅客进入候车室。遇雨水倒灌、下水道倒流等情况,要通知建筑段维修,候车室积水过多时,客运车间派分队用装满沙子的编织袋堵住候车室门口,用水泵抽除积水。始发车可以车代候,始发列车有车底后,要及时联系乘务员,提前组织旅客上车等候。高铁中间站可组织旅客到候车室商服平台、站外旅馆等暂时等候,提醒旅客随时注意车站列车运行公告。

4. 乘降组织

(1)值班站长(值班员)要加强与列车长的沟通,掌握列车编组、定员、车内旅客人数,了解旅客需求,做好接车准备。

(2)地道内要派专人引导,地道内有积水时,要通知车间,派小分队进行清理积水,并及时通知建筑段维修。

(3)各出站口要全部打开,引导旅客快速出站。

(4)各岗位人员要坚守岗位,坚持作业标准,随时听候上级领导的指挥和调遣。

(5)劳服公司在站台上备足方便面、饮用水等方便食品。

5. 行包作业

(1)到站行包要提前装托盘,防止雨水进入仓库造成行包湿损,要注意雨情,做好库房门口封堵工作。

(2)站台行包要及时向库内转移,不能及时转移的行包要用篷布盖好,防止行包湿损。

(3)牵引车行驶工作,要佩戴面罩或篷布,严格执行5km/h行驶速度规定,防止车辆掉下站台。

(4)机械车辆作业时,采取防清措施;作业人员不准跨越线路,只准由进出站地道通过,确保人身安全。

6. 各岗位职责

(1)客运员职责

①根据天气变化情况,提前准备好喇叭、口哨和备品,做好站台防护。

②作业中加强站台与检票口、站台之间以及站台与广播室的联系。

③对本职岗位和责任区域随时检查,发现问题及时处理。

④在恶劣天气下,加强各岗位之间的自控、互控,做好旅客安全防护。

⑤及时做好站台、地道、旅客乘降组织和疏散工作。

⑥严格落实作业制度,作业完毕清点人数,坚持同去同归。

(2)检票员职责

①遇恶劣天气,坚守岗位,提前做好准备工作。

②加强与站台及各岗位的联系,严格执行"呼唤应答"制度。

③把握好放行检票时间,提前或改晚放行时间必须征得站台值班员同意。

④坚守岗位,随时解决旅客困难,解答旅客问询,确保候车室秩序井然。

(3)上水员职责

①根据天气情况,提前准备好防护备品。

②上岗时,提前列队、清点人数、互相提示安全注意事项;工长负责检查每人防护用品的携带情况。

③作业中,各岗位之间严格执行自控、互控、他控制度。

④作业中,严格执行作业标准,严禁侵线;严禁在车底下坐卧、避风、避雨等。

⑤作业完毕,坚持同去同归制度。上水工长要认真负责,清点人数无误后集体撤岗。

(4)广播员职责

①恶劣天气下,加强与邻站、信号楼及各岗位的联系,准确掌握各次列车运行情况。

②及时将有关作业和列车运行情况向有关处所和工作人员通报。

③无车情况下,不间断地向旅客和工作人员进行广播,提示有关安全作业、乘车、候车等方面的注意事项。

④在值班站长领导下,加强各岗位之间的联系,配合各岗位按程序进行作业。

十二、车站发现有人扒车的应急处置

1. 车站发现有人扒车但未坠车时

(1)客运员或上水员发现有人扒车时,立即用电台通知客运值班员(值班站长),值班员(值班站长)与运转应急值守(外勤助理值班员)共同协调配合,暂不发车。

(2)由客运值班员(值班站长)向车间(中间站)值班干部进行汇报,值班干部向联合值班室汇报情况,联合值班室向站长值班室、客运科、安技科等相关科室汇报,并赶赴现场进行处理。

(3)客运科联系派出所,中间站由站领导通知公安干警,劝导旅客下车,下车后移交公安处理。

(4)待情况处理完毕,由站台值班员确认具备发车条件时,通知外勤值班员,恢复发车。

2. 车站发现有人扒车已经坠车时

在车站发现或接到有人从列车上坠车信息时,要派人迅速赶赴现场,对受伤的坠车人及时采取抢救措施;如坠车人已经死亡,要妥善处理尸体。同时检查坠车人身上物品,了解坠车人情况,发电报通知相关列车,同时协助列车处理旅客扒车后续事宜。

任务工作单

学习情境六　车站常见突发事件处置	班级			
学习项目七　车站发生其他紧急情况的应急处置	姓名		学号	
	日期		评分	

1. 写出发生洪涝时的信息报送内容。

2. 写出大雾天气旅客乘降组织三个加强的内容。

3. 实战演练

【情境描述(模拟案例)**】** 某年某月某日,从昆明开往北京西的某次列车运行至信阳站时,因大雪导致前方线路中断,列车按照调度命令就地停运返回昆明,车内有1023名旅客,其中823人要求返回随车昆明办理退票,其余旅客要求在信阳站下车退票。请就上述案例模拟现场处置?

【任务实施】 要求分小组模拟该场景进行角色扮演实战演练,根据所学知识和实际情况灵活变通处理。

【考核方式】 教师点评、小组互评、自我反思(见下表所示)

演练评分标准参考表

序号	评 分 项 目	满　　分	得　　分
1	事件演练的完整性	20	
2	场景设计的代表性	30	
3	演练人员的现场反应与处理能力	30	
4	事后反思	20	
总分			

学习情境七　红十字救援基本知识

学习项目一　红十字运动基本知识

项目说明

本项目主要学习红十字运动基本知识。

适用岗位

铁路列车岗位列车员、列车值班员、列车长、餐服员、保洁员、随车机械师、乘警等工种。

教学目标

1. 知识目标

掌握铁路红十字运动基本知识，红十字药箱药品配备情况，了解铁路红十字药箱管理和使用的相关文件规定。

2. 能力目标

能正确使用红十字药箱，能够检查铁路红十字药箱内的药品是否齐全，并根据出乘需要及时补充药品。

案例导学

红十字救援员——旅客生命的“速效救心丸”

【案例情况】旅客在奔驰的火车上突发急病或者临产，陪伴的亲人最急切的就是渴望有人及时出手相助，他们最先想到的也往往是乘务人员。而在火车上得到过求助的人，更能体会到“红十字救护员”天使般的神圣。有人把“红十字救护员”比喻为旅客生命的“速效救心丸”，这一点儿也不为过。

2016年2月28日23时30分，由郑州客运段京特车队一组担当的K180次列车运行在新乡至安阳区间。13号车厢5号下铺一位年轻旅客心脏病突然发作，同行的哥哥王先生焦急万分。乘务员陈颖立即报告给列车长吴峰，吴峰随即通知在另一车厢值班的“红十字救护员”郭玉玲赶过来。一场生与死的较量就此展开。

郭玉玲冷静地为这名旅客诊断，确定病情，从药箱取出速效救心丸，托起旅客的头，用温水给旅客服下。15min 后,这名旅客呼吸趋于平稳,慢慢苏醒过来。

列车抵达北京,王先生长舒一口气,握住吴峰的手一再表示感谢。他说,如果不是"红十字救护员"及时出手相救,他的弟弟根本就坚持不到北京,是"红十字救援员"(图 7-1)挽救了弟弟的生命。

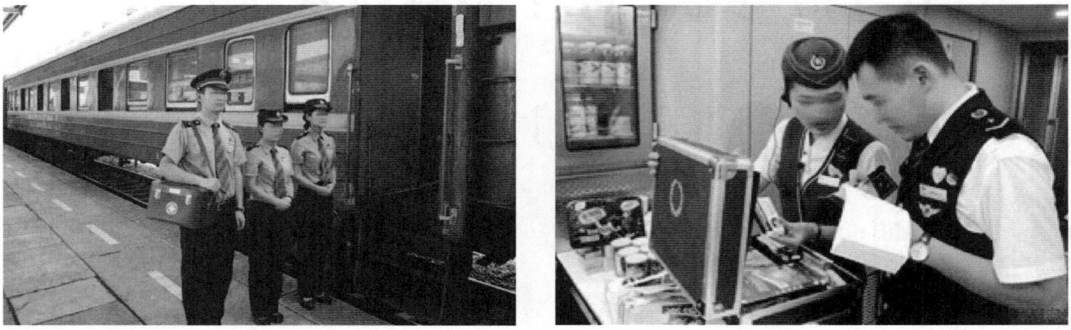

图 7-1　红十字救护员

相关知识

课前回顾

1. 铁路旅客突发事件处理中哪些地方用到了红十字救援?
2. 请举一个铁路红十字救援旅客的案例。

一、概论

红十字运动起源于战场救护,是人类文明进步的象征,是人社会发展的必然产物。瑞士人亨利・杜南(1828——1910)是红十字运动的创始人。

1859 年 6 月 24 日,奥地利陆军与法国-撒丁(意大利邦国之一)联军 30 多万人激战于意大利北部的索尔弗利诺,双方伤亡惨重,约有 4 万伤兵被遗弃在战场。6 月 25 日,亨利・杜南因商务活动途经此地,为惨相所震惊,当即协调各方,发动村民,投入战场救护。回到日内瓦后,他立即撰写了《索尔弗利诺回忆录》。书中提出两项重要建议:一是在各国设立全国性的志愿伤兵救护组织,平时开展救护技能训练,战时支援军队医疗工作;二是签订一份国际公约给予军事医务人员和医疗机构及各国志愿的伤兵救护组织以中立的地位。1863 年 2 月 9 日,"伤病救护国际委员会"(红十字会国际委员会的前身)宣告成立;1864 年 8 月 22 日,第一个日内瓦公约——《关于改善战地陆军伤者境遇之日内瓦公约》正式签署。1948 年,红十字会与红新月会国际联合会理事会决定将 5 月 8 日(亨利・杜南的生日)定为世界红十字日。2000 年,国际联合会确定每年 9 月的第二个星期六为世界急救日。

中国红十字会是中华人民共和国统一的红十字组织,是从事人道主义工作的社会救助团体,是国际红十字运动的成员。中国红十字会以发扬人道、博爱、奉献精神,保护人的生命和健康,促进人类和平进步事业为宗旨。多年来,应急救护作为铁路红十字会服务运输生产的切入点,已成为铁路客运服务的重要内涵。铁路红十字工作要围绕铁路运输生产安全和服务铁路科学发展大局,突出抓好"应急救护、救护培训、药箱配置、健康宣传"四项重点任务,切实加强铁路红十字应急救援体系建设。

铁路红十字卫生救护工作的发展历程如下。1997 年,中国红十字会批准铁路系统成立了行业红十字会,在配合铁道部中心工作和宣传红十字会精神,开展人道主义救助、普及卫生救护和防病知识等方面做了大量工作。2001 年 8 月 24 日,中国红十字会总会、铁道部等十五个部门联合下发《关于印发〈中国红十字会关于广泛深入开展救护工作的意见〉的通知》,2003 年 2 月 27 日,铁道部、卫生部、中国红十字会总会联合下发《关于印发〈旅客列车急救药箱管理办法〉(暂行)的通知》,对旅客列车急救药箱的配备和管理提出明确的要求。2007 年 3 月 29 日,中国红十字会总会与铁道部联合下发了《关于深入开展救护培训工作的通知》。2010 年 2 月铁道部印发了《关于做好旅客列车红十字药箱配备和管理工作的通知》,并于同年 8 月 22 日发布了铁道行业标准《铁路红十字药箱配备标准及使用原则》,对红十字药箱配备标准和日常管理提出了明确要求。

为了对在车站和旅客列车上发生突发疾病和意外情况的旅客进行有效的紧急救护,铁路部门在铁路站车设置急救药箱和能够为旅客实施紧急救护的红十字救护员。

二、铁路红十字药箱

1. 铁路红十字药箱定义

在旅客列车上、客运车站及沿线小站或者铁路职工突发疾病或意外伤害时,用于应急救助,便于携带,装有非处方药品与器械的药箱称为铁路红十字药箱(图 7-2)。

图 7-2 铁路红十字药箱

2. 红十字药箱使用规定

(1)旅客列车

在旅客列车上遇到旅客患病时,通过列车广播向旅客中的医务工作者求助,列车红十字救护员立即携带药箱到达现场,并对伤病员及时实施初步救护。红十字救护员在实行紧急救护时应将有关情况告知患者及同行旅客。箱内药品与器械限于在旅客列车运行中,车上人员突发疾病或创伤时简易救治。红十字救护员用药械后应当客观、翔实地填写药械使用登记表,登记表应包含日期、药品名称、数量、发放人签名和使用人签名。

(2)客运车站

在车站遇到旅客患急重症需要紧急抢救时,应旅客要求或本人已神志不清时立即联系 120 急救中心。在 120 救护车到来之前,车站红十字救护员立即携带药箱到达现场,并对伤病员及时实施初步救护,同时通过车站广播向旅客中的医务工作者求助。红十字救护员在实行紧急救护时应将有关情况告知患者及同行旅客。箱内药品与器械限于在旅客候车期间突发疾病或创伤时简易救治。红十字救护员用药械后应当客观、翔实地填写药械使用登记表。

(3)沿线小站、工区

箱内药品与器械限于职工工作期间突发疾病或创伤时简易救治。用药械后应当客观、翔实地填写药械使用登记表。

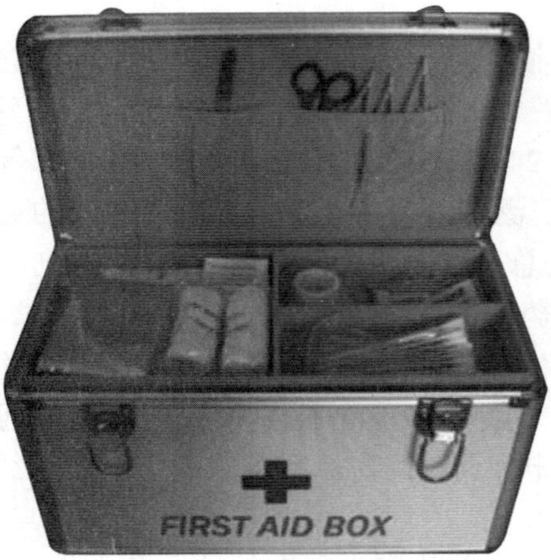

图 7-3　红十字药箱配备药械

(4)药械补充

各管理单位每月补充药械时,应携带上月的药械使用登记表及药械补充申领表。列车红十字药箱内的药械每次使用消耗后,应在返程时及时向客运段申领补充,确保在出乘时药械齐全。其他单位红十字药箱内的药械每月补充一次,如有特殊情况药械用完可随时申请补充(图 7-3)。

3. 配备原则

铁路红十字药箱内的药品配置应该是国家基本药物范围内的常用、安全、方便、有效的非处方药品、消毒剂,以及临床常用的诊疗用具。

4. 旅客列车红十字药箱的配备建议标准

根据配置情况,将药箱分为甲、乙、丙三类。

1)甲类药箱配备药品及器械种类

(1)药品类

①口服药。

a. 退热、止咳化痰类:氨咖黄敏胶囊、小儿氨酚黄那敏颗粒、美酚伪麻片、羧甲司坦片。

b. 心血管类:速效救心丸。

c. 平喘类:二羟丙茶碱片。

d. 止泻类:盐酸小檗碱片、口服补液盐。

e. 抗过敏类:盐酸异丙嗪片。

f. 抗眩晕类:氢溴酸东莨菪碱贴片。

g. 其他:云南白药、藿香正气丸。

②外用药。

a. 退热类:小儿退热贴、小儿布洛芬栓。

b. 外伤类:湿润烧伤膏、碘伏、苯扎氯铵贴。

c. 其他:清凉油、松节油搽剂。

注意:以上药品配备数量,可以根据列车日常使用、消耗情况确定。

(2)器械类

表式袖带血压计 1 台、听诊器 1 个、体温计 2 支、袖珍手电筒 1 个、大剪刀 1 把、16cm 弯头和直头止血钳各 1 把、12cm 直镊子 1 把、消毒棉(签/球)若干、医用胶带 1 卷、三角巾 4 个、无菌纱布 1 包、无菌绷带 1 轴、弹力绷带 1 卷、橡胶止血带 3 根、保护带 2 条、无菌手套 3 副、呼吸面膜 2 片、一次性压舌板 4 片、一次性产包 1 个、一次性连体防护服 3 件、一次性口罩 6 个。

(3)消毒剂

含氯消毒片剂或粉剂(用于环境及物品消毒,单独放置)。

2)乙类药箱配备药品及器械种类

(1)药品类

①口服药。

a. 退热、止咳化痰类:氨咖黄敏胶囊、小儿氨酚黄那敏颗粒、美酚伪麻片、羧甲司坦片。

b. 心血管类:速效救心丸。

c. 平喘类:二羟丙茶碱片。

d. 止泻类:盐酸小檗碱片、口服补液盐。

e. 抗过敏类:盐酸异丙嗪片。

f. 抗眩晕类:氢溴酸东莨菪碱贴片。

g. 其他:云南白药、藿香正气丸。

②外用药。

a. 退热类:小儿退热贴、小儿布洛芬栓。

b. 外伤类:湿润烧伤膏、碘伏、苯扎氯铵贴。

c. 其他:清凉油、松节油搽剂。

注意:以上药品配备数量,可以根据列车日常使用、消耗情况确定。

(2)器械类

表式袖带血压计 1 台、听诊器 1 个、体温计 2 支、袖珍手电筒 1 个、大剪刀 1 把、16cm 弯头和直头止血钳各 1 把、12cm 直镊子 1 把、消毒棉(签/球)若干、医用胶带 1 卷、三角巾 4 个、无菌纱布 1 包、无菌绷带 1 轴、弹力绷带 1 卷、橡胶止血带 3 根、无菌手套 2 副、一次性压舌板 2 片、一次性连体防护服 2 件、一次性口罩 4 个(图 7-4)。

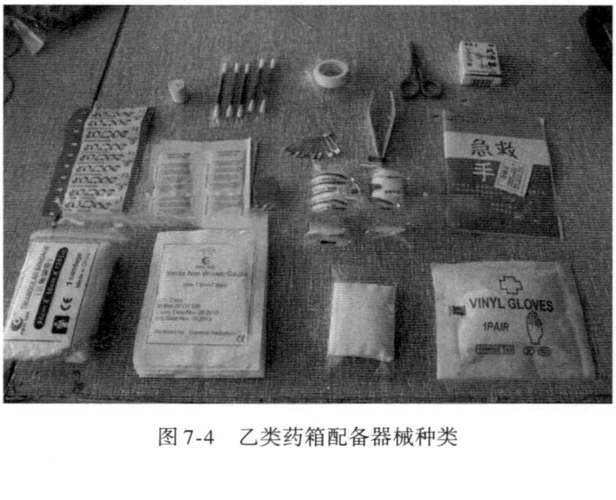

图 7-4　乙类药箱配备器械种类

(3)消毒剂

含氯消毒片剂或粉剂(用于环境及物品消毒,单独放置)。

5. 放置地点与标识

旅客列车红十字药箱放置于列车医疗点,客运车站红十字药箱放置于候车室,工区放置方便使用的地方。放置红十字药箱的位置应设置紧急救护标识,明示紧急救护设施。紧急救护标识和药箱外标识统一使用红十字标识。

6. 药箱管理

旅客列车配备红十字药箱是为了方便旅客在乘车突发疾病、受到创伤时得到应急救助的措施。各级客运和卫生主管部门对药箱的管理工作务必高度重视,严格管理,责任到人。药箱的日常管理由铁路局客运部门负责,红十字会和卫生部门要加强配合指导。

具体工作中,药箱由经过初级及以上红十字救护培训并取得合格证的红十字救护员专人负责管理,并及时检查药品的完整性和有效期。上级管理部门适时对药箱的使用情况进行检查与指导。

铁路局客运部门对红十字药箱药品请领使用、登记,器械的交接、监督检查等要建立岗位责任制度,按规定配置药箱内药品、器械。箱内药品与器械限于在旅客列车运行中,车上人员突发疾病或受到创伤时的简易救治。红十字救护员使用药械后应当客观、翔实地填写《药械使用登记》(登记表应包含日期、药品名称、数量、发放人签名和使用人签名)。列车红十字药箱内的药械每次使用消耗后,必须在返乘时及时向客运段申领补充,确保在出乘时药械齐全。严禁自行采购药品、器械。

7. 工作人员

使用和管理红十字药箱的旅客列车工作人员应当经过红十字救护员的培训,掌握、了解红十字药箱配备的药械内容和使用方法。红十字救护员培训后考试合格,颁发统一的《红十字救护员证》。铁道部负责红十字救护员骨干、师资的培训工作,其他红十字救护员的培训工作由各铁路局自行安排。红十字救护员的培训由铁路局客运、卫生部门共同组织,铁路局红十字会负责具体实施。

8. 药品回收

使用单位不得随意丢弃过期药品,而应做好登记,交回给配备部门,由配备部门交回医药部门集中销毁,以防流入非法渠道。

[相关案例]

西铁局列车配备“红十字救护员”保旅客平安

春运期间,客流剧增。列车上人多拥挤、空气流通差,旅客突发心脏病、脑梗、癫痫等疾病的情况时有发生。西安铁路局为每趟列车配备1~2名由列车员兼职的“红十字救护员”,一旦遇到发病旅客,可以在医生到来前进行正确救治。

西安客运段列车长韩某说,红十字救护员都经过铁路总公司统一培训,考试合格后持证上岗。每一趟列车上都有药箱,速效救心丸、孕妇的产包,还有晕车药、感冒发烧药品、小儿退热贴及酒精碘伏之类的。如果说列车上有一些旅客有心脑血管疾病、孕妇临产的情况,还有旅客的外伤,磕着碰着,红十字救护员就会第一时间赶到现场,观察情况,对旅客进行救治。如果在广播后列车上有医护人员的情况下,肯定会全力配合协助医生做好救治工作。

三、铁路红十字救援员

凡是接受红十字会救护课程培训,通过考试取得证书,即可成为红十字救护员,红十字救护员不仅要掌握应急救护的基本技能，还要有爱心和社会责任感，当意外伤害或急症发生时，能够立即为伤病员实施应急救护。

铁路红十字救护员是站、车客运服务中各种突发事故、突发疾病的救护、健康宣传者和义务服务者，红十字救护员需要经过专业的培训机构和铁路疾控部门组织的有计划的培训与考核，合格后方可上岗。

1. 铁路红十字救护员应具备的特点

(1)应急救护的专业知识。铁路红十字救护员应全面掌握急救的基本概念、人体的结构、心肺复苏、创伤救护、常见急症、常用药物、紧急避险以及针对站车特点的救护理论与实践知识，才能及时应对、有效实施自救和互救，使现代急救在客运服务中发挥作用。

(2)高尚的品质。铁路红十字救护员肩负着及时有效地缩短抢救时间，保全生命、减轻伤残和痛苦的责任，对救护对象要有高度的责任感和同情心，遇到问题必须具备冷静的头脑、良好的思想境界，善于调节人们的情绪，使人们相对思想平静、情绪放松，使红十字的"人道、博爱、奉献"精神得到发扬。在开展铁路突发事故的应急救护工作中，如果没有高素质的红十字救护员做坚实的基础，客运服务将缺乏生机和动力。因此，红十字救护员除了要具有过硬的急救技能外，还必须具有高尚的品质。

(3)丰富的工作、生活和管理经验。铁路红十字救护员面临的是客运服务和突发伤病的多种问题，需要救护知识和社会实践的结合，因此，要有丰富的实践经验，要在实践中总结经验，充分利用可支配的人力、物力，提出和采取有效的救护措施。在旅客需要应急救护时，能够妥善处理，为旅客提供力所能及的帮助，第一时间对伤病员实施有效的初步紧急救护措施，争取救治时机。

(4)执着的科学精神。随着日新月异的知识更新，对救护人员数量和质量要求的不断提高，铁路红十字救护员为了满足对旅客服务工作的要求，必须不断地学习，只有具备谦虚严谨的科学态度，坚持对不断进展的科学知识孜孜不倦地学习，才能成为一名合格的铁路红十字救护员。

2. 红十字救护员的施救原则

(1)表明自己"红十字救护员"的身份。

(2)救护行为应符合正确的现场救护操作方法。

(3)救护员抢救伤病员是志愿行为，要发扬人道主义精神，做到：

①施救不存在偏见，平等对待每一位伤病员。

②不擅自拿取伤病员的财物。

③不期望伤病员任何方式的回报。

3. 铁路红十字救护员的业务范围

(1)处理旅客的常见病，如感冒、烫伤、擦伤等，也可对心脏病、哮喘等突发疾病进行及时的救护。

(2)遇到超出自己处理能力的紧急情况时，不应贸然采取行动，而应向专业医务工作者求助。

(3)对于需要马上治疗的重症病人,可在紧急安排病人下车就医前,进行力所能及的救助,为挽救病人的生命赢得宝贵时间。

(4)在突发事故中做一些急救知识的宣传工作,一旦发生紧急情况,让旅客学会进行特殊情况,特殊处理的应变能力。

4. 铁路红十字救护员的培训

铁路红十字救护员的培训是一个长期的学习过程,将客运部门选出的素质佳、品德好、处理突发事件能力强的职工作为重点培养对象,由铁道部红十字会在全路通过理论学习、实际操作等方式进行统一培训,各铁路局结合实际情况,由铁路局红十字会、铁路疾控部门定期组织再强化培训,使受训人员熟练掌握救护知识。培训的主要内容有药箱药品的使用原则,药品的作用、用途、用药方法、剂量、禁忌症及注意事项,常用诊疗器械的使用方法,现场急救原则,意外灾害应急技能等,对考核合格者发给《红十字救护员证》。

铁路红十字救护工作刚刚开始,虽然在实际工作中取得了一定的成绩,但面对日益增长的旅客数量,还不能适应社会发展对客运服务工作的要求。铁路红十字救护工作还将面临新的挑战,需要更加认真地思考,紧密结合和谐铁路建设的时代主题,推动铁路红十字救护工作的发展,完善铁路部门的人性化服务,使铁路告别通过广播为旅客找医生的历史,创造良好的社会效益。

小贴士

从无到有、由少到多、从技能单一到“多面手”,被称为“生命天使”的“红十字救护员”如今已经成为列车上乘务工作中不可缺少的应急救援力量。

“红十字救护员”除了掌握徒手心肺复苏术、创伤救护、意外伤害救护、急性中毒急救,还要掌握帮助旅客中的产妇分娩等基本的紧急救助技能,被旅客形象地称为“列车上的生命天使”(图7-5)。

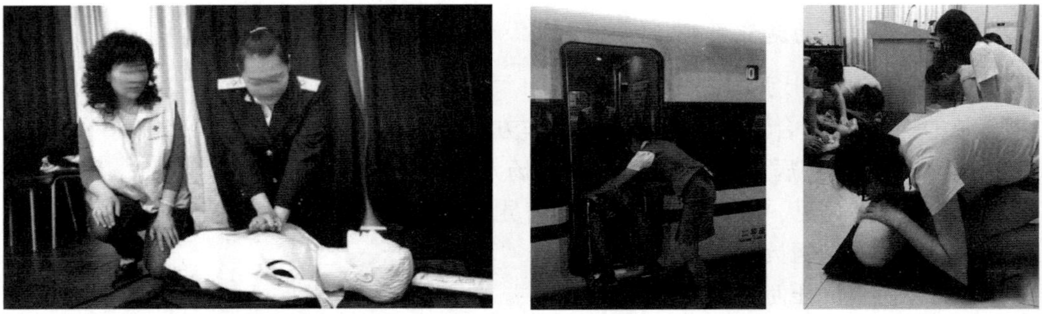

图7-5 红十字救护员工作及培训

《红十字救护员证》经过理论和实操考试合格后,获得武汉市红十字会颁发的“红十字救护员”培训合格证。

任务工作单

学习情境七　红十字救援基本知识	班级			
学习项目一　红十字运动基本知识	姓名		学号	
	日期		评分	

【情境描述】 分小组准备一个红十字药箱,准备若干红十字药箱使用药品和器械。

分小组进行铁路红十字药箱内容讨论,药品认知:一名同学提出一种药品,其他同学判断该药品是否配备于铁路红十字药箱中,配备于哪类红十字药箱中;药品属于口服药还是外用药,作用是什么。器械认知:一名同学提出一种器械,其他同学判断该器械是否配备于铁路红十字药箱中;配备于哪类红十字药箱中,作用是什么。最后,各小组派代表进行总结汇报,小组互评,教师点评。做到教、学、做一体化,提高学生运用理论知识解决实际问题的能力。

【任务实施】 要求分组检查药品是否配备齐全,讨论各类药品的功效,随机提问各种常见突发疾病症状分别需要使用哪类药品。

【考核方式】 教师点评、小组互评、自我反思

演练评分标准参考表

序号	评分项目	满　分	得　分
1	事件演练的完整性	20	
2	场景设计的代表性	30	
3	演练人员的现场反应与处理能力	30	
4	事后反思	20	
总分			

学习项目二　救护理论

项目说明

本项目主要学习救护理论。

适用岗位

铁路列车岗位列车员、列车值班员、列车长、餐服员、保洁员、随车机械师、乘警等工种。

教学目标

1. 知识目标

了解救护理论基本知识、救护原则,包括现场评估、判断病情、工作程序。

2. 能力目标

会判断什么时候能够进行救援,以及如何正确地进行救护。

案例导学

救治方式不当导致旅客死亡

【案例分析】某年7月25日,一名55岁的老年旅客独自长途旅行,在怀化车站中转,乘坐襄阳客运段担当的1474次列车,目的地澧县车站。上车时,老人步履艰难,由车站工作人员搀扶上车。开车后,老人昏迷,车上没有采取抢救措施。到达澧县车站后,列车工作人员将昏迷不醒的老人抬下火车,并编写客运记录交澧县车站,车站将老人送往医院抢救,经医院诊断,老人因颅内血肿抢救无效死亡。

相关知识

课前回顾

1. 铁路旅客列车上配备有哪些救护素材?
2. 铁路旅客急病应急处置急救原则是什么?

一、现代救护的特点

救护是指现代社会发展和人类生活新的模式结构下,利用科技进步成果,针对生产、生活环境下发生的危重急症、意外伤害,向公众普及救护知识,使其掌握基本救护理念与技能,成为“第一目击者”,以便能在现场及时、有效地开展救护,从而达到“挽救生命、减轻伤残”的目的,为安全生产、健康生活提供必要的保障。

1. 概述

人们曾经将抢救危重急症、意外伤害病人的希望完全寄托于医院和医生身上,缺乏对现场救护伤病人员的重要性和可实施性的认识。这种传统观念往往也就使处于生死之际的病人丧失了几分钟、十几分钟最宝贵的“黄金时间”。

第一目击者是与病患距离最近,最短时间内就能接触到伤者的现场人员。由于传统观念,我国目前大多数第一目击者现场不知如何有效地抢救伤患,导致大量伤患错失抢救时机,而丧失宝贵的生命。

现代救护是立足于现场的抢救,在医院外的环境下,“第一反应人”应对伤病员实施有效的初步紧急救护,以挽救生命,减轻伤残和痛苦。在紧急情况下,要求救护员在最短时间内排除一切可能出现的危险,确保在场人员的安全。

我国红十字会总会提倡大力普及现场救护知识的概念,让普通人群通过救护培训,掌握初步的现场救护技术,从而在他们的参与下能够在黄金时间内展开有效的初步救护,为医院的救治创造条件,减少伤残的发生。

动车组列车乘务人员是铁路客运组织的一线工作人员,应具备基本的现场救护知识。当动车组列车上发生旅客意外伤害等紧急情况时,乘务人员应能迅速准确地做出反应,第一时间对旅客实施紧急救护，从而减轻旅客伤残和痛苦，甚至挽救生命。

［相关案例］

这个车站不得了，人人都是救护员

沪杭高铁线上一个班组级车站，共有42名客运工作人员（含安检员）。每日当班的工作人员有16名，日发送旅客3500人左右。春运期间，最高日发送旅客5000余人，客运车站中余杭站算是一个非常小的车站，但只要是客运车站，就会遇到这样那样的突发事件。其中旅客突发疾病就是其中之一，虽然少见，但直接关系旅客生命安全。所以，工作人员具备急救能力非常必要。长期以来，余杭站致力于应急救护知识培训，多次组织职工参加红十字救护员培训，目前全站每名客运职工都通过考核，获得由红十字会颁发的《红十字救护员证》，车站处置紧急事件的能力不断提高，急需救护旅客的安全也得到大大提升。在一次列车移交突发心脏病旅客的过程中，车站人员及时、妥善地对病人进行处置，确保了病人在专业医护人员到达之前的病情稳定。

“授人以鱼不如授人以渔”，余杭站还通过与社会组织合作，每周六上午在车站候车室，开设面向旅客的急救课，包括心肺复苏、海氏急救法、救命神器“AED”操作演示等。让大家在遇到紧急情况时能够自救、互救。除了知识的培训，急救设备也很重要。2017年7月，“救命神器”AED自动体外除颤器落户余杭站，余杭站成为沪杭高铁首家配备AED的车站。2018年9月，车站配备了第二台AED“救命神器”。服务旅客是铁路工作人员的本职工作，服务中能救人性命，更是一种大爱，余杭站的每一位工作人员始终践行和传递着这份大爱（图7-6）。

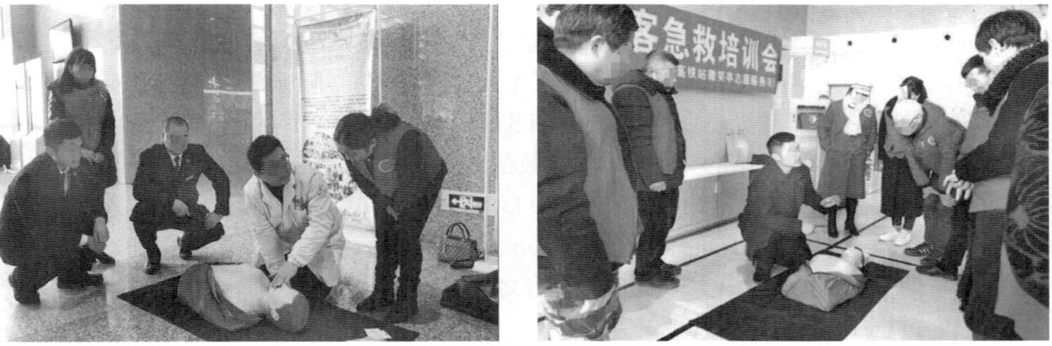

图7-6 余杭站红十字救护员培训

（资料来源：http://dy.163.com/v2/article/detail/E6CEB8UA0511AHKG.html）

2.现代救护“生命链”

“生命链”（Chain of Survival）是近十年来在国际上出现的一个重要的急救专用名词，但它很快被社会专家和公众的接受。它是针对现实社区生活模式而提出的，“以现场第一目击者”开始，至专业急救人员到达进行抢救的一个系列而组成的“链”。“生命链”普及、实施得越广泛，危急病人获救的成功率也就越高。

20世纪80年代后，院外急救的重要性与普遍性逐渐为社会所认识。发达国家的城市社区都面临着一个相同而又急迫的问题：越来越多的危重病急症，尤其是冠心病中的急性心肌梗死。严重心律失常、猝死、意外伤害事故，现场急救与否与病人生命得失攸关。

“生命链”有四个互相联系的环节序列，因为对猝死抢救应争分夺秒，越早实施效果越好，所以这四个环节称为四个早期，又称四个“E”。“E”是英文 Early 早期的字头，即早期通路、早期心肺复苏、早期心脏除颤、早期高级生命支持。生命链中的任何一个环节进行得及时、充分，效果就越好。

第一环节——早期通路（E·EMS）。

这个环节是指在发现危急病员时，早期向救援医疗服务系统（EMS）求救，只有这些机构才能够为病患提供最有力的安全救护。当然我国目前的 EMS 系统建立不够完善，行动速度有待提高，和国际上一些发达国家地区存在部分差距，这就更加突出了人参与到抢救过程中来的重要性。我国的 EMS 系统通常是 120 急救服务系统或者直接拨打当地医院的电话。

第二环节——早期心肺复苏（E·CPR）。

由于人的大脑的特点，在呼吸心跳停止后，脑组织没有了氧气的供应，在短时间内（4～6min）就会出现不可逆转的损害，缺氧 10min 就会出现大部分脑细胞死亡的现象。在 4～6min 以内立即进行心肺复苏（一种现场可实施的徒手抢救的方法），就能够及时为病人提供氧气，保障病人重要器官不会因缺氧而坏死，从而保障生命得以延续。

第三环节——早期心脏除颤（E·AED）。

当心脏跳动即将停止前，有效心排血量减少，会反射性收起心跳加速运动。85% 的人经过心跳加速后，会出现心肌的颤动现象。早期对病患实施心脏除颤，就能够及时恢复心脏自主的跳动，避免心肌的坏死。

不少发达国家的院外急救任务由消防部门承担。为了实现心脏早期除颤的目标，国际消防协会已赞同、支持在美国每个消防单位装备“自动体外除颤器”（Automated External Defibrillator，AED）。该仪器的结构及使用方法，比在医院中使用的心脏除颤器简便得多，经过较短时间培训即可掌握使用方法，为社会广泛地采用早期心脏除颤提供了重要的保障。

第四环节——早期高级生命支持（E·ALS）。

对于任何一个心脏骤停的猝死病人，抢救的基本内容都是心脏复苏。在现场经过最早期的“第一目击者”的“基础生命支持”（Basic Life Support，BLS），如果专业救护人员赶到，越早实施“高级生命支持”（Advanced Life Support，ALS），对病人的存活就越有利。事实上，心脏除颤的早期采用，也是高级生命支持的内容之一。

在这个过程中，采用一些其他的急救技术、药物等，使得生命支持的效果更可靠。

3. 我国红十字会的救护工作

我国自 20 世纪 80 年代实施改革开放政策以来，又随着社会主义市场经济体制的逐步完善，国家、政府对红十字会工作十分重视。国家对救护这一充分体现人道、博爱的传统业务更加关注，对救护培训工作做了远期和近期的规划，大力开展救死扶伤、发扬人道精神的救护知识的普及教育。

新时期红十字会的救护工作展示了良好的前景并提出了更新的要求，需要我们树立救护新概念，准确地传授新知识、新技能。培训工作要与国际接轨，更好地为人民服务。

（1）现代救护的目的

现代救护是指在事发现场，对病人实施及时、先进、有效的初步救护。现代急救分为三步，如图 7-7 所示。

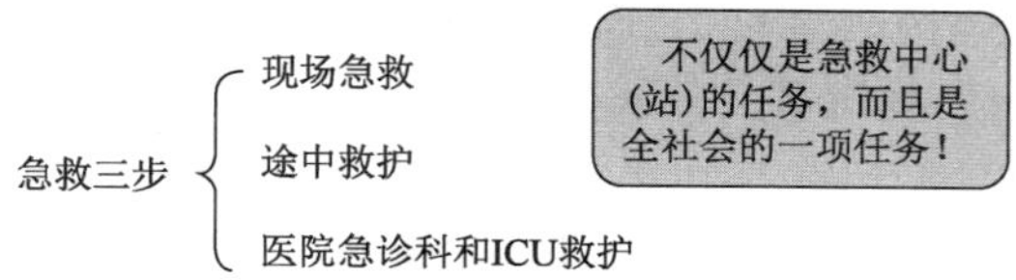

图 7-7　现代急救三步

①维持生命。

②减少出血。

③保护伤口。

④骨折固定。

⑤防并发症。

⑥迅速转移。

(2)现代救护原则

①先救命,后治伤。

②先重伤,后轻伤。

③先近后远,先抢后救。

二、应急救护的程序

应急救护时,要在环境安全的条件下,迅速、有序地对伤病员进行检查和采取相应的救护措施(D. R-A. B. C. D. E 程序)。

1. 现场评估

在紧急情况下,通过眼睛观察、耳朵听声、鼻子闻味等对异常情况做出分析判断,遵循救护原则,利用现场的人力和物力实施救护。

(1)评估情况

评估时必须迅速检查包括现场的安全、引起疾病和损伤的原因、受伤人数以及自身、伤病员及旁观者是否身处险境,伤病员是否仍有生命危险存在。然后,判断现场可以使用的资源及需要何种支援,以及可能采取的救护行动。

(2)保障安全

在进行现场救护时应首先确保自身安全。如对触电者现场救护必须切断电源,然后才能采取救护措施以保障安全。

在救护中要避免使伤病员及自身陷入险境。要清楚了解自己能力的极限,在不能消除存在危险的情况下,应尽量确保伤病员与自身的距离,安全实施救护。

(3)个人防护

第一目击者在现场救护中,应使用个人防护用品。在可能的情况下用呼吸面罩,呼吸膜等实施人工呼吸,还应戴上医用手套、眼罩、口罩等个人防护品。

2. 判断危重病情

发现伤病员,救护员需要首先确认并立即处理威胁生命的情况,检查伤病员的意识、气道、呼吸、循环体征、瞳孔反应等。

(1)意识

先判断伤病员神志是否清醒。在大声呼唤、轻拍肩膀时伤病员睁眼或有肢体运动等反应,表示伤病员有意识。如伤病员对上述刺激无反应,则表明意识障碍,已陷入危重状态。伤病员突然倒地,呼之不应,情况多为严重。

(2)气道

保持气道畅通对于呼吸来说是必要条件。如伤病员有反应但不能说话、不能咳嗽,可能存在气道梗阻,必须立即检查和清除。

(3)呼吸

评估呼吸活动。正常成人平静状态下每分钟呼吸16~20次。危重伤病员呼吸变快、变浅乃至不规则,呈叹息样。在畅通气道后,如伤病员呼吸停止,立即施行人工呼吸。

(4)循环体征

在检查伤病员意识、气道、呼吸之后,应对伤病员的循环进行检查。可以通过检查循环体征如呼吸、咳嗽、运动、皮肤颜色、脉搏情况来进行判断。

正常成人心跳60~100次/min、儿童110~120次/min。呼吸停止,心跳随之停止;或者心跳停止,呼吸也随之停止;心跳呼吸几乎同时停止也是常见的。心跳反映在腕部的桡动脉和颈部的颈动脉。

心跳急症如急性心肌梗死、严重的心律失常以及严重的创伤、大失血等危及生命时,心跳或加快,超过120次/min;或减慢,40~50次/min;或不规则,忽快忽慢,忽强忽弱,均为心脏呼救的信号,都应引起重视。

(5)瞳孔反应

瞳孔又称"瞳仁",位于黑眼球中央。正常时双眼的瞳孔是等大圆形的,遇到强光刺激能迅速缩小。用手电筒突然照射瞳孔即可观察到瞳孔的反应。当伤病员脑部受伤、脑出血、严重药物中毒时,瞳孔可能缩小为针尖大小,也可能扩大到黑眼球边缘,对光线不发生反应或反应迟钝。有时因为出现脑水肿或脑疝,使双眼瞳孔一大一小。瞳孔的变化提示了脑病变的严重程度。

当完成现场评估后,再对伤病员的头部、颈部、胸部、腹部、骨盆、脊柱四肢进行检查,看有无开放性损伤、骨折畸形、触痛、肿胀,注意表情淡漠不语、冷汗、口渴、呼吸急促、肢体不能活动等变化为病情危重的表现。检查有无活动性出血,如有立即止血。

3. 紧急呼救

当站车工作人员发现危重伤病员,经过现场评估和病情判断后需要立即呼救,并及时向专业急救机构和相关部门报告。

(1)呼救电话须知

使用呼救电话,一般应简要清楚地说明以下几点:

①伤病员所在的具体地点,最好说明该地点附近的明显标志。

②伤病员人数。

③伤病员发生伤病的时间和主要表现。

④可能发生意外伤害的原因。

⑤现场联系人的姓名和电话号码。

拨通急救电话后,如果不知该说什么,一定要清楚、准确地回答电话接听者的问话,并等接听者告诉可以结束时,再挂断电话。

(2)单人及多人呼救

如果有多个人在现场,一个救护员留在伤病员身边开展救护,另一个救护员通知 EMS(救援医疗服务系统)。如果是意外伤害事故,要分配好救护员各自的工作,分秒必争、组织有序地实施伤病员的寻找、脱险、医疗救援工作。

在病人心搏骤停的情况下,应立即进行心肺复苏。如有手机在身,则进行 1 ~2min 心肺复苏后,在抢救间隙“快打电话”。

只有一个救护员在场,在给 EMS 机构打电话之前,应准备好在必要时提供大约 2min 的基础心肺复苏,这样可以更快地与 EMS 机构联系。

4. 现场救护程序(图 7-8)

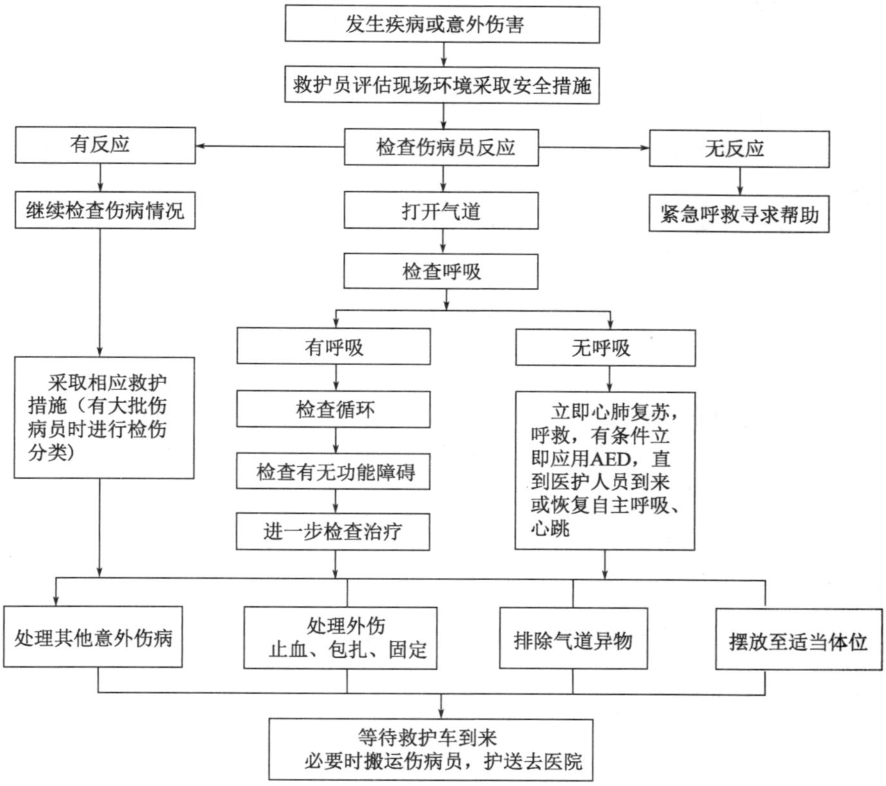

图 7-8　现场救护程序

三、现场挽救生命的原则

发生事故的现场可能存在着危险因素,救护员进入现场,首先要考虑环境是否安全。

1. 现场可能存在的主要危险因素

(1)交通事故中受损的汽车是否有起火、爆炸,或再次倾覆危险。

(2)脱落的高压电线或其他带电物体。

(3)化学物质体性物质放射性物质等泄漏。

(4)地震后的建筑物倒塌,余震的发生。

(5)有毒气体,如一氧化碳等。

(6)其他危险因素。

2.现场的安全防护措施

(1)关闭受损汽车的发动机,防止起火爆炸。同时拉起手刹,防止车辆滑动;在车后位置放置警示标志。

(2)抢救电击伤者时,要首先设法切断电源。

(3)戴防护手套,必要时穿防护服。

(4)在室外遇到雷雨天时要避开高压线大树,不要使用手机。

(5)其他防护措施。

3.防止感染

应急救护时要做好个人防护及伤病员的保护。

(1)救护员在处理伤病员的伤口前应洗手,戴医用(乳胶)手套。如果没有医用手套,也可用塑料袋代替。

(2)有条件时戴口罩。

(3)处理有大量出血的外伤时应戴防护眼镜或防护罩。

(4)在进行人工呼吸时,要使用呼吸面膜或呼吸面罩。

4.及时合理救护

现场如果伤病员较多,救护员应根据先救命、后治伤的原则进行救护。

(1)如果现场安全,不宜移动较重的伤病员;如果现场存在危险因素,应将伤病员转移到安全的地点再进一步救护,避免造成二次伤害。

(2)伤势较重的伤病员避免进食、进水,以免造成窒息。

5.心理支持

伤病员由于发生疾病或受到意外伤害,常会出现情绪紊乱。

四、现场救护的"生命链"

"生命链"是针对现代社区、生活模式而提出的以现场"第一目击者"为开始,至专业急救人员到达进行抢救而组成的"链"。"生命链"越普及,危急伤病员获救的成功率就越高。

"生命链"(Chain of Survival)有四个互相联系的环节序列。这四个环节又称四个"E"。"E"是英文 Early"早期"的字头,即:早期识别求救、早期心脏复苏、早期心脏电除颤、早期高级生命支持。

五、旅客列车救护工作程序

旅客列车上乘务人员(红十字救护员)应急救护时应遵循以下工作程序:

(1)向意识清醒伤病旅客或同行人员出示救护证,表明身份,征得对方的同意。尽快给予伤病旅客必要的帮助，同时向列车长报告相关情况。

(2)安抚保护其他旅客，避免受到伤害。

(3)做好必要的自我保(防)护。

(4)及时掌握现场和伤病者的相关信息：

①伤病人员数。

②按照伤病情况初步分类(危重、重、中、轻)。

③危重、重伤者生命体征概况(意识、呼吸、心跳等)。

④其他伤病者的伤病基本情况。

⑤有无继发危害因素存在。

⑥向列车长报告相关信息。

(5)通过列车广播寻求乘客中医疗专业人员的帮助，并协助、配合医疗专业人员的救护工作。

(6)按照“先救命，后疗伤病”的原则，对呼吸心搏骤停的伤病者实施心脏复苏，单纯意识丧失的伤病者要进行必要的监护。

(7)利用旅客列车上配备的“红十字急救药箱”，对伤病旅客进行初步处理，并做好相关的文字记录。

(8)初步判断是否需要向前方站报告，下交伤病者。如需向前方站联系，做好下交伤病者准备工作。

(9)对疑似食物中毒的事件，注意收集可疑食品以及病人的呕吐物和排泄物等样品。

(10)对群体不明原因性疾病或疑似传染病暴发，应对病人进行必要的隔离、转移，并做好其他旅客和自身的必要防护。

(11)对可能存在污染的现场，应利用旅客列车上的条件进行清理、消毒。

(12)向前方停车站下交伤病旅客，并做好交接记录。

[相关案例]

襄阳车站：学急救知识　助危难旅客

为了更好地服务于急病旅客，襄阳车站客运车间亲自邀请当地襄阳市中心医院的医生前来讲解专业的医护知识。医生通过边播放电视新闻剪辑中的急救事例，边讲解在火车站和列车上遇到突发疾病旅客的紧急救助方法，分队的医护人员讲解心肺复苏的正确方法和注意事项。讲解的同时，医护人员专门用道具现场演示，让学员们更直观地进行学习和练习。学员上台现场练习心肺复苏方法。医护老师不断地纠正练习中出现的不规范动作，手把手地进行指导。为了让学员们更好地使用站车上配备的急救包，医护人员还讲解了如何正确使用急救包中配备的物品。小分队成员带领大家一起学习并现场练习世界卫生组织规范的“七步洗手法”，传播“认真洗净双手，预防疾病传染”的健康理念。学员们认真地学习并做好记录，边学边练还全程录制，以方便更多的职工学习和练习急救相关知识，更好地为危难旅客提供帮助。

学习项目三　心 肺 复 苏

项目说明

本项目主要学习心肺复苏的理论知识和操作技巧。

适用岗位

铁路列车岗位列车员、列车值班员、列车长、餐服员、保洁员、随车机械师、乘警等工种。

教学目标

1. 知识目标

掌握心肺复苏的概念以及重要性，了解心肺复苏的操作程序、动作要领和注意事项，并掌握心肺复苏有效指征和复原位等相关知识。

2. 能力目标

掌握心肺复苏的重要性，能够判断需要采用心肺复苏的突发疾病症状和情形，并能够按照规范的心肺复苏操作流程实施心肺复苏。

3. 素质目标

培养学生面对旅客晕倒时能够第一时间果断正确处理的心理素质，以及灵活变通时需要的能力。

案例导学

列车上老人心脏骤停，90后护士跪地半小时进行心肺复苏

【案例分析】2017年11月5日上午，朱某从南京坐上G7687次列车5号车厢前往合肥探望父母，列车刚开了半个小时左右，她看到一个老奶奶很焦急地找乘务员。当时她意识到可能出现了什么问题，便立即站起来，然后看到老奶奶过来的6号车厢方向围了好多人。于是她穿过人群，看到了一位六七十岁的老爷爷面色铁青地晕在座位上。出于职业本能，朱某赶紧走上去摸了摸老爷爷的脉搏，脉搏几乎摸不到！她又赶快摸了下颈动脉，发现颈动脉极其微弱！大声呼喊也没有答应，点头样的呼吸，朱某意识到患者发生了心脏骤停。朱某边解老人衣服边询问病情，得知老爷爷刚做完心脏支架一个星期，老两口今天是出院回老家的，几分钟前老爷爷感到不舒服，含了几颗速效救心丸，但是没有效果。朱某立即请列车员帮忙联系120给他们就近下车，并喊两位男乘客帮忙，把老爷爷放平，立刻进行心肺复苏。

一下，两下，三下……她一下一下地按压大爷的心脏，每一下都用尽力气，因为她知道心脏按压非常有讲究，不仅要将胸廓按压下陷5cm，而且按压的频率每分钟不能低于100次，

肘关节还不能弯。这个动作，她练习过很多次了。

半个小时后，高铁驶进合肥站。当120工作人员到达现场时，老爷爷的血压经实测已恢复到89/61mmhg，顺利移交车站。

（资料来源：http://news.gaotie.cn/MB_Show.php?Article_ID=429506&Page=1）

相关知识

课前回顾

1. 为什么列车上需要列车员会做心肺复苏？
2. 假如车站或者列车上，心肺复苏没有成功，旅客在列车上意外死亡应该如何处理呢？

一、概述

心肺复苏（Cardio-pulmonary Resuscitation，简称CPR），是针对呼吸心跳停止的急症危重病人所采取的抢救关键措施，即胸外按压形成暂时的人工循环并恢复自主搏动，采用人工呼吸代替自主呼吸，快速电除颤转复心室颤动，以及尽早使用血管活性药物来重新恢复自主循环的急救技术。心肺复苏的目的是开放气道、重建呼吸和循环。人们只有充分了解心肺复苏的知识并接受过此方面的训练后才可以为他人实施心肺复苏。

心搏骤停大部分发生在医院外，时间就是患者的生命，而黄金抢救时间只有短短的4min。按目前国内院前急救医疗的实际情况，即便是在大城市也很难在黄金时间的最后一刻到达。这就要求我们的住所能在现代化的医疗救助保护之下，同时我们的同事、家人、朋友掌握简单、实用、有效的急救技术，才能防患于未然，达到真正的社会和谐。

二、心肺复苏的目的

古人云“死而复生谓之苏”，复苏就是对濒临死亡患者的拯救。心搏骤停后，患者立即进入临床死亡状态，只有复苏才能起死回生。人患病后，一种可能是加快了到达死亡的步伐，另一种可能是逐渐接近死亡，因疾病的治愈又远离死亡。但心搏骤停是快速地到达了生死离别的生死线，大部分患者会结束生命，少部分患者在死亡线上挣扎、徘徊，最后逃离死亡。美国生命医学科学院院长唐万春教授语重心长地指出：“心肺复苏是患者见上帝的最后一道关了，希望我们将这道关把好！”美国心搏骤停抢救成功率近30%，而我国不到1%，其原因有以下几方面：

（1）最初的目击者包括家属不懂急救方法。

（2）在呼叫救护车、等待救护人员到达之前没有施救，耽误了急救时间。

（3）最初的目击者做出了错误的紧急处理。

严酷的现实要求全民都要学习心肺复苏知识及操作技能，医务人员更要成为执行的典范。人们拥有了驾驶技术就可以开车驰骋，掌握了语言工具就可以同外国友人进行沟通。

人们已经拥有许多娴熟的技能,但有一项一辈子可能用不上,但可受益一生的、保护生命最重要的技术——心肺复苏术。这是一项能在危急关头将处在死亡线上的亲人拉回来的实用技能。它具有以下优点:

(1)抢救生命,降低死亡率。

(2)防止病情继续恶化。

(3)减轻病痛,减少意外损害,降低伤残率。

三、心肺复苏原则

(1)沉着,心细,分清轻、重、缓、急。

(2)先处理危重病人,再处理轻伤病人。

(3)观察现场,确保自身安全。

(4)充分运用现场可支配的人力、物力。

现场心肺复苏(CPR)是一种适用于心跳、呼吸骤停的现场徒手急救方法。它通过现场第一施救者的人工呼吸和胸外按压形成人工循环,维持伤病员心脏冠脉和脑部最低限度的供血供氧,让伤员度过最危急的时刻。现场心肺复苏不是单纯针对突发性心脏骤停的一个现场救命技术,而是根据心脏骤停的病因而定的,因为不是所有的人都是死于心脏骤停和室颤。对于溺水、急性中毒,心脏压塞的人或儿童来讲,窒息也占有相当比例。实践证明,窒息的人通过胸外按压与人工呼吸也会得到很好的复苏效果,单纯的胸外按压同样能使心跳、呼吸骤停的人起死回生。

四、心肺复苏实施步骤

现场心肺复苏的步骤由 3 个核心技术组成,即胸外按压、打开气道、人工呼吸。

第一步:判断意识(轻拍重喊)(图 7-9)。

图 7-9　判断意识

心肺复苏操作步骤

第一施救者俯身靠近伤病员,轻拍其肩部,并分别对其双耳根部大声呼喊“喂!你怎么了,需要帮助吗?”如果病员有意识,则保持康复体外,随时观察其病情变化。

第二步:呼救求援(镇静响亮)。

若伤病员无意识,要立即高声呼救“来人啦,救命啊!我是救护员,请帮助我打 120 电话”。有公众响应时,应立即请求帮助,一是要协助拨打急救电话,二是要求协助现场救护或帮助维持现场秩序。

第三步：摆放仰卧体位：伤病者俯卧或侧卧，应翻转为仰卧在硬地面上，如图 7-10 所示，注意保护头颈部。

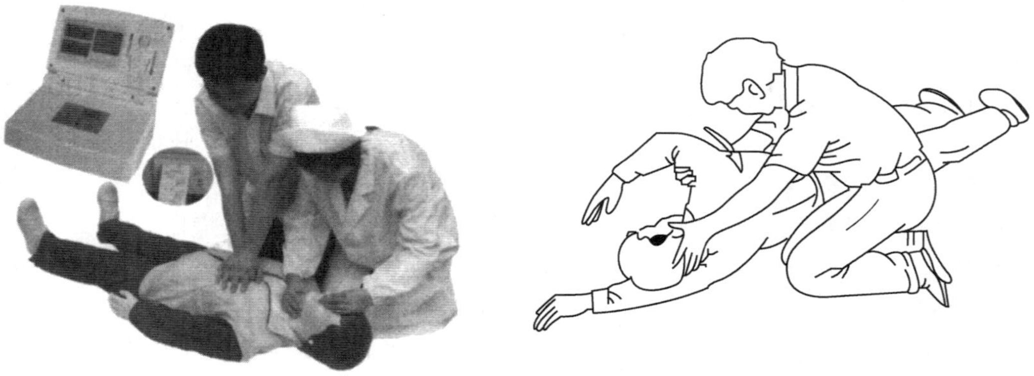

图 7-10　摆放位置

第四步：胸外心脏按压（图 7-11）。

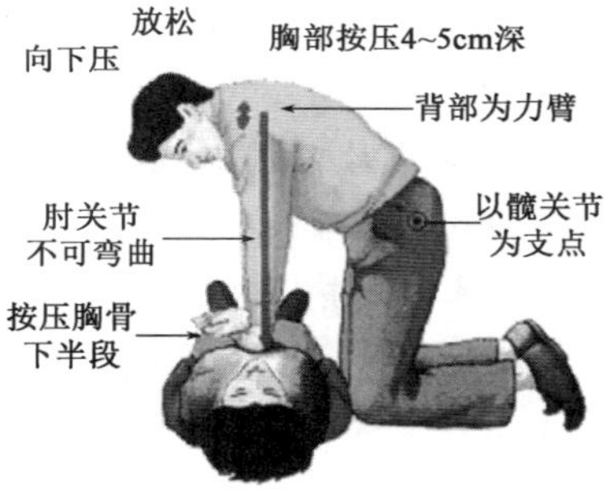

按压方法示意

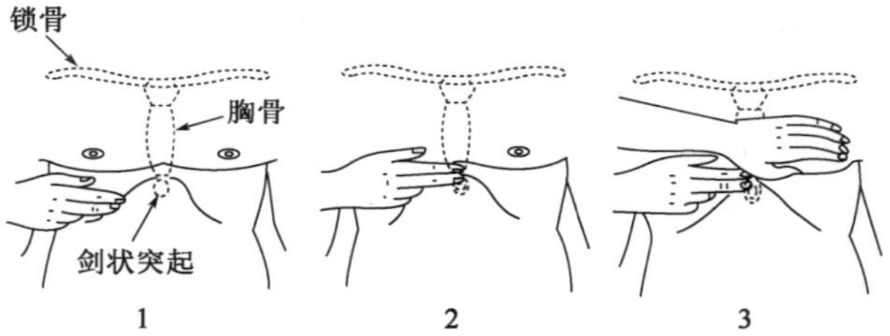

胸外心脏按压位置

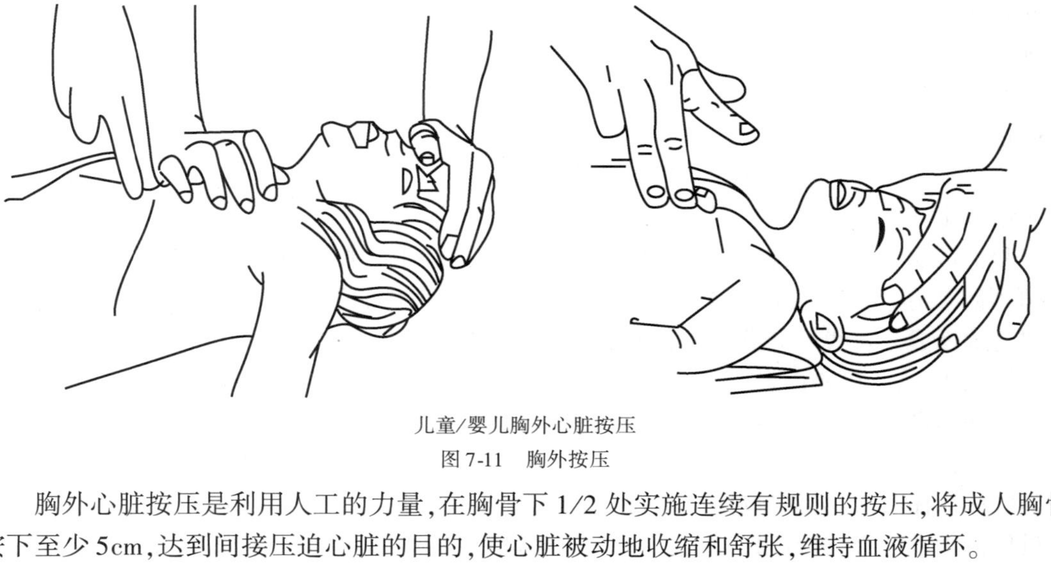

儿童/婴儿胸外心脏按压

图 7-11　胸外按压

胸外心脏按压是利用人工的力量，在胸骨下 1/2 处实施连续有规则的按压，将成人胸骨按下至少 5cm，达到间接压迫心脏的目的，使心脏被动地收缩和舒张，维持血液循环。

按压时,心脏的血液被挤入大动脉内,输送到全身;放松按压时,下陷的胸骨、肋骨又回复到原来位置,心脏被动舒张,使胸腔容积增大,胸腔负压增加,吸引静脉血回流到心脏,使心室内充满了血液。尽管胸外按压所产生的血流很少,但是对于向脑和心肌提供氧气和营养来说却是至关重要的。对室颤导致心脏骤停的伤病员来说,胸外按压可以像电击除颤一样有效。特别是在电击除颤未普及的情况下,胸外按压尤其重要。

(1)按压定位:胸部正中,胸骨下1/2,两乳头连线中间的部位。

(2)按压姿势:救护员跪在伤病员身体右侧,左腿与伤病员右肩齐平。救护员两肩齐平,双臂垂直,双手掌重叠,手指上翘,掌根部紧贴胸骨,巧用肩、背、臂的结合力向下按压。对于儿童(1~8周岁)用单手或双手操作;对于婴儿(1周岁以下)用两指手法操作。

(3)按压深度:成人(含8周岁以上儿童)按压深度至少5cm。儿童:按压深度大约5cm。婴儿:按压深度大约4cm。新生儿:按压深度约为1.5cm。

(4)按压频率:为了使按压有效,按压应该有力而快速,成人(含儿童)每分钟至少100次,救护员可以通过数"1""2"这样的节奏来保证按压频率的正确,按压频率与冠状动脉和脑灌注的增加成正比。

(5)胸外按压与人工呼吸比值:成人、儿童、婴儿均为30:2。

注意:①在发现心跳呼吸骤停的伤病员时,越早开始现场心肺复苏越好,不要把时间浪费在判断脉搏等程序上。

②按压要有节奏,保证按压后胸廓能够完全弹回,松开的时间与按下的时间应基本相等。胸廓不完全回复可导致胸膜腔内压升高,减少冠状动脉和脑动脉的灌注。

③按压时不是整个手掌施压,而是手掌的掌根部用力,并局限在胸骨下段,范围不可过大,以免压断肋骨、刺伤心肺或扩展到肝脾的破裂损伤。

④按压时应尽量减少中断,中断会使冠状动脉灌注压降低。如果双人替换,中断时间不要超过10s。

⑤婴儿、儿童心脏骤停时,如果只有一人在事发现场,要先进行5轮的心肺复苏(约2min),再呼救求援拨打"120"急救系统电话,然后按30:2的比例进行心肺复苏,直至专业人员到达。

⑥在进行心肺复苏的过程中,不要搬动伤病员,除非环境危险或有大出血等需要紧急处置的情况。

⑦不可以在真人身上进行心肺复苏操作练习。

第五步:开放气道(仰头举颜法)。

救护员跪在伤病员身体右侧,左腿与伤病员右肩齐平。救护员左肘关节着地,左手外侧(小鱼际)压在伤病员的前额,右手食指与中指轻抬伤病员的下颌角,使伤病员的下巴、耳垂连线与地面成一直线。气道开放的角度成人一般为90°(图7-12)。

第六步:人工呼吸(口对口、口对鼻、口对口鼻,图7-13)。

将伤病员的气道开放后,若判断没有呼吸,则要立即进行人工呼吸。救护员用左手拇指与食指捏住伤病员的两侧鼻翼,张大自己的嘴包住伤病员的嘴,形成口对口密封状态,将口中的气体徐徐吹入,见伤病员胸廓抬起即可。每次人工呼吸用时1s,2次之间要有间隙。救护员保持正常呼吸,进行第二次吹气。每口气量一般为400~600ml。如果采用口对口的方法,要捏住伤病员的鼻子。如果采用口对鼻的方法,则要捂住伤病员的口以使不漏气。

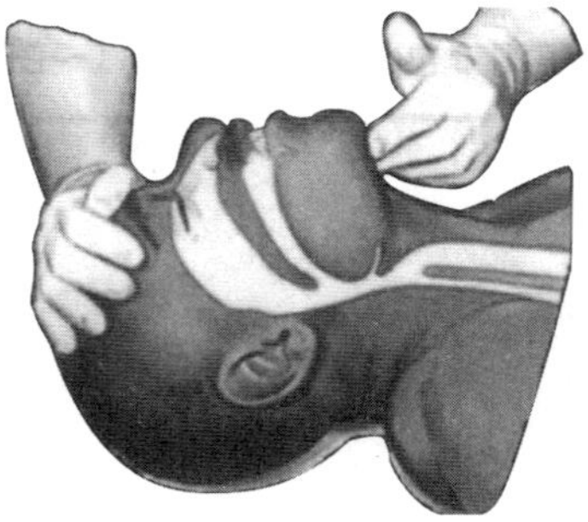

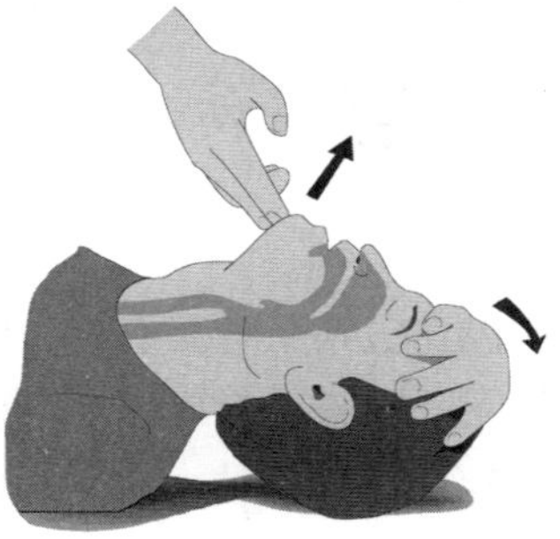

图 7-12　打开气道

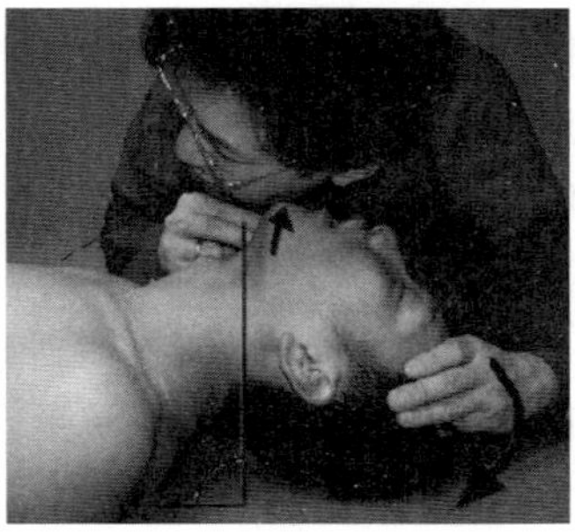

图 7-13　检查呼吸

注意:①进行人工呼吸时,频率不要过快,吹气量不要过大,以免增加胸内压力,减少心脏的静脉回流,减少心搏出量,降低抢救的成功率。

②避免迅速而强有力的人工呼吸。因为过度的通气会导致胃膨胀,引起胃内容物反流与误吸。同时,过度通气会导致膈肌抬高,限制肺运动,降低呼吸肌的顺应性,会造成伤病员新的窒息。

③如果吹气后伤病员的胸廓不能抬起,证明气道没有开放,要重新开放气道。

④遇到口腔和面部损伤严重的伤病员或者救护人员因其他原因不能进行口对口或者口对鼻人工呼吸时,可以直接进入胸外按压程序。

⑤偶尔的喘息不是有效的呼吸,而是一种只有偶尔的出气(呼气)而没有进气(吸气)的呼吸,对这样的伤病员也应该进行人工呼吸。

(6)循环:抢救者在 5 ~ 10s 内用触摸颈动脉,判断颈动脉是否有搏动,判断伤病者有无心跳;婴儿触摸动脉。

五、心肺复苏有效指征

(1)恢复自主呼吸,可以看到胸廓有正常的起伏。

(2)大动脉搏动可以触及,主要是触摸的颈动脉可以有波动的现象。

(3)上肢的收缩压大于 60mm 汞柱,证明循环得到恢复的情况。

(4)患者的一些面色、口唇还有皮肤等部位逐渐转为红润。

(5)患者散大的瞳孔开始出现缩小。

(6)患者的神志逐渐恢复正常,能够正常与人交流。

六、婴儿心肺复苏

1.操作步骤

(1)用手拍打足底,判断有无意识,判断有无呼吸。

(2)无意识、无呼吸或异常呼吸,先行 2min 的 CPR,按压1通气为 30∶2,每次按压后胸廓充分复位。行5组 CPR 评估一次效果。

(3)再呼救 EMSS,继续 CPR。

2.婴儿 CPR 操作流程

(1)开放气道。观察口腔,如有异物进行清除。采用仰头举颌法打开气道,下颌角与耳垂连线与平卧面成约 30°角。

(2)人工呼吸。采用口对口鼻人工呼吸,吹气频率 12～20 次每分钟,每次吹气时间约 1s,可见胸廓起伏。

(3)胸外心脏按压。按压部位紧贴胸部正中乳头连线下方水平,采用双指按压法按压频率 100～120 次每分钟,按压幅度至少为胸廓前后径的 1/3,每次按压后胸廓复位(表 7-1)。

成人、儿童、婴儿 CPR 标准对比表 表 7-1

项目		成人 (青春期以后)	儿童 (1～12岁)	婴儿 (出生至1周岁)
判断意识		轻拍双肩、呼喊	轻拍双肩、呼喊	拍打足底
检查呼吸		确认没有呼吸或没有正常呼吸	没有呼吸或只是叹息样呼吸	
检查脉搏		检查颈动脉	检查颈动脉	检查肱动脉
胸外按压	CPR 步骤	C-A-B	A-B-C 此步骤亦适用于淹溺者	
	按压部位	胸部正中乳头连线水平(胸骨下 1/2 处)		胸部正中乳头连线下方水平
	按压方法	双手掌根重叠	单手掌根重叠或双手掌根重叠	中指、无名指(两手指)或双手环抱双拇指按压
	按压深度	5～6cm	至少约胸廓前后径的 1/3	
	按压频率	至少 100 次/min,但不多于 120 次/min 即最少每 18s 按 30 次,最快每 15s 按 30 次		
	胸廓反弹	每次按压后即完全放松,使胸壁充分恢复原状,使血液回心		
	按压中断	尽量避免中断胸外按压,应把每次中断的时间控制在 10s 以内		
人工呼吸	开放气道	头后仰呈 90°角	头后仰约 60°角	头后仰约 30°角
	吹气方式	口对口或口对鼻		口对口鼻
	吹气量	胸廓略隆起		
	吹气时间	吹气持续约 1s		
按压/吹气比		30∶2		

任务工作单

学习情境七　红十字救援基本知识	班级			
学习项目三　心肺复苏	姓名		学号	
	日期		评分	

请指出图中错误：

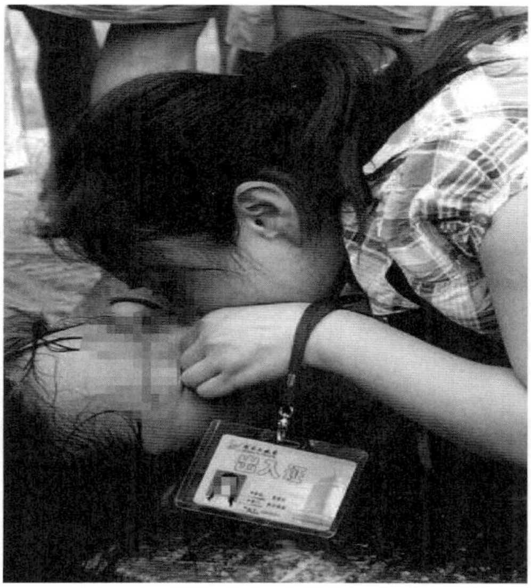

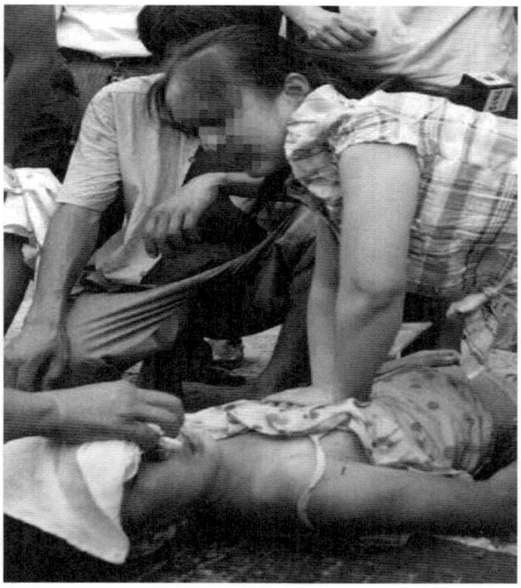

______________________　　　　______________________

【情境描述】　准备若干心肺复苏模拟人，老师先示范如何给模拟人做心肺复苏，模拟人模型平卧在地上，教师一边讲解一边演示，让学生边模仿边说出一个动作表达的意思。各位同学分组进行练习并考核。

【任务实施】　第1、2组按“训练模式”操作，第3组开始按“考核模式”操作。学生2人一组，1人负责人工呼吸（第1～5步）；1人负责搭脉搏，进行心脏按压（第6步开始）。

【考核方式】　教师点评、小组互评、自我反思（见下表）

建议各院校可要求学生考取“红十字救援员证”，作为本专业证书之一。

演练评分标准参考表

序号	评分项目	满分	得分
1	事件演练的完整性	20	
2	场景设计的代表性	30	
3	演练人员的现场反应与处理能力	30	
4	事后反思	20	
总分			

学习项目四 创伤救护

项目说明

本项目主要学习创伤救护基本知识。

适用岗位

铁路列车列车员、列车值班员、列车长、车站客运员等工种。

教学目标

1. 知识目标

了解现场创伤救护的目的和原则；掌握现场检查要点和救护程序；了解现场创伤的主要类型；掌握现场创伤救护所需的止血、包扎、固定、搬运四项相关知识。

2. 能力目标

能够进行现场创伤检查，判断创伤情况，掌握现场创伤救护所需的止血、包扎、固定、搬运四项技术。

案例导学

急救培训提升乘务员自救互救能力

【案例分析】为进一步提高旅客列车乘务人员应对突发情况时的自救、互救能力，银川客运段邀请中国心胸血管麻醉学会宁夏分会工作人员为一线班组的30余名乘务人员进行“心手相连·点亮生命”心肺复苏现场示范培训。

针对暑运期间客流增大、突发事件增多等实际情况，此次培训内容重点引入了人员摔伤发病时进行正确判断和处置的方法，还包括心肺复苏、创伤救护以及常见急诊救治等知识。宁夏大学附属医院麻醉科刘主任向到场的乘务人员详细讲解了心肺复苏的胸外按压、开放气道、人工呼吸操作过程和注意事项，并重点介绍了心脏病等病症的预防及紧急施救，讲解了常见创伤的止血、包扎、固定、搬运等救护方法。

相关知识

课前回顾

1. 列车运行中发生旅客人身伤害的处理流程是什么？
2. 在车站内发生旅客意外伤害的处理流程是什么？

损伤是由致伤因素作用于机体所造成的组织破坏和功能障碍。常见的致伤因素有机械性因素、物理性因素、化学性因素和生物性因素，由机械性因素所致的损伤特称为创伤。

一、概述

1. 创伤的分类

创伤按伤后局部皮肤、黏膜的完整性是否遭到破坏，可分为闭合性损伤和开放性损伤两类，开放伤和闭合伤的分类与伤情无关。

(1)闭合性损伤

损伤发生后，伤处皮肤、黏膜保持完整，表面无伤口，多由钝性暴力引起。常见的闭合性损伤有以下几种。

①挫伤：由钝性暴力所致的损伤。

a. 浅部软组织的挫伤，为较小的钝性暴力所致的皮下组织损伤，病人表现为局部疼痛、肿胀、触痛及皮肤青紫(淤血)等，较重的可合并深部软组织的血肿。

b. 深部器官的挫伤，见于较重的损伤暴力，有相应器官(如脑、肺、肝、脾、肾等)功能改变的表现，伤情轻重不等，但是肺和脑的挫伤属于重伤。

②扭伤：暴力作用于关节超过其正常活动范围造成的损伤。损伤造成关节韧带、关节囊及/或局部肌肉不同程度的撕裂，有疼痛、肿胀、青紫和功能障碍等表现。

③脱位：暴力使组成关节的各个骨面失去正常的对合关系，称为脱位。根据脱位的程度可分为完全性脱位和不完全脱位(半脱位)，病人除了扭伤的一些表现外，还伴有特殊的畸形。

④震荡伤：特指暴力造成的脑或脊髓的损伤。其表现是短暂的脑或脊髓的功能障碍，无明显的器质性损害。

⑤冲击伤(爆震伤)爆炸产生的冲击波作用于人体所造成的损伤。冲击波的超压(大于大气压)气浪(或水浪)及冲击波过后的负压(低于大气压)可导致听器、肺、胃肠和其他器官的损伤，其特点是体表可保持完整，但内脏损伤很严重。另外，冲击波的动压(高速气流)的抛掷作用、撞击作用以及继发作用(如建筑物的倒塌、固体物的飞射)也可使人受伤。

⑥挤压伤：肌肉丰富的部分遭受重物长时间挤压导致的严重损伤，如建筑物倒塌、交通事故、地震等灾害性事故。一般无皮肤破损，当移去压迫物数小时后，出现肢体进行性肿胀、代谢性酸中毒、高钾血症、休克及急性肾功能衰竭(由挤压伤造成的急性肾功能衰竭特称为挤压综合征，若救治不力，常危及生命)等表现。

(2)开放性损伤

开放性损伤多由锐(刃)器或高速运动的物体致伤，皮肤、黏膜的完整性被破坏，甚至引起深部组织、器官的损伤，有伤口和外出血；在脑、胸、腹、关节和骨等处，开放伤是指体腔或骨折端和伤口相通。开放伤都有不同程度的伤口污染，使感染机会增加。常见的开放性损伤有以下几种。

①擦伤：粗糙物体擦过体表造成的损伤，创面有擦痕和渗血(毛细血管出血，可以自行止血)。

②刺伤：尖锐物体刺入人体造成的损伤。创口小而深，可将异物和病原微生物带入人体

导致感染,刺入过深可伤及深部器官和重要组织。

③裂伤:钝器击打或碾压造成的皮肤及深层组织裂开称为裂伤。创缘不整齐,软组织开放,有出血。

④切割(砍)伤:利器切开皮肤、黏膜造成的损伤。创缘整齐,可深可浅,深可伤及神经、大血管、骨骼或内脏,有不同程度的出血;砍伤的暴力多较强大,器具较钝时,创缘不整齐。

⑤撕脱伤:高速旋转暴力或牵拉力所致的大块皮肤被撕脱形成的损伤。常见于头皮、手指或前臂皮肤被撕脱,出血较多,有程度不同的组织挫伤。

⑥火器伤:特指以火药为动力的高速投射物所致的损伤,是开放伤的特殊类型,也是战伤中最多见损伤。组织损伤范围广泛,污染严重,感染率高。根据创伤类型可分为:

a. 贯通伤:投射物穿入人体后又穿出人体,既有射入口,又有射出口;入口较小,创缘整齐,出口较大,创缘不整齐。

b. 非贯通伤:投射物射入人体后停留在伤道内,只有射入口而无射出口。

c. 切线伤:投射物沿体表切线方向划过,造成一槽形伤痕,可合并有深部挫伤。

d. 反跳伤:投射物进入人体后受阻改变方向,有无出口不一定,无出口则易误为非贯通伤。

(3)创伤的其他分类

①按创伤部位分类:根据创伤发生的解剖部位可分为:头部(颅脑)伤、颌面伤、颈部伤、胸部伤、腹部伤、骨盆伤、泌尿生殖系伤和四肢伤等。

②按伤情分类:

a. 轻伤:组织损害轻微,反应亦轻,一般能自行修复,如挫伤擦伤及小的裂伤等。

b. 中度伤:刺激强度大,机体反应较重,危及内环境的稳定,如四肢长骨骨折。

c. 重度伤:较为广泛或多处的组织损伤,多伴有重要器官损害,可导致休克等严重并发症发生。

③复合伤:两种或两种以上致伤因子同时或相继作用于人体所造成的损伤为复合伤。

④多发伤:由同一致伤因子导致人体同时或相继遭受两处以上解剖部位或脏器的较严重的创伤,其中至少一处是重伤。

⑤多处伤:同一解剖部位或单个脏器的多处损伤称为多处伤。

⑥穿透伤和非穿透伤:投射物穿透至体腔(硬脑膜腔、胸膜腔、腹膜腔)者为穿透伤,未穿人体腔者(位于体壁)为非穿透伤。

⑦道路交通事故伤:特指发生在道路(主要指公路)交通事故中的创伤。致伤机制复杂,伤情严重,多具有复合伤和多发伤的特点,致残率和死亡率都很高。

2. 创伤后机体的应激反应

创伤后机体发生代谢和内分泌方面的改变,称为创伤后的应激反应,以维持内环境的稳定。创伤导致组织的变性坏死和局部出现损伤性炎症反应,炎症反应是创伤修复的基础,但是炎症反应过于强烈或被抑制,均不利于创伤的修复。创伤修复可分为伤后早期的纤维蛋白填充、炎症反应刺激下的组织细胞增生和组织塑形三个基本过程,病人的年龄、营养状况、全身情况、用药情况和创伤的部位、局部血液循环情况、治疗方法、有否感染等均可影响创伤的修复。

3. 创伤的表现

伤后伤员有疼痛和压痛、肿胀和瘀斑，伤口（创面）和出血及功能障碍等局部表现。全身情况视伤情有所不同，轻度伤全身表现轻，可有低热乏力等不适；中度以上创伤生命体征不稳定，创伤常见的并发症有休克、感染等，严重创伤可并发多器官功能不全综合征。

4. 创伤后救护的基本原则

现场急救的首要目的是抢救生命。因此，应遵循抢救生命第一、恢复功能第二、顾全解剖的完整性第三的基本原则。实施积极的抢救措施，以期抢救生命和减轻致残的程度。

（1）现场处理创伤的顺序

现场急救按伤情对生命的威胁程度，把创伤分为三类：

①最优先处理的创伤，包括颈椎损伤，呼吸、循环系统功能不稳定，腹部开放，严重的出血等。

②较优先处理的创伤，主要有闭合性腹内脏器伤、腹膜后的损伤、脑和脊髓的损伤、中度以上的损伤和广泛的软组织损伤等。

③次要处理的创伤，包括低位泌尿系损伤、周围血管和神经肌腱的损伤、骨折和脱位、面部和一般的软组织损伤等。

（2）现场急救的基本技术

在“三快”（快抢、快救、快运）的要求下，综合运用创伤现场救护“四大技术”（止血、包扎、固定、搬运）迅速对伤员进行初期救治。

①快抢：迅速使伤员脱离灾害事故现场，避免继续或再次受伤。当有灾害性事故时，由于有大批量伤员，应特别注意那些意识淡漠、精神萎靡者，他们往往是有休克或昏迷危险的重伤员。

②快救：对抢救下来的伤员，要迅速检查生命体征，初步判断伤情，首先处理威胁生命的情况。

a. 保持呼吸道通畅：保持呼吸道通畅是抢救的基础。

打开气道，采用解开伤员的领口、托起下颌、抬高颏部、清除口腔内的异物等措施；昏迷伤员可将舌拉出固定于口腔外（用舌钳或别针），并同时放置牙垫，防止舌咬伤。解除窒息，有呼吸道梗阻表现及时进行气管插管或气管切开，来不及时可用粗针头做环甲膜穿刺，暂时解决通气。对颈椎伤的伤员，颌托原位固定，防止颈过伸过屈造成脊椎再损伤。

b. 心肺复苏术：有心跳呼吸骤停者，应毫不迟疑地实施心肺复苏术。

c. 制止外出血：立即用手指压迫制止活动性外出血，然后根据出血情况，采用加压包扎压迫止血或止血带止血。使用止血带止血应注意：

止血带应上在靠近伤口的近心侧；止血带下必须加垫，不可直接接触皮肤；压力以能阻断动脉血流为度，不宜过紧（主要用于有动脉损伤者，否则是错误操作）；使用止血带伤员必须做出明显标记，注明上止血带时间；止血带要每小时放松 1 次，每次 1 ~ 3min（放松期间局部压迫止血）。

d. 包扎伤口：包扎伤口的目的是减少出血和防止再损伤、再污染。可用无菌敷料包扎或用现场能够找得到的干净织物将伤口包扎。对于内脏脱出、骨折端裸露，禁止现场复位，脱出的内脏可用器皿做架空覆盖包扎，骨折端亦应妥善保护包扎。

e. 固定骨折：凡是骨折或怀疑骨折均应进行固定。四肢长骨骨折可用制式夹板或就便器材（木板、木棍、枪支、树枝等）进行超关节固定，以减轻疼痛和出血，防止附加损伤：无固定材料时，上肢可固定在躯干上，单侧下肢可固定在健侧。颈椎伤不可抬头和转头；脊柱伤应将伤员躯干固定在硬板上，避免造成脊髓损伤和利于搬运。

f. 防治休克：安定伤员情绪，对无禁忌症的伤员酌情给予止痛剂。

有条件时应尽早开始输液，液体以平衡盐液为首选，但现场抢救不强调液体的种类；无条件补液时，能口服者，可给予含电解质的饮料（有肠胃损伤者为禁忌）。

③快运：迅速将伤员转运至就近有条件做进一步救治的医疗单位或创伤救治中心，伤员较多时应事先通知接收单位。转运途中伤员应取与交通工具前进方向垂直的卧位或头部朝后的卧位；途中监护和治疗不可中断，要密切观察伤员的意识、脉搏、呼吸、瞳孔和血压的变化，保持呼吸道通畅和输液通畅；使用镇痛剂要记录药名、剂量和用药时间；到达接收单位后要进行必要的交接。

5. 创伤的预防

创伤的发生随着社会现代化进程的加快在不断增高。即使没有战争，平时的工农业生产中的事故、交通事故和发生在家庭内的事故造成的创伤也很常见，而且死亡率和致残率都很高。因此，必须重视对创伤的预防，要做好安全教育工作。

二、止血

出血是由血管破裂而引起。皮肤或黏膜裂开，血液流出体外，称外出血。血管破裂，皮肤黏膜完整，或内脏（如肝、胃肠等）出血时，称内出血。

遇到出血的伤病员时，应先弄清出血的类型，才能选用正确方法进行止血。本节介绍外出血的止血方法。

1. 出血类别的判断

根据血管破裂的类型，出血分为：

（1）动脉出血：呈喷射状、色鲜红，需急救才能止血。

（2）大静脉出血：呈涌泉状、色暗红，多不能自行止血。

（3）毛细血管出血：呈点状或片状渗出，色鲜红，多可自行止血。

2. 止血方法

（1）指压止血法：适用于出血的应急止血。

用手指或手掌紧压伤口近心端的血管（靠近心脏一端的血管），使血管压扁、血流中断而达到止血的目的，通常是将体表的中等动脉或较大动脉压在骨的浅面。

①颞浅动脉压迫法：用于一侧头顶部出血。

操作方法：先在同侧耳廓的前上方、颧弓根部摸到颞浅动脉搏动点，然后用拇指或食指将其压向下颌关节面。

②面动脉压迫法：用于一侧颜面部出血。

操作方法:先在同侧咬肌前缘绕下颌骨下缘处摸到面动脉的搏动,然后用拇指或食指将其压向下颌骨面。

③枕动脉压迫法:用于头后部的出血。

操作方法:在耳后乳突下面稍外侧,摸到枕动脉的搏动,用大拇指将其压向枕骨面。

④颈总动脉压迫法:用于一侧头面部出血。

操作方法:先在颈根部,同侧气管与胸锁乳头肌之间摸到颈总动脉的搏动,然后用拇指或其他四指将其压向第五颈椎横突。

切忌同时压迫两侧颈总动脉,以免造成脑部的血液供应中断而损伤脑组织。

⑤锁骨下动脉压迫法:用于肩、腋部及上肢的出血。

操作方法:在同侧领骨中点上方的锁骨上窝处摸到该动脉的搏动,用拇指压向后下方的第一肋骨面。

⑥肱动脉压迫法:用于前臂的出血。

操作方法:在上臂中部肱二头肌内侧沟处摸到肱动脉的搏动,用拇指或其他四指将其压向肱骨干。

⑦尺、桡动脉压迫法:用于手部的出血。

操作方法:先在手腕惯纹处的内、外两侧摸到尺、桡动脉的搏动,然后用两手拇指分别将其压向尺、桡骨面。

⑧股动脉压迫法:用于大腿以下的出血。

操作方法:在腹股沟韧带稍下方处摸到股动脉的搏动,用双手拇重叠用力将其压向股骨颈方向。

⑨腘动脉压迫法:用于小腿以下部位的出血。

操作方法:先在腘窝处摸到腘动脉的搏动,然后用大拇指向后压向股骨。

⑩足背、胫后动脉压迫法:用于足部的出血。

操作方法:先摸到足背横纹中点的足背动脉和跟骨与内踝之间的胫后动脉,然后分别将其压向跖骨和跟骨。

(2)加压包扎止血法:用于一般伤口出血。

操作方法:用无菌敷料覆盖伤口,然后再用多层纱布、棉垫或用绷带、布类做成垫子压在无菌敷料上,再用绷带或三角巾加压包扎。

(3)加垫屈肢止血法:用于前臂和小腿出血。

操作方法:在肘、膝关节屈侧加垫,强力屈曲肢体,再用三角中等缚紧固定。

(4)填塞止血法:用于伤口较深,无法加压包扎止血时,如肌肉、骨端等渗血。

操作方法:先用1~2层大的无菌纱布覆盖伤口,然后用纱布条或绷带等充填其中,外面加压包扎。

(5)止血带止血法:用于其他止血方法暂不能控制的四肢动脉出血和四肢指压止血的补救措施,以便于长距离转运伤员。

①常用止血带:布带、橡皮止血带和充气止血带。

②布带止血法操作方法:

a.布带止血法操作:绑紧布带;打活结,穿绞棒;绞紧;固定绞棒;标时间。

b. 橡皮止血带操作方法。

c. 充气止血带操作方法：上充气止血带时，上肢充气压力不能超过 300mmHg（40kPa），下肢压力不超过 500mmHg（66.7kPa）。

③注意事项：参见第一节。

三、包扎

包扎的目的是保护伤口、减少污染、帮助止血、固定敷料和减轻疼痛等，包扎的要求是牢靠、舒适、美观。

1. 常用包扎器材

常用包扎材料有绷带、三角巾等。

2. 包扎方法

（1）绷带包扎法

操作步骤和方法：

①操作者面向伤员，左手拿绷带头，右手拿绷带卷，将绷带的外面贴近皮肤，自左向右、从下到上缠绕。

②要掌握好“三点一走行”，即绷带的起点、着力点、止点和包扎走行方向。

③注意事项：

a. 包扎时要注意松紧适度，以免过松滑脱使包扎失败，过紧则会压迫组织影响远端供血致组织坏死。

b. 肘部应屈曲位包扎，膝部要伸直位包扎，保持肢体的功能位置。

c. 绷带包扎移行时，每次的重叠应大于 1/2。

（2）三角巾包扎法

三角巾面积大，适用于各个部位的包扎，操作简便快捷，但不便加压，故压迫止血效果不好。

①风帽式：将三角巾顶角和底边中央各打一个结，将顶角结放在额前，底边角放在枕骨粗隆下方，包住头部，然后将底边两端护紧，向外反折，再绕向前将下颌部包住；最后绕到枕后打结。

②面具式：将三角巾顶角打一结，结头放在下颌处，将底边两底角提起拉向枕后部、交叉压住底边，再经两耳上方绕到前额打结，包好后，在眼、鼻、口处分别剪开洞口即可。

③燕尾式：将三角巾顶角（偏左或偏右）和底边近中央点处（偏左或偏右）折叠成燕尾式巾，其尖角根据需要而定，一般上肢为 65°～85°，下肢为 90°。包扎胸部时，尖角对准胸骨上窝，然后将燕尾底边围胸于背后打结，将打结头向上与两燕尾角在肩上打结即可。结扎带不够长时，可在折叠后的底边中处及/或顶角处接带子，以便于绑扎。

④不同部位的三角巾包扎法：

a. 头部帽式包扎法：将三角巾底边的正中点放在眉弓上部，顶角经头顶拉到枕后，然后将底边经耳上向后扎紧，压住顶角，在颈后交叉，再经耳上到额部拉紧打结，将顶角向上反折嵌入底边，用胶布或别针固定。

b. 上肢包扎法：将三角巾铺于伤员胸前，顶角对准肘关节稍外侧，屈曲前臂并压住三角巾,底边两头绕过颈部在颈后打结,肘部的顶角反折用别针扣住。

c. 单肩燕式包扎法:将三角巾折成燕尾式,夹角朝上,放在伤侧肩上,向后的角压住并稍大于向前的一角,先在上臂上段将三角巾顶角和底边中点绕上臂扎紧,然后分别拉两底角经胸、背至对侧腋下打结即可。

d. 胸背部包扎法:将三角巾底边向下,围绕胸部在背后打结将顶角绕过伤肩部和底边打结固定;包扎背部时方法同上。

e. 下腹(会阴)部包扎法:将三角巾顶角向下,底边向上,两底角围腰后背部打结,顶角通过会阴部与两底角结头打结即可。

f. 臀部包扎法:同上。结打在前方,也可用蝴蝶巾包扎,将蝴蝶巾的结放于会阴部,两三角巾分别包住臀部和下腹部,两三角巾底角于腰两侧分别打结即可。

g. 手、足部包扎法:将手或足放在三角巾上,顶角在前拉至手背或足背上,然后将底边打结固定,也可将顶角放于手后或足后缠绕打结固定,这样有利于观察指、趾端血液循环情况(图 7-14 ~ 图 7-17)。

图 7-14　头部帽式包扎法

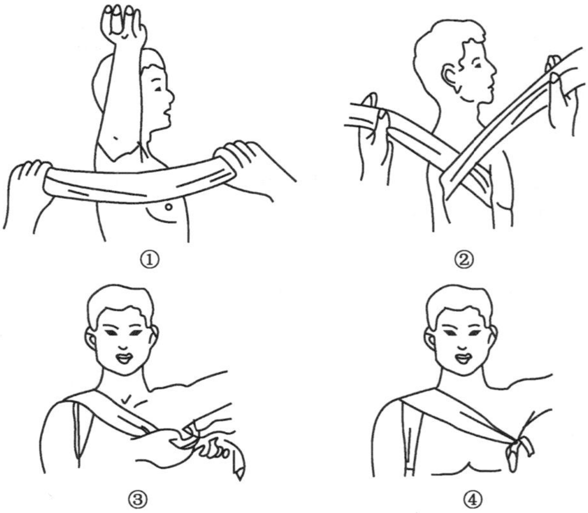

图 7-15　腋下三角巾包扎

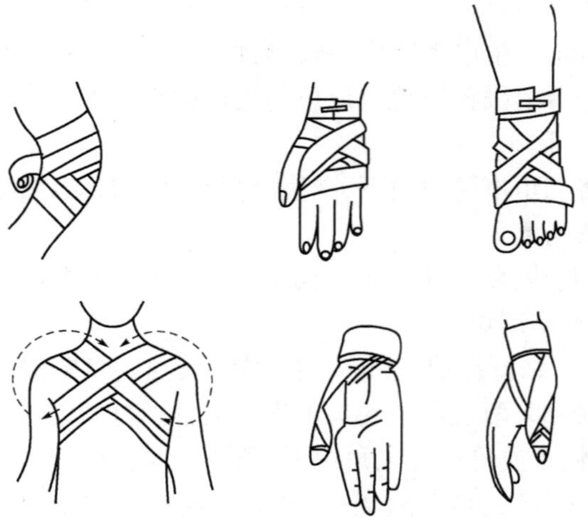

图 7-16　身体不同部位“8”字形包扎法

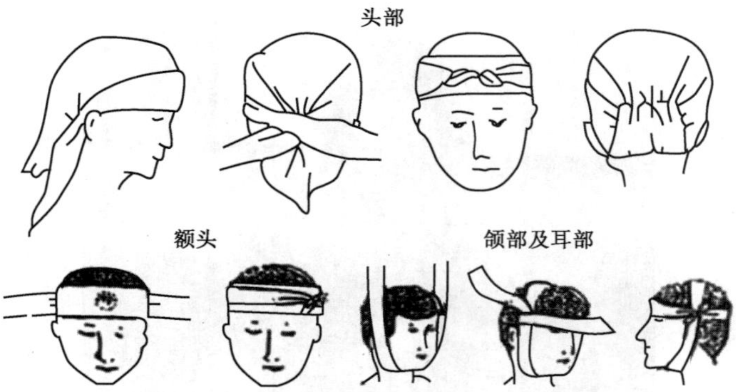

图 7-17　头部包扎法

四、固定

固定对骨折、关节损伤和大面积软组织损伤等能起到很好的制动作用,可以减轻痛苦,减少并发症,有利于伤员运送。

1. 常用固定材料

(1)制式夹板:制式夹板是指按照一定规格由工厂批量生产的固定材料,常用的有木制夹板、聚酯夹板和较新的有充气夹板等。

(2)就便器材:当制式夹板不够用时,可以就近寻找适用材料固定,如宽度合适的木板或树枝、木棍、秸秆等来代替夹板固定。现场实在找不到固定材料时,上臂可以固定在躯干上,下肢伤侧可以固定住健侧。

夹板固定适用于四肢长骨骨折的现场救护,具有固定可靠,防止再损伤,便于运送伤员等优点。

2. 几种骨折的固定方法

(1)颈椎骨折的固定

①使伤者的头颈与躯干保持直线位置。

②用棉布、衣物等将伤者颈下、头两侧垫好,防止左右摆动。

③将木板放置于头至胸下,然后用绷带或布带将额部、肩和上胸、臀固定于木板上,使之稳固。

(2)锁骨骨折的固定:用绷带在肩背做“8”字形固定。

(3)肱骨骨折的固定:用2块夹板置于上臂内、外侧,布带捆扎3~4道固定,然后用三角巾或宽布带将其悬吊于胸前。

(4)股骨骨折的固定:最好采用对侧肢体固定+超臀部的外支架联合固定。用一块从足跟到腋下的长制式夹板或宽度合适的长木板放于伤腿外侧,另一块从大腿根部到膝下的夹板置于伤肢内侧,然后多道布带捆扎固定。

(5)小腿骨折的固定:取两块从足跟到大腿的夹板,放在肢体的内侧、外侧,然后多道布带捆扎固定。在无固定材料的情况下,可将伤肢同健肢捆扎在一起。

五、搬运

搬运的目的是使伤病员迅速脱离危险地带,减少痛苦,减少再受伤害。安全迅速地送往医院治疗,以免造成伤员残废。常用的搬运方法有徒手、担架等。

1. 徒手搬运法

徒手搬运法适用于伤势比较轻和转运路程较近的伤员。

(1)单人搬运法

①扶持:用于伤情较轻,能站立行走的伤员。救护者站于伤者一侧,使伤员靠近其臂并揽着肩部,然后救护者用外侧的手牵着伤员的手腕,另一手伸过伤员背部扶持其腰部行走。

②抱持:对不能站立的伤员,救护者站于伤员一侧,一手托其背部,一手托其大腿,将其抱起;对清醒伤员可让其一手抱着救护者颈项部;对卧地的伤员,救护者先一膝跪地,用一手将其背部稍稍托起后,用另一手从其两腋窝伸过,将伤员抱起(脊柱损伤禁用)。

③背负:救护者站在伤员前面,面向同一方向,微屈膝弯背,将伤员背起,胸部损伤、脊柱损伤的伤员禁用此法。

(2)双人搬运法(脊柱损伤禁用)

①椅托式:两救护者在伤员两侧对立,一救护者一手搭于另一救护者肩部,两救护者余三只手交叉紧握,形似椅状,伤员坐于其上。

②轿式:两救护者四只手交叉紧握,形似“轿杠”状,伤员坐于其上。

③拉车式:两救护者一个站于伤员的头部,两手插到腋下,将其抱入怀内。一个站在其脚部,蹲在伤员的两腿中间,将病员抬起。

(3)三人搬运法

三人并排,一人托住肩胛部,一人托住臀部和腰部,另一人托住两下肢,三人同时把伤员轻轻抬起。

(4)多人搬运法:适用于脊柱受伤的伤员。

搬运方法:两人专管头部的牵引固定,使头部始终保持与躯干成直线的位置,维持颈部不动,另两人托住臂背部,两人托住下肢,协调地将伤员平直放到担架上。六人可分两排,面对站立,将伤员抱起(图7-18)。

a)驮法　b)背法　c)抱持法　d)椅式搬运

图 7-18　搬运方法

2. 担架搬运法

用于躯干、下肢骨折,危急重症病人和较远路程的转运。

(1)搬运方法(图 7-19)

在现场由 3 ~4 人将病员移上担架,注意有颈部损伤者应有专人保护头颈部,不要使头颈部屈曲扭转。转运时病员头部向后,足部向前,这样有利于危重病人头部的血液供应,同时便于后面担架员随时观察病情变化。担架员的步调要一致,平稳行进,尤其是上下坡时应调整高度,尽量使病员保持水平位。

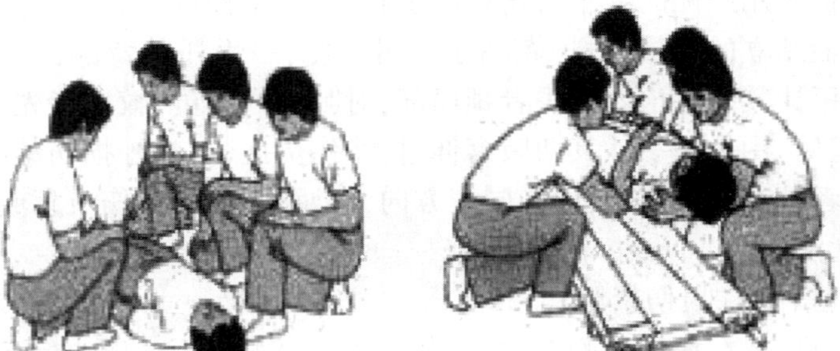

图 7-19　担架搬运法

(2)注意事项

①运送时伤者的头朝后,以便观察呼吸神志、面色、血出等情况的变化。

②在人员、器材未准备好时,切忌随意搬运。

③运送途中注意保暖。

六、常见创伤的现场处理

1. 颅脑损伤

常见的颅脑损伤有头皮损伤、颅骨骨折和脑损伤等,主要表现为:

(1)头皮损伤。伤处出血或肿胀,当有头皮撕脱时可见颅骨外露。

(2)颅骨骨折。头部外伤后,伤口出血,头皮上有局部肿胀或凹陷,视觉、听觉、嗅觉发生障碍,耳或鼻流血或清亮的液体,眼球出血和眼眶青紫,形成特有的“熊猫眼”征,严重者头面部可变形。

(3)脑损伤后短暂昏迷,时间小于30min,为脑震荡;醒后有头痛、眩晕、恶心或呕吐,短时血压不稳定和受伤当时及最近事情失去记忆。

2. 气胸

正常人的胸膜腔(胸壁内面与肺表面之间的一个封闭的腔隙)无气体,腔内压力,不论吸气还是呼气,总是低于外界大气压,呈负压,这种负压有利于呼吸。在胸部损伤时,空气经胸壁、肺或支气管的创口进入胸膜腔,即形成气胸。气胸分为闭合性、开放性和张力性三种。

(1)气胸的分类

①闭合性气胸:多为肋骨骨折时,骨折的断端刺破肺,使空气进入胸膜胞,在胸膜腔内的积气到一定量时,反过来压迫肺的裂口使之封闭,不再漏气。

②开放性气胸:多为锐器致胸壁形成伤口,成为胸膜腔与外界相通的开口,致空气可自由地出入胸膜腔内。吸气时,健侧胸膜腔负压升高,纵隔移向健侧,呼气时压力减小,纵隔移向伤侧,这种反常运动称纵隔扑动,结果造成严重缺氧。

③张力性气胸:又称高压性气胸。常见于肺或支气管破裂,裂口形成活瓣,在吸气时空气从裂口进入胸膜腔内,而呼气时活瓣关闭,致使胸膜腔内压力不断升高,压迫伤侧肺使之萎陷,并将纵隔推向健侧、挤压健侧肺,产生严重的呼吸循环功能障碍。

(2)不同气胸的表现与现场急救处理

①闭合性气胸。病人表现为少量空气进入胸膜腔,症状不明显。大量空气进入时,有胸闷、胸痛、气促,用手拍打患侧胸壁有“嘭嘭”声。小量气胸(肺萎陷30%)无须治疗,可自愈。大量气胸需送医院行穿刺抽气并酌情行闭式引流。

②开放性气胸。病人表现为呼吸困难、急促,如伤口直通胸膜腔,呼吸时有气体出入的“吓吓”声或血气泡溢出。急救时立即用不透气材料封闭伤口,然后加盖厚敷料加压包扎,使开放性气胸成为闭合性气胸,最后穿刺抽气减压。

③张力性气胸。病人表现为极度呼吸困难,病人取坐位,烦躁不安,并迅速进入昏迷等。伤侧胸部胀满,肋隙变宽,呼吸幅度减低,在面、颈、胸廓等处有广泛的皮下气肿,按压时气肿处可听到捻发音(类似用两手指搓头发时发出的声音),用手拍胸部有高度鼓音。

紧急救护时可在伤侧锁骨中线第二肋间插入一粗针头到胸膜腔排气减压,火速送医院急救。

3. 腹部的损伤

腹部的损伤较多见,如果有伤口,有外出血,容易引起注意。但钝性暴力所致的闭合性腹部伤却易被人们忽视,如延误诊治,可能导致死亡。

(1)腹腔内脏器受伤的症状

①腹痛和呕吐:发生腹腔内出血或胃肠穿孔时,血液和胃肠内容物流入腹腔,刺激腹膜而引起腹痛。腹痛程度随刺激的轻重而有不同,内出血的刺激轻,腹痛也轻;胃肠内容物的刺激重,腹痛也重;疼痛从受伤部位开始并逐渐扩大,至达到整个腹部。

②休克表现。肝、脾破裂,都会有大量的出血;开放伤伤及腹内器官和腹壁时,既有内出血,也有外出血。病人失血过多,会出现面色苍白、脉搏快、神情淡漠等症状,失血量达到全身血容量的1/5时,就会发生出血性休克。

(2)现场急救处理

①因伤后病情复杂,多需手术止血或修补穿孔等,故在伤后应禁食、禁水,紧急送医院治疗。

②观察生命体征的变化,处理骨折等合并伤。

③腹部开放伤伤口有内脏脱出时,不要将其回纳入腹腔,可用无菌或清洁敷料覆盖后,扣上清洁的器皿,以保护脱出的内脏,然后包扎固定转送。

4. 脊柱、四肢损伤

(1)脊柱骨折

①原因和表现。

脊柱骨折常由高空坠落,臀或足部先着地,暴力传导导致脊柱受伤或重物从高空直接砸压在头上或肩部、或暴力直接冲击在脊柱上、或正在弯腰时受到挤压等所引起。伤后背腰部的脊椎有压痛、肿胀或有隆起、畸形,双下肢有麻木,活动无力或不能活动。

②现场急救处理。

a. 受伤的脊柱部位不准随便活动和施加外力,包括屈伸、旋转、捏、揉、压、扳、搬等,以免加重损伤。

b. 怀疑颈椎骨折时先用衣物、枕头等挤在头颈两侧,使之固定不能乱动,然后再用颈托固定。对高位截瘫病人要注意保持呼吸道通畅和维持有效呼吸,并注意其他部位的合并伤。

c. 怀疑胸腰椎骨折时,伤者平卧在硬板床上,身体两侧用衣物,砖头等塞紧,固定脊柱在正直位。

d. 搬动病人尽量用平板担架,用手平托伤者身体,尽量保持原体位或以伤员自身痛苦感受相对轻的姿势。对颈椎损伤的伤员,先用颈托外固定,而后再平移至硬担架上,严禁随便强行搬动头部。若无颈托,可用沙袋或折好的衣物放在颈的两侧加以固定。

正确搬运病人法:采用3人平托搬运,1人托双下肢,1人托胸腰部,人固定头颈部,在同一侧同时将伤员平直托至硬板担架上。严禁搂抱或采用一人抬头一人抬足的方法搬运。

伤势很重或伤情复杂的脊柱伤伤员,尽可能让伤员就地平卧,不要搬动,在保持呼吸道通畅的前提下,火速电话通知急救中心或较大的综合性医院急诊科来车救送及治疗。

在转送伤员的途中,注意保持病人脊柱平直和肢体位置,对于烦躁不安的伤员可采用病人与担架捆绑在一起的“捆绑式”固定疗法。特别是颈椎骨折病人,应固定好颈部,防止行车过程中因震动造成骨折移动,刺激颈髓造成呼吸抑制。加强途中监护,观察病人的面色和表情变化。若病人清醒,可反复直呼其名,询问有何不适,以了解伤情,发现问题,及时处理。

(2)四肢骨折

①主要表现:外伤后局部肿胀、疼痛、肢体不能随意活动(功能障碍)或出现畸形、反常活动等应考虑为发生骨折可能。

②现场急救处理。

a. 止血:一般出血用加压包扎,当有大动脉出血时则用止血带止血。

b. 开放性骨折的骨折端如果刺出皮肤，不要将其放回伤口内。因为断端接触到外界，已被细菌污染，不做清洗、消毒处理就将其直接放回伤口内，会把细菌带入伤口，加重伤口内的污染。因此，只要用无菌敷料或清洁布类覆盖包扎伤口，外加固定即可。

c. 固定可以减轻疼痛，防止进一步损伤。固定应用制式夹板，夹板用完或没有时可以用替代材料，如树棍、木板、竹竿、硬塑料片、杂志书本等代替。固定应超过上下两个关节，以免骨折端移位，如前臂骨折，应同时固定肘关节和腕关节。

d. 断肢的处理：完全离断的指（肢）体，除非污染严重，一般无须冲洗，应使用无菌或清洁的布料、毛巾等物品包裹。如现场距离医院较远，可用干燥冷藏法保存，即先用无菌或清洁布类包裹断指（肢），放入塑料袋中，再放入保温桶等加盖的容器内，其外围放置冰块保存[注意：一是断指（肢）不能与冰块直接接触，以防冻伤；二是不要把断指（肢）泡入酒精或盐水中；三是没条件低温保存时，仅用清洁物包裹速送即可。]

一般断指（肢）再植手术距外伤的时间，以 6～8h 为限。若外伤后，早期即开始冷藏保存，可适当延长时限。在断指（肢）的急救处理中，很好地保存断指（肢）是再植是否成功的重要保证。

5. 五官损伤

（1）眼睛损伤

①原因和表现。

眼睛因沙石、树枝等异物打击后，轻者怕光、流泪、睁不开眼睛（眼睑痉挛）；重者出现出血、疼痛、眼内组织脱出，视力减退，严重者可致失明。

②现场急救处理。

a. 插入眼球的异物不可将其拔出，切忌挤压眼球，防止将眼球内容物挤出，加重病情。

b. 眼内容物脱出时不要送回，禁忌清洗伤口和压迫眼球，禁用眼药水或眼膏。宜用较硬的金属或塑料片遮盖患眼，两眼同时包扎，减少光线对伤眼的刺激，并限制健眼的活动，以免带动伤眼转动而造成摩擦，使伤情加重。

c. 若为化学灼伤时，立即用中性清洁液，现场可用大量的自来水、井水或矿泉水充分冲洗，冲洗时要翻转上眼皮。方法为：急救者用一手的食指和拇指捏住病人睫毛附近的上眼皮，先向前方牵拉，再用食指尖或一小棒按住眼皮的上半部，使上眼皮翻转过来。边冲洗边嘱伤者眼球向各方向转动。

d. 若石灰粒误入眼中，不应马上冲洗，因为石灰遇水会产生大量的热量，进一步把眼睛灼伤。正确的方法是马上翻开眼皮，用镊子或其他小工具将石灰粒取出，再用大量清水冲洗。

e. 若为异物进入眼睛，则可先用眨眼或轻捏外眼皮掀动（提拉）几次让异物随泪水流出。亦可用清洁的温盐水，将面部没于水中，反复睁开患眼，或分开上下眼睑用水冲洗。仍不能去除异物时，则翻转眼皮，发现异物后拭去，去除异物后涂抗生素眼膏。

f. 经上述几项现场处理后，均需及时送医院做进一步治疗。

（2）鼻外伤出血

鼻外伤出血多为外伤引起，少数为其他全身性疾病（如血液病等）所致。

①保持镇静，让病人取坐位或半卧位。

②压迫止血先用手紧捏两侧鼻翼或压迫同侧面动脉。如不能止血则用干净棉球或软布塞入鼻腔进行堵塞止血,如无效则送医院处理。

七、特殊损伤的现场处理

1. 烧伤

(1)原因

热力造成的损伤叫烧伤,由热液、热蒸汽造成的烧伤也称"烫伤"。烧烫伤造成局部组织损伤,轻者损伤皮肤,出现肿胀、疼痛、水泡;重者皮肤全层烧焦,甚至深达皮下深部组织,如血管、神经、肌肉等同时受损;吸入干热空气、热蒸汽可致呼吸道烧伤。烧伤引起的剧痛和大量体液渗出等因素可导致休克,创面感染、脓毒症等并发症而危及生命。另外,电流、强腐蚀性化学物(强酸、强碱、磷等)、放射线等原因也可造成烧伤。

(2)烧伤分度及临床表现

烧伤对机体组织的损伤程分为三度,按三度四分法进行分类。

(3)烧伤面积估计

①手掌法:以伤者手的大小为标准,五指并拢、从指端到腕横纹的掌面为自身体表面积的1%。

②中国九分法:头颈部9%,两上肢18%,躯干部27%,两下肢(45+1)%,总共100%。

(4)烧伤现场救护原则

①大量冷清水冲洗或浸泡伤处,降低表面温度,同时紧急呼救。

②脱掉受伤处的衣物,脱衣时避免造成表皮剥脱,不好脱时可用剪刀剪开,以保护水泡。

③一度烧烫伤,可涂清凉油或风油精,减轻过敏症状,一般5~7日脱屑治愈。

④二度烧烫伤,表皮水泡不要刺破,不要在创面上涂上任何油脂或药膏,应用干净清洁的敷料或就地取材,如方巾、床单等覆盖伤部,以保护创面,防止污染。

⑤严重口渴者,可口服少量淡盐水;有条件时,可服用烧伤饮料。

⑥呼吸困难者,给予开放气道,保持呼吸道通畅;伴有外伤大出血者应予止血;骨折者应做临时骨折固定。

⑦大面积烧伤伤员或严重烧伤者,要注意保护创面,防止感染,同时尽快组织转送医院治疗。

烧烫伤急救五步骤如图7-20所示。

2. 电击伤

(1)概述

电击伤是指一定量的电流通过人体引起的损伤,俗称"触电"。电击伤包括日常用电击伤和雷电击伤,电击伤多发生于安全用电知识不足或违反操作规程者;发生地震、海啸、台风暴雨等自然灾害和意外时导致的电线断裂接触人体也可引起电击伤。

(2)临床表现

①电击的电流通过人体有进口和出口,进口为人体接触电源处,出口可有多个,为一洞形凹陷,周边为蜡黄色或灰白色皮革样,其外是一圈呈红包的、边缘隆起的环。

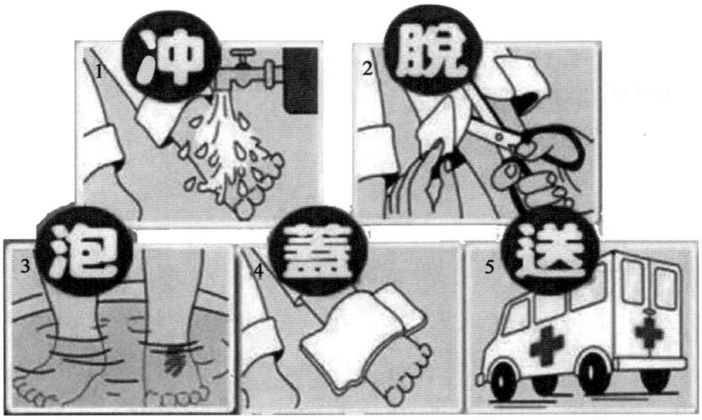

图 7-20　烧烫伤急救五步骤

②轻伤。惊恐、脸色苍白、表情呆滞、头昏、晕厥，一般恢复较快。

③重伤。抽搐、休克、心律不齐、昏迷，可有各种内脏破裂，电击可出现呼吸、心脏骤停。

(3)现场急救

①立即脱离电源，防止进一步损伤。

a. 切断电源：如电源总开关在附近，则迅速拔除电源插头和拉开闸刀。

b. 挑开带电电线：用绝缘物如干燥的木棍、竹竿、扁担、瓷器等挑开带电导线。

c. 拉开触电者：急救者戴橡皮手套、穿胶底皮鞋、垫木板可防止触电，用干燥木质、竹质、布类、皮带、塑料、橡胶制品等拧成带状，套住伤者，迅速将伤员与电线或电器分离。不要试图推开触电者，否则救助者自己也会触电。

d. 斩断电源：用绝缘的胶把钳、木柄斧和锄头将电线斩断(图 7-21)。

图 7-21　斩断电源

②现场心肺复苏。

如果呼吸、心跳已经停止，在脱离电源后，立即进行人工呼吸和胸外心脏按压，并尽快呼叫 120 急救。特别要注意的是，触电的人可能出现“假死”现象，所以要进行长时间的心肺复苏，不能轻易放弃。

3. 电烧伤

按烧伤救护原则对伤员进行现场急救。

八、常见急症

1. 晕厥

晕厥俗称昏厥，是指患者突然发生严重的、一过性的脑供血障碍，从而导致短暂意识丧失，发作时除意识完全丧失外，患者不能维持正常姿势而就地摔倒。

(1) 急症特点

突然发生迅速的、短暂的、自限性的，并且能够完全恢复的意识丧失，即所谓“来得快，去得快”。意识丧失的持续时间多在 30s 以内。

(2) 应急救护原则

①立即将伤病员以仰卧位置于平地上，头略放低，松开过紧的衣领和腰带等。

②开窗通风，保持室内空气清新。

③观察患者的神志及生命体征，检查有无摔伤。

④上述处理未见好转，应拨打急救电话，或将患者送至就近的医院进一步诊治。

2. 急性冠状动脉综合征

急性冠状动脉综合征（急性冠脉综合征）是冠状动脉内的不稳定粥样斑块破裂，导致血栓形成和（或）血管痉挛，造成血管严重狭窄或阻塞，从而引起急性心肌缺血、坏死和心源性猝死为特征的综合征。

(1) 急症特点

胸痛、胸闷、出汗、恶心、呕吐、面色苍白、口唇青紫、恐惧和濒死感等。

(2) 应急救护原则

①立即原地静卧休息。

②立即拨打急救电话，要求装备除颤设备的救护车。

③密切观察病情，如已出现呼吸、心搏停止，应立即予以心肺复苏。

④正确协助患者服药。

a. 硝酸甘油：首次舌下含服 0.5mg（一片），如症状无缓解，患者血压无降低，可每隔 5min 再次含服 1 片，连续 4 ~ 5 次。

b. 阿司匹林：300mg，嚼服。

c. 有条件时可以协助患者吸氧。

3. 脑卒中

脑卒中又称为中风，是由于脑局部血液循环障碍所导致的神经功能缺损综合征，是引起中老年死亡的主要原因之一。脑卒中可分为出血性卒中（脑出血、蛛网膜下腔出血）和缺血性卒中（脑栓塞、脑血栓形成）两大类。

(1) 急症特点

肢体麻木、运动和语言障碍、意识障碍、头痛、呕吐。

(2)应急救护原则

①将患者安置在一个舒适的位置,防止误吸或气道阻塞。

②及时拨打120或送医院。

③保持通风,如有条件可予吸氧。

④观察生命体征,如出现呼吸、心搏停止,应立即进行心肺复苏。

⑤暂时禁止患者进食、进水。

4. 糖尿病急症

糖尿病急症主要有糖尿病酮症酸中毒、高血糖高渗状态、低血糖症等。本节重点介绍低血糖症。

(1)急症特点

出汗、颤抖、心悸、焦虑、紧张、饥饿感、软弱无力、面色苍白、四肢发冷、脉搏快而饱满等。

(2)应急救护原则

①安静,平卧位,注意观察生命体征,保持气道通畅。

②有条件时可测试血糖水平。

③意识清醒者鼓励他们进食甜食或糖水。

④严重者拨打急救电话迅速护送至医院。

5. 支气管哮喘

(1)急症特点

多数患者有支气管哮喘发作史。常见症状有咳嗽、喘息、呼吸困难、胸闷、发绀,严重时被迫采取坐位或端坐呼吸。

(2)应急救护原则

①将呼吸困难的患者移至舒适的位置,空气流通的环境,松开衣物,保持气道通畅。如有条件应立即给予吸氧。

②经过培训的救护员可帮助呼吸困难的患者使用自备的支气管扩张药。

③立即呼叫120,送就近医院进一步诊治。

6. 癫痫(俗称"羊角风")

(1)急症特点

反应迟钝,流口水,两眼上翻,肢体僵硬,突发、不可控制、节律性肌肉收缩(抽搐),大小便失禁,呼吸不规则。

(2)应急救护原则

①立即扶住患者,平放地上,以免摔伤。

②保持呼吸道通畅,如有条件予以吸氧。

③移除可能造成伤害的物体,松开衣物并通风。将毛巾或衣物垫在患者头下方,以保护患者头部,不要限制呼吸道。

④拨打急救电话,送就近医院诊治。

任务工作单

学习情境七　红十字救援基本知识	班级			
学习项目四　创伤救护	姓名		学号	
	日期		评分	

实战演练

【情境描述】 分小组准备一个红十字药箱,准备若干红十字药箱使用药品和器械。

分小组进行铁路红十字药箱内容讨论,药品认知:一名同学提出一种药品,其他同学判断该药品是否配备于铁路红十字药箱中,配备于哪类红十字药箱中;药品属于口服药还是外用药,作用是什么。器械认知:一名同学提出一种器械,其他同学判断该器械是否配备于铁路红十字药箱中;配备于哪类红十字药箱中,作用是什么。最后,各小组派代表进行总结汇报,小组互评,教师点评。做到教、学、做一体化,提高学生运用理论知识解决实际问题的能力。

【任务实施】 要求分组检查药品是否配备齐全,讨论各类药品的功效,随机提问各种常见突发疾病症状分别需要使用哪类药品?

【考核方式】 教师点评、小组互评、自我反思(见下表)

演练评分标准参考表

序号	评 分 项 目	满　　分	得　　分
1	事件演练的完整性	20	
2	场景设计的代表性	30	
3	演练人员的现场反应与处理能力	30	
4	事后反思	20	
总分			

参考文献

[1] 田根哲,余卓民. 铁路运输安全保护条例知识问答[M]. 北京:中国铁道出版社,2005.
[2] 赵吉山,肖贵平. 铁路运输安全管理[M]. 北京:中国铁道出版社,1999.
[3] 王富章. 铁路突发事件应急管理研究[M]. 北京:中国铁道出版社,2010.
[4] 裴瑞江. 铁路客运应急安全与路风[M]. 北京:中国铁道出版社,2014.
[5] 中国铁总劳卫司. 铁路劳动安全[M]. 北京:中国铁道出版社,2013.
[6] 吴荣波,范先云. 高铁乘务安全管理及应急处置[M]. 成都:西南交通大学出版社,2017.
[7] 王慧,祖晓东. 高铁乘务安全管理与应急处置[M]. 成都:西南交通大学出版社,2015.